# 广东老电力人口述史

第一辑

广东电网有限责任公司 编

南方日报出版社
NANFANG DAILY PRESS
中国·广州

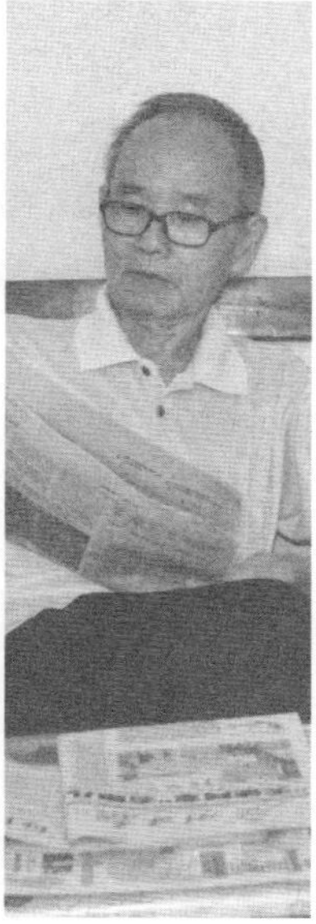

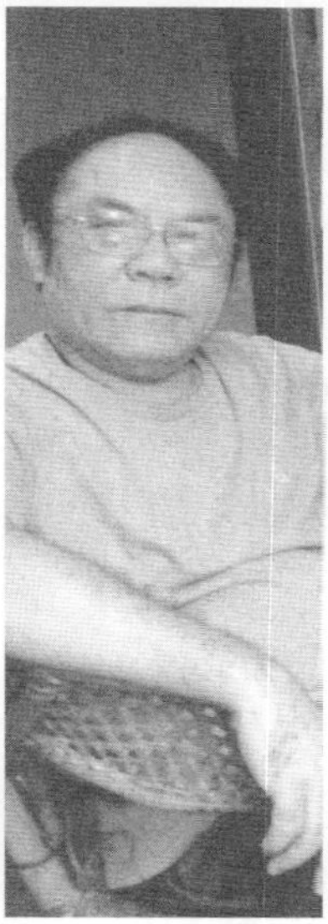

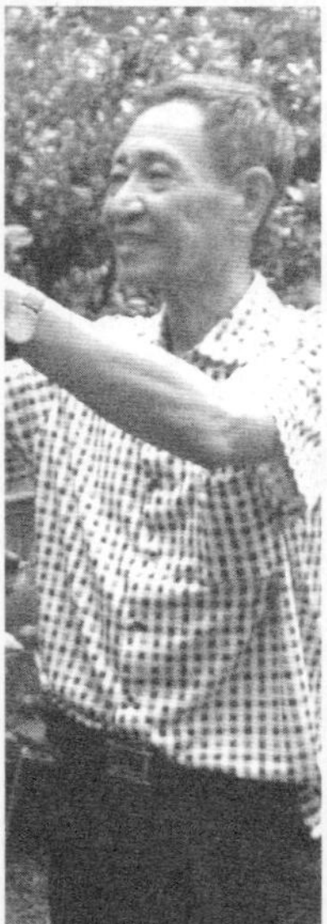

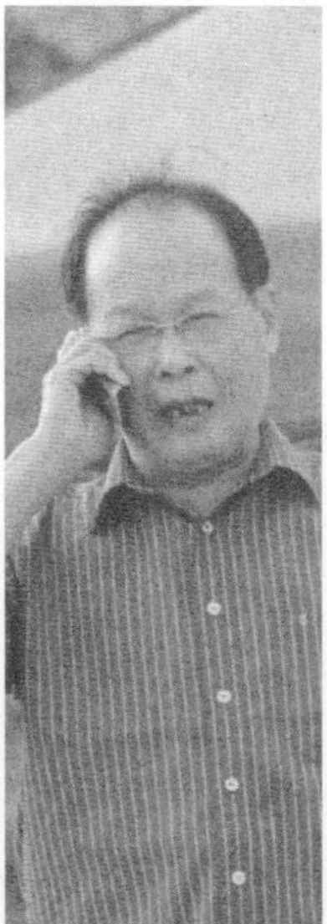

# 序言 每个人都是一部历史

每个人都是一道独特的风景，每个人都是一部独一无二、不可复制的鲜活的历史。

“你站在桥上看风景，看风景的人在楼上看你。”正如作家卞之琳在诗歌《断章》中所描绘的那样，我们都是世界眼中的一瞥风景，而自己，也从别人的风景里审视世界。我认为，一个人之所以是一道独特的风景，正因为每个人身上都有一个内在的烙印，是一部活的历史，既是自己的成长史，也是社会的发展史。小人物也有大命运，从某种意义上讲，每个人都是历史洪流中的一个符号，每个人又都是历史的主角。在这个波澜壮阔的变革时代，我们的命运都或多或少地被裹挟在自己无法预知的发展洪流之中，滚滚向前。

所谓历史，归根到底是人的历史。无数个人的历史集中在一起，就成为民族的历史、国家的历史、人类的历史。一个有着光荣传统的国家、一个值得尊敬的民族，都离不开它的一些奠基人、革命家、建设者等标志性人物，比如我们一提到革命先烈，就会想到方志敏；一提到“两弹”元勋，就会想到邓稼先；一提到兰考县，就会想到焦裕禄；一提到大庆油田，就会想到王进喜；一提到道德楷模，就会想到雷锋……这些无疑是中国近现代百年历史长景中最为耀眼的视点，但我们仅仅盯住这些英雄人物、社会楷模是远远不够的，还必须把更多的目光投向普罗大众。只有了解包括黎民百姓在内的社会各个阶层，才能了解我们国家的发展全貌；只有了解他们的来龙去脉，才能明白我们的民族经受过怎样的艰难与坎坷、困惑和迷惘，追求着怎样的光荣与梦想。

初冬时节，阅读这本《广东老电力人口述史（第一辑）》，犹如翻阅一本活生生的个人传记、一部沉甸甸的企业发展史话，书中的每一位前辈，都是近半个多世纪的历史进程、家国命运、社会脉搏、电力变迁的亲历者和见证者。他们以回首往昔的自述视角，将自己青葱的求学岁月、基层的工作经历、心境的成长过程以及生活的五味杂陈，融入到战争年代的枪林弹雨、解放初期的艰苦创业、“文革”十年的动荡岁月、改革开放的发展大潮等宏大的背景之中，向读者娓娓道来。从一个个真实的片断中，从一件件感人的事件里，作为一个局外人，我仿佛可以穿越时间的阻隔，重回当年的事件现场、重历曾经的传奇故事，读懂老一辈电力人的朴实心跳、精神品格以及家国情怀。

——黎燕祥老人回忆抗战时期冒死逃亡韶关的情形时说：当时日本鬼子在北江上设置了封锁线，两岸哨所里架满了机关枪，对准河面。……那时候，我弟弟刚出生不久……由我母亲怀抱着上船。船上其他人一看就急了，生怕路上弟弟会哭，引来日本兵。……船上的人对我母亲提了条件，如果弟弟登船后还未过封锁线就哭的话，就必须得活活闷死。……不然大家都活不了。

——陈文英老人回忆当年在解放战争经历枪林弹雨的情形时说：每一场战斗，每一次看到战友在身边倒下，我都感到难过甚至害怕。就拿1948年与国民党军队的一场恶战来说吧，我当时最好的战友兼同乡张喜仔因为保护我，被流弹击中，我背着他足足走了一个小时到达流动医院，但已经抢救不过来了，眼睁睁地看着他在自己面前死去，我痛哭了一整夜。

——汤之莹老人回忆解放初期突遭家庭变故的情形时说：我父亲解放前一向在国民党将领程汝怀手下工作，而程汝怀当时是“反革命头子、特务”。……果然，父亲当月就被枪决了，说是历史有问题。除此之外，我哥哥的家里也受到了牵连。……（嫂子程瑞轩）1953年在接受改造时，一时想不开跳楼自杀了。现在想来，在时代变迁和革命大潮中，家庭、个人的命运是何等的无奈与渺小。

——刘远琳老人回忆1956年从武汉南下支援湛江新村发电厂建设的情形时说：我们这批南下人员经常坐在农田的田基上谈天说地，思亲之情、思乡之情十分强烈。经常会出现这样一幕景象：一堆人聚在一起，说起自己的家人、讲到自己的家乡，有人就会情不自禁地号啕大哭，旁边人受到感染，也跟着涕泪齐流，弄得哭声一片。所以说，我很相信那句古话，叫做："男儿有泪不轻弹，只是未到伤心处"。

——陈清秀老人回忆1959年在新丰江水电厂试验制作雷汞的情形时说：到6月21日，雷汞才总算制造成功了。我们喜出望外，把雷汞放在电烤炉上烤干。……一声巨响，雷汞爆炸了！巨大的气浪把我推倒在地，我七孔流血，昏迷不醒。保住性命的工人大喊："技术员炸死了！"领导闻讯赶来，急忙把我送进医院抢救。我的命是捡回来了，却是双耳的耳膜穿孔。

——叶炳荣老人回忆60年代国家三年经济困难时期捱饥抵饿的情形时说：每次家中断粮时，母亲就会将木瓜树砍成小块，熬软了当饭吃。我年纪轻轻正是长身体的年龄，你说吃这木瓜树哪有什么营养？那时候我整个身体水肿，四肢乏力，看着屋顶都觉得在打转。时至今日，我听见"木瓜"二字就反胃，看到木瓜树就想绕道走。

——林志强老人回忆1965年初到四川渡口参加工作的情形时说：前面是弯弯曲曲、水流湍急的金沙江，背面是崇山峻岭，到处都是齐人高的茅草丛。……面对如此艰难恶劣的工作与生活环境，个别大学毕业生忍受不住做了逃兵溜走了。当时人们议论纷纷。我和林养高等三四个人搬来了几箩筐白色花岗岩碎石，在办公室前面的空地上，摆写了一句大标语"红在渡口，专在渡口，誓做革命渡口人！"以表决心。

——廖淦君老人回忆"文化大革命"期间被红卫兵批斗的情形时说：1966年的夏天，一连3天，我跟另外一位车间主任，陪着书记、厂长，早早就站在厂门口，一律双手别在背后，低着头，弯着腰，显出向工人阶级低头认罪的样子。罚站之后，回到车间，我照样履行车间主任的职责，安排、检查各个岗位的工作。

——罗绍基老人回忆1970年主持湖南凤滩水电站设计的情形时说：20世纪50年代修建水电站，一般采用普通重力坝，抗滑性能比较差。……我借鉴中国古代弧形造桥技术，提出用拱形坝体来替代直面的坝体——拱坝靠河道两侧的山体受力，并采用空腹式坝体设计，内置电站厂房。……省时、省力、省钱，一举多得。

——麦玉坤老人回忆1976年支援非洲坦赞铁路建设的情形时说：最大的问题是沟通，一般在驻地有翻译的时候还好，但一去户外作业就麻烦了，没有翻译陪同，完全听不懂对方在说什么。我对着十几个黑人兄弟，要他们干什么和怎么干，只能通过自创的“手语”——连说带比画，直到他们明白为止。有时候无论我怎么比画，他们就是弄不懂。没辙，只好自己干，一个人全包了。

——颜鸣鹤老人回忆改革开放初期引进国外先进技术设备的情形时说：在罗湖口岸电站，我提议采用GIS开关……省电力局党组专门开会研究我的提议。……“为什么不用国产的油开关，要用日本的GIS开关？”……反对的意见劈头盖脸，有的人甚至上纲上线到是爱国主义还是卖国主义。……党组九人中，有两个人坚决反对。会后，我特地到一把手和其他党组成员家里，再三陈述自己的理由。我的真诚与执着，打动了党组成员。我的提议终于被接受了。

…………

历史就是由这些点点滴滴、零零碎碎的细节构成的。书中36名广东老电力人，通过口述的方式，用一个个详实的回忆片段，为我们讲述了自己的人生历程。这里面虽然没有什么影响历史走向的重大事件，也没有什么曲折离奇的情节或扣人心弦的故事，有的只是一些建设工程、工作业务、学习生活甚至是家庭琐事。但却为我们厘清了前行的轨迹，记录下了变迁的脉搏，勾勒出了一幅宏大的电力发展全景，让人目不暇接、拍手称奇。

这正是口述历史的魅力所在。

口述历史具有其他形式的文本资料无可替代的价值，如今在历史研究中越来越得到学界的重视和认同。以往的档案史料，偏重于记录统治阶层、社会精英的活动，而对普通民众记录较少，甚至可以说是凤毛麟角。口述历史则更多的是关注社会底层、黎民百姓的日常生活，并以唤醒记忆的方式重建个体生命经验与宏观社会结构之间的关系。它让事件的参与者直接对“时空”说话，将生命体验融入史学，不仅可以填补文本资料的不足，校正认识的偏差，而且可以使历史展现出有血有肉的“人”的个性特征。二是，那些曾经被档案资料忽视的普通民众，开始成为口述访谈的对象，他们不再是历史中默默无语者或抽象的数字，而纷纷成为了历史的亲历者和见证者。史学研究思维空间的拓展，并不是简单地表现为研究对象的转换，而是隐含着历史观的变化。历史是谁创造的，谁才是历史的主角？这是史学界需要不断追问和思考的问题。基于这种认识，我们记录历史，不能只给后人留下来的冰冷文本档案和枯燥的统计数据，不能让前辈们的所见、所闻、所历的种种活动与认知，随着时光的远去而渐渐消逝。因此，我们有必要、有义务把曾经为之出过力、流过汗的先行者的事迹记录下来，载入史册，让后来者依其足迹，继其灵魂。

很高兴看到广东电网有限责任公司从口述历史这个角度入手推出此书，它以最朴实无华的个体为关注点，为广东的老电力人立传，重新发现他们感人至深却潜藏在平凡生命中的力量——当前有此识见的企业并不多见。感谢这本书的编撰者用关注细节的笔触，真实地、精细地描绘出老电人的本来面貌，从不同的侧面丰富了人们对电力事业中平凡人物的理解，令人读来兴致盎然。当我们纵观这一代老电力人群体，可以发现，这不仅仅是电力系统独有的精神，更是老一辈社会历史推动者们的整体精神风貌。

因此，我个人认为，这是一本充满诚意、很有行业特点的口述史。翻开之后，你会发现，广东老电力人的人生经历和思想，是如此的丰富，是如此的精彩，让我们在分享他们的智慧与荣光之际，也能审视一下自身，获得启迪。正如我在开篇所言，书中的每个人都是一道风景，值得我们好好去欣赏；每个人都是一部历史，值得我们好好去思考、去品读。

（作者系广东省作家协会副主席、一级作家、广东省文艺批评家协会副主席）

# 目录

# 目录

# 激流归海

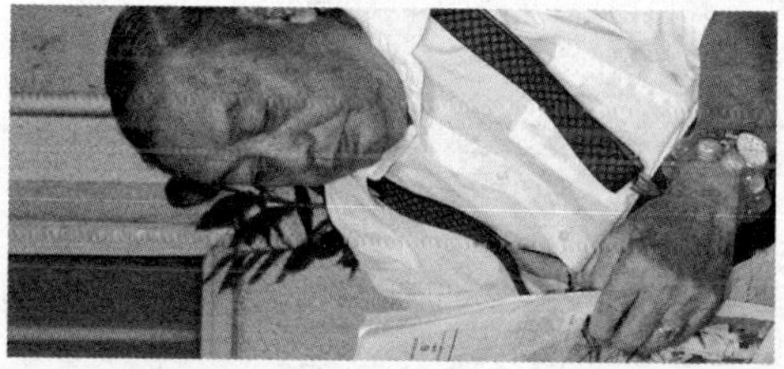

**陈文英**，男，1924年出生，广东珠海人，原珠海供电局局长、党委书记。1945年加入东江纵队，参加过抗日战争、解放战争。1955年毕业于中国人民大学，先后在湛江市农垦局、湛江农垦第三机械厂、珠海供电局等单位工作。1985年离休。

我叫陈文英，今年刚好九十岁，用老话说，已经过了耄耋，到了鲐背之年。含饴弄孙之余，回想自己一生所走过的路，从抗日战争到解放战争，从新中国建设到改革开放，峥嵘岁月中，走遍了大半个中国，自己也从一个浴血沙场的少年，变成一个饱尝世事的老者，不禁感慨万千。我觉得自己就像是时代大潮中的一滴水，尽管境遇几变，蜿蜒曲折，心中仍保留着年少时激发的那份家国情怀，一直奔腾不息。

我的父辈是在清末民初从珠海迁到大上海，开始异乡打拼的。1924年，我在上海出生。当时的中国，正处于风雨飘摇的动荡年代，一家人过得非常艰难。父亲在英国人开办的太古公司做海员，一年大部分时间都漂在海上，家里所有的活都交给了母亲。可以说，完全是母亲含辛茹苦，带着我们兄妹四人艰难度日。

1932年1月28日，日寇大举进攻上海，史称“一•二八”事变。我家就在战场旁边，我亲眼目睹了日寇烧杀抢掠，无恶不作，也深深体会到了弱国百姓的悲哀。母亲对我谆谆教导：“有仇不报非君子，你是男子汉，不可以害怕，长大一定要去打日本仔。” 这句话我铭记至今。也是从那时开始，我就暗下决心，这辈子一定要活出个样子来，尽力报效国家。

由于战乱，我和姊妹们失散了近五年。母亲带着我过着颠沛流离的逃难生活，几经辗转，流落到珠海老家，日子过得十分艰辛。为了生计，我十三岁就到中山三乡的一家书店内打工。那时候打工可以说是什么活都要干，除了帮老板看店搬书，还要帮他们一家做饭洗衣服，其实就是佣人。

1938年日寇攻打斗门时，我还曾被日军骗过去做苦力。当时日寇通过本地的维持会，骗了不少年轻人过去，说是给维持会干活，有钱发，有东西吃，到了那地方才知道，原来是给日寇背干粮、扛炸弹。我听说很多给日本兵抓去当苦力的都死了，便寻思如何逃脱。很幸运的是，当时我比较机灵，瞅准一个机会及时逃掉，才没有沦为日本兵的枪下鬼。

也正是这个事情，让我参军打“鬼子”的愿望愈发强烈。1945年1月，机缘巧合，我看到了人民抗日游击队东江纵队招兵的传单，便毅然报名参军入

1950年，陈文英随军南下路过中山三乡时留影

伍。那个时候当兵，可不是闹着玩的，十有八九回不来。可每当我想起日寇各种奸淫屠杀的残暴行径，心里就恨得咬牙切齿，更加义无反顾。我第一次参加对日作战是在番禺，我所在的班一举消灭了8个日本兵。那场战斗打得非常激烈，子弹就在我耳边“嗖嗖嗖”不停地飞过，我亲身体验到了战争的残酷。当时打“鬼子”那种既兴奋又害怕的感觉，我至今还记得一清二楚。因作战勇敢，半年后，我光荣地加入了中国共产党。

此后，跟随着部队，我从警卫员做到了班长，从东江纵队辗转到华东党校再到解放军第三野战军两广纵队，一步一步地在枪林弹雨中闯了过来。那时候我就只想着冲锋杀敌，希望以后子孙能过上和平的好日子。说实话，每一场战斗，每一次看到战友在身边倒下，我都感到难过甚至害怕。就拿1948年与国民党军队的一场恶战来说吧，我当时最好的战友兼同乡张喜仔因为保护我，被流弹击中，我背着他足足走了一个小时到达流动医院，但已经抢救不过来了，眼睁睁地看着他在自己面前死去，我痛哭了一整夜。从1945年到1949年，四年多的军旅生涯，极大地磨炼了我的意志。兵粮短缺时就嚼树皮充饥，下雨天用芭蕉叶盖头倒地就能睡着，脚底不知磨出了多少老茧，但从没想过退缩和放弃。

1949年10月1日新中国成立那一刻，我百感交集，觉得为了这一刻，付出再多也都是值得的。

新中国成立之初，国家刚从战火中走出来，百废待兴。1952年，全国上下急缺橡胶麻绳这些战略性物资，我所在的独立十五团转为湛江林一师，我也随之解甲归田，转业到湛江徐闻开荒种植橡胶和剑麻。出于建设国家的需要，组织上决定选拔一批干部到武汉参加高校入学考试，虽然当时我仅有小学学历，但因平日里比较好学，有些积累，尤其是在中山三乡书店打工的经历，让我读了不少书，且1947年我还曾随部队政委在华东党校培训学习过，所以很幸运，我被选中了。经过一段时间的复习，1954年，我以优异的成绩考上了中国人民大学。在那个年代，上大学可是件绝对荣耀的事情。

刚到大学时，自己深知肚子墨水少，心特别虚，而且年少时读书的艰辛让我格外珍惜这来之不易的学习机会，因此，我下定决心，要用“头悬梁、锥刺股”的劲头，认认真真、扎扎实实地学点知识。我这个人好奇心强，喜欢打破砂锅问到底，带着问题去学习，能把以前工作中遇到的困难提出来，请教老师，查阅书籍，然后自己总结归纳。那时候书很少，我就想方设法弄些书来读，上图书馆看，向别人借，攒下钱买，算起来我每年读的书都有过百本。正是从那时起，我养成了爱好读书的习惯，一直延续至今，让我一生受益。

1955年大学毕业后，我回到湛江市农垦局担任基建科长，1958年调任湛江曙光农场党委书记兼场长，1965年调任设在湛江的中央农垦部华南热带作物产品分公司经理兼政治部主任。1967年，“文化大革命”开始后不久，公司改编为生产建设兵团，我担任兵团八师八团团长。1974年兵团解散后，我又调到湛江农垦第三机械厂任党委书记。那段时间，国家经历了“大跃进”、三年困难时期、“文革”好几次运动，我的工作也几经变化，但由于我家庭出身好，又参过军、打过仗，根正苗红，所以侥幸地躲过了像“文革”这样的浩劫。

党的十一届三中全会后，国家步入正轨，走上了以经济建设为中心的康庄大道。此时，远在珠海老家的母亲和姐姐希望我能够回家团圆，结束半辈子的漂泊。我当时已经五十五岁了，也萌生了落叶归根、回报桑梓的念头，但很多朋友都劝我不要走，认为在湛江干得好好的，回到珠海又要一切推倒重来，不值得。但我内心里的那种游子情怀是别人很难理解的。我考虑再三，便主动写信向珠海政府请缨，希望回去为家乡做点事。1979年，我如愿以偿回到了故乡，开始了人生的第二次创业。这无意之举，却让我赶上了改革开放的春风，1980年8月，国家将珠海设立为经济特区。从此，珠海从一个默默无闻、经济落后的边陲小镇，一跃成为南方的一颗明珠。

改革之初的珠海物资十分匮乏，经济发展落后，全市仅有一家商铺、一家饭馆、一家理发店。虽然毗邻港澳，但与之相比差距很大，连内地都不如，群众“外逃风”十分厉害，党员干部被要求必须掌握亲戚朋友甚至邻居的动向，防止他们“外逃”到香港和澳门，干部们的压力都很大。但是大家都明白，如果自身经济不发展，和港澳的差距永远都是那么大，群众肯定会越逃越多。所以，当时特区拓荒者们最大的目标就是：大干快上，把经济搞上去！

1981年1月，广东省电力工业局批准成立珠海供电局，我被任命为局长，负责统筹全局工作。当时的珠海供电局管理人员奇缺，分给我们的干部只有29个，全部员工加起来才100多个。设备和技术也落后，全局仅有一个110千伏变电站。办公场地接近于零，办公设施几乎是要啥没啥，穷得叮当响。我记得当时办公室内连个水壶都没有，可以用“家徒四壁”来形容。如何改变企业这种“一穷二白”的局面，而且要白手起家，成为当时摆在我面前最棘手的难题。

当时还发生过这么一件事，现在想来有点可笑，但在当年，这可是件不得了的“政治”事件。1981年底，时任国务院总理赵紫阳视察珠海。为了给中央领导呈现一个繁荣的景象，市委、市政府要求“灯火辉煌”，把所有能开的灯都打开。这下子可好了，电网超负荷运转，全市发生了大面积停电，到处变得黑灯瞎火，这让我这个供电局局长丢尽了颜面。事情过后，市里面紧急拨付了一批款项进行线路改造，算是亡羊补牢吧。我也痛下决心，向市委、市政府领导拍胸脯打包票，立志带领干部职工打个电力“翻身仗”。

要想打“翻身仗”，就得从根本上抓起。当时我主要抓了两个方面：一是提高效益，把企业的供电量和利润搞上去，把员工的福利待遇搞上去，稳定

1988年，陈文英在东江纵队旧址前留影

“军心”。所以我在珠海供电局率先尝试发展第三产业，组建工程队和维修队。据我所知，在广东电力系统内，我们是属于第一批“吃螃蟹”的人。二是招纳人才，陆续从全国各地引进大批工程技术人员，以满足生产管理的需要。把人才招进来了，还要用有限的资源尽最大可能提高他们的待遇，把人才留住。这一点也很重要，物质激励与精神激励相结合，让他们觉得跟着你干有奔头，还有甜头。“又要马儿跑，又要马儿不吃草”，那怎么能行？

说实话，当时到内地“挖人”很不容易。由于珠海特区初创，条件不好，人家一听说到了珠海连个住房都没有，根本不愿意来，我们去佛山、湛江等地招揽人才，经常会吃闭门羹。后来，我通过向省电力局要、向珠海市政府要、提高第三产业效益等种种措施，迅速提高了干部职工的薪酬待遇。记得有一次，为了争取给职工多发一点年终奖，我跑了三次省电力局。当时珠海去广州没有高速公路，坑坑洼洼的路要开七八个小时的车，对于年近花甲的我，很是辛苦。所以，珠海供电局成立3个月后，就开始给职工发奖金、发福利。当时一名普通职工的月工资大概50元，而其他的奖金和福利加起来也差不多这个数，这样的收入在当时来说那可是相当可观的。所谓一传十，十传百，很多内地电厂、供电局的职工，像温炳坚、陆汉江等一批经验丰富的行家里手，也就是那个时候来到特区，加入珠海供电队伍中来。

一切准备就绪之后，大刀阔斧的基础建设被提上了议事日程。那个时候，我总是带着严卫干、陈林森等几位老同志，聚在一起研究问题，整天忙着建办公楼、建变电站、建配电房，通宵达旦加班加点是家常便饭。在这期间，最苦、最累、印象最深刻的，当数建设珠海市第一座220千伏变电站的整个过程。

珠海自设立经济特区后，立马吸引了众多外商到珠海来投资建厂，发展之快超出所有人的想象，用电量几乎以一年翻一倍的速度猛增。很快，电力基础设施薄弱的问题就暴露出来了。当时，市里仅有一座110千伏变电站，缺电十分严重，三天两头就要拉闸断电，无论是企业还是居民，无一幸免。怎样应付这种处于“狂飙”状态的用电需求，怎样彻底改变这种被动局面，同时实现省澳联网成了摆在我们面前的一大难题。经多方协商，220千伏珠海变电站的建设便迅速提上了议程。1981年5月，建设计划一敲定，工作就立即展开，从用地选址、规划设计到施工建设、验收投产，一路上我都紧盯不放，经常请教技术专家，咨询基层员工的意见，片刻不敢掉以轻心。

那时电力建设条件甚为艰苦，运送物资的工作都要用自行车来完成，自行车上要带电表、材料、铁板、横担，重得不得了。建设工地上，也没有什么像样的办公点，我们在烈日下校对图纸，安装器材，大汗淋漓，饭菜晾在一边，等去吃的时候早已凉了。我记得，为了赶进度，有些同志一连好几天不回家，在工地上“驻扎”，我也不例外。变电站主变安装的关键时刻，恰好是我的五十八岁生日，家人希望我能够回去一起过，但我不放心，就没有回去。后来不知道是谁把这事透露给了大家，那天晚上，全体建设人员在工地给我过了生日，伙房还特别加了两个菜，大家吃饭聊天，特别开心。经过两年多的努力，1983年9月，220千伏珠海变电站顺利建成投产，并为省澳联网、向澳供电打下了坚实基础。

大家知道，澳门是个弹丸之地，但那时候澳门的经济要比珠海好很多，用电量也多好几倍。为解决澳门的供电矛盾，根据1981年省电力局与澳门电

1995年，陈文英（右一）陪同广东省原省长刘田夫在珠海供电局考察

力公司签订的补偿贸易供电合同，由澳电出资2亿港元，以珠海变电站为枢纽，建设220千伏电源进线（由江门北街变电站供出）I回路，110千伏出线至澳门澳北变电站II回线（即珠澳A、B线）。1984年7月，江珠澳第一条电力“大动脉”全线贯通，珠澳两地成功联网供电，广东向澳门供电的序幕由此拉开。

那段时间，为了协商两地供电事宜，我经常与澳门电力公司联系。接触多了，深深感到成立于1904年的澳门电力公司有着十分成熟的管理经验，设备技术也很先进，很多地方值得我们借鉴学习。记得我第一次去澳门参观他们的供电服务大厅，发现他们的客户服务，是如此地体贴、用心和全面，觉得很不可思议，感触很大。所以我拍了好些照片，回来以后印发给了供电所的所长们，也给他们上了一堂课。

随后，我又组织了好几批人员过去参观学习，或是与澳门电力公司共同举办活动。通过交流，他们的治企理念、管理体制、运作流程、客户服务、职业道德以及社会责任等，都给我们带来很多启示。当时珠海供电局正好在搞企业整顿，力求加快发展，我借着这股“东风”，积极引进国外新技术和设备，建设了一批变电站和中心配电所。同时制定并完善岗位责任及各种规章制度，不断夯实企业的管理基础。此外，我加大了对后备干部的培养和锻炼，像后来接班的段光辉、梁锡垣等同志，我总是鼓励并放手让他们去闯、去干。职工的积极性也很高，比如在基层站所里，因供电不稳定，停电时有发生，维修队员们常常饭吃到一半就扔下碗赶赴抢修现场，毫无怨言。记得有一次台风过后，很多电力设施都遭到破坏，当时抢修设备有限，我到现场视察，没有工程车，施工人员都是蹚水推车运送电线电缆，几趟运送下来，一个个都被淋得湿漉漉，冻得脸色发青。我看了很是感动。

一分耕耘，一分收获。到1985年我离休时，珠海供电局的年供电量已较成立之初增加近7倍，固定资产总额增加近6倍，位于市区中心的供电大楼也建成投入使用，企业发展进入“快车道”。不过，话得说回来，由于历史的局限，在客户服务方面，直到我离休的时候仍处于“电老虎”阶段，没有实现真正意义上的客户服务，这不能不说是我的一个遗憾吧。

一眨眼，我离休已将近三十年了，退下来之后的生活对我来说又是另一个新的开始，在家享受天伦之乐。对待家人，我一直怀有一份亏欠，过去由于工作繁忙，陪伴他们的时间太少，所以离休之后，我巴不得用双倍的时间陪伴他们。妻子比我小十岁，现在也已经八十了。有道是“少时夫妻老来伴”，我特别珍惜与妻子相处的每一寸光阴，每天与她外出一起散散步、买菜做饭，平淡怡然。同时，我还担起了教育孙子的重任，我常给他们讲一些过去的事情，讲一些自己的人生阅历，引导他们树立正确的价值观。两个孙子也没让我失望，都考上了大学。大孙子还于前年生下了家庭的第五代。现在，我是上有岳母，下有重孙，实现了真正的“五世同堂”，一家人经常聚会，喝茶聊天，其乐融融。虽然年岁已高，但我仍坚持每天读报，记日记，写时评，偶尔也会泼墨挥毫，提笔作画，陶冶一下情操。我总认为，身体可以休养生息，但脑袋绝不能放空，灵魂更需充盈。我还有一个爱好是剪报，在家里，光是剪报，就摆满了一个柜子。在剪报上面，我还写了很多读后感和学习笔记，为国家取得的每一点进步而欢呼，为珠海取得的每一点发展而喝彩。

尽管我已不在其位，但了解国内外的电力行业发展态势，已经成为我生活中不可或缺的习惯。除了时事新闻，电力报刊也是我每天必定阅读的。离休后

2008年，陈文英（中）戴起军功章与原东江纵队老战友合影

的我也常常接到各方邀请，到佛山、中山等地供电局参加交流活动，也多次回到局里与新老同志交流畅谈，尽绵薄之力，支持关注着电力发展。偶尔在电视报刊上看到珠海供电局的报道，不管是救灾抢修还是民评活动，心中都十分欣慰，就像一个老父亲看着自己的孩子，一点点地长大，最终成为栋梁之才。

（陈文英口述/胡晨凡、邱晓丹整理）

# 如烟往事，淡然在心

**汤之莹**，女，1925年出生，湖北仙桃人，原茂名供电局营业员。1945年高中毕业后，曾在汉口、武昌担任过小学教员。1956年，随夫南下广东，先后在湛江新村发电厂、茂名热电厂供电所、茂名供电局等单位工作。1980年退休。

有历史就有故事，有人物就有命运。回望这几十年自己所走过的路，我对这句话似乎有了更深一层的理解：所谓故事，不过是人们对他人的经历赋予的一种想象罢了；所谓命运，不过是每个人在大时代洪流面前的人生经历而已。

1925年3月，我出生在湖北省沔阳县（即现在的仙桃市），那是一个小县城。我父亲汤家骏一向在国民党将领、湖北省第2区行政督察专员、保安司令程汝怀手下工作，做过专署科员、科长、蕲春县县长、沔阳县县长。母亲陈世英是家庭主妇。在家里，我排行老二，上有大我七八岁的哥哥汤之璋，下有弟弟汤之珉和两个妹妹汤之璧、汤之玉。

听母亲说，我们祖籍是湖北省鄂城，清朝末年，曾祖父就到沔阳做生意，从那时起，家里的人就一直没有回鄂城。我母亲是沔阳人，另外还有些亲戚也都在沔阳，所以我们兄弟姐妹的籍贯都不统一，有的写鄂城，有的写沔阳。

1932年12月，我随同父亲到湖北黄安县（即现在的红安县）。黄安县位于大别山脉南麓，是我国的第一“将军县”。我小时候十分顽皮，经常跟小伙伴抢秋千，去电影院“捉”情侣。母亲读过书，我没上学前她在家教我认字。八岁时去黄安县中心小学报读一年级，我差点被学校以“年龄太大”的理由拒之门外。因为基础好，我在读书上得心应手，曾经连续跳级，成绩挺不错的。1938年10月25日，即我小学毕业不久，武汉保卫战失败，日寇攻占武汉，我们逃到沔阳沙湖躲避战乱，没书读了，便在家里烧火弄饭。1939年7月，举家搬到了黄冈市蕲春县后，我才开始上初中。1942年，我进入湖北省立第二高中读了三年，直至高中毕业。那时高中是有“工资”领的，学生每人每学期能从学校领到一袋米。

因为家境并不富裕，我和弟弟汤之珉约定：谁考上大学就谁去上，考不上的则去工作供妹妹读书。结果，弟弟考上了武汉大学。弟弟上大学前当了一年的助教，帮教授批改作业和试卷，攒了一年的钱才去。在大学期间半工半读，也是完全靠自己挣钱才念完了大学的。

1945年8月15日，日本宣布无条件投降，八年抗战胜利结束。那时我刚高中毕业不久，不知怎么的患上了伤寒病，一直在黄冈黄土岭家里疗养，家人等我病好了之后，才搬到黄冈生活。

我在黄冈住了将近一年，1946年7月，便到汉口市投靠堂兄。一个月后，当时在武昌市政府教育科当专员的表姨丈周启义，介绍我到私立武昌成德小学当教员，这很对我的“胃口”，因为我十分喜欢和小孩在一起。1948年，我调入汉口市云樵区中正国民小学工作，一年后又调入汉口市第二十八小学。那时候，我教得最多的科目是算术，主要是教毕业班的算术。后来学校实行“五年一贯制”，我就把同一个班从一年级带到五年级。

教书后我负责供两个妹妹读书。大妹妹汤之璧高中毕业后做了老师，小妹妹汤之玉考上了武汉大学数学系，毕业后也当了教师。弟弟汤之珉曾经在湖北省人民广播电台报务室工作，后来在长江水利水电科学研究院当工程师。

这些相亲相爱的生活经历，让我们四人的手足情特别浓厚。哥哥汤之璋由于年纪比我们大许多，而且早早就离开了家，去了美国留学，与我们的关系好像没那么亲密。

解放后，我的生活仍按照以往的轨道向前滑行。1950年，我参加中国新民主主义青年团和教育工会。同年，我在私立武昌成德小学任教时认识的同事胡志明和她丈夫黄楷当媒人，介绍我认识了顾瑜纶。

顾瑜纶是江苏泰州人，毕业于上海同济大学电机系，毕业后曾在中学教书，后来到武昌第三发电厂工作，担任生产技术股长，为四级工程师。家里有兄弟姐妹五个，两个哥哥、一个姐姐、一个弟弟，都是各自谋生，他排行第四。顾瑜纶母亲跟随他一起住，生活完全由他负担。顾瑜纶比我大四岁，长得很高大、很帅气。我们第一次见面是在胡志明家里，我自己去相的亲。第二次见面时，我带了小妹一起去。小妹看到顾瑜纶脸上长了不少胡子，看着有点显老，回家一说，我爸爸就疑心他岁数不小了，说不定已经成了家，提出要去见见顾瑜纶。见爸爸有这种顾虑，我就很郑重地问顾瑜纶有没有隐瞒真实年龄，还对他说：“现在实行新的婚姻法了，你要是有什么隐瞒的一定要说出来，坦白从宽”。顾瑜纶笑着说我多虑了。

没过多久，家里就发生了重大的变故。1951年1月9日，父亲被珞珈山分驻

1953年，汤之莹与丈夫顾瑜纶在武昌结婚时留影

厅的公安人员找去谈话逮捕，不久即押往沔阳县。刚才说了，我父亲解放前一向在国民党将领程汝怀手下工作，而程汝怀当时是“反革命头子、特务”。刚开始，父亲还写信回家，让家人按月给他寄伙食费去。到了3月21日，家里接到沔阳沙湖乡下的来信，说我父亲已经于4天前被押到沙湖，大概一两天后就要行刑。果然，父亲当月就被枪决了，说是历史有问题。除此之外，我哥哥的家里也受到了牵连。原因很简单，哥哥留学回国后到了重庆，后来在武汉华中工学院当教授，娶了程汝怀的女儿程瑞轩为妻。嫂子程瑞轩当时在武汉大学图书馆工作，1953年在接受改造时，一时想不开跳楼自杀了。现在想来，在时代变迁和革命大潮中，家庭、个人的命运是何等的无奈与渺小。

然而家庭的变故，并没有影响顾瑜纶对我的感情。谈了一段时间恋爱之后，男方家里多次催促我们结婚，说我俩的年龄都不小了。但我说什么也不肯，原因是我得供妹妹上学。我的性格比较犟，不想占他的便宜，不希望花男方的钱来减轻负担，执意要等妹妹高中毕业后才结婚。后来，男方逼婚，不断给我施加压力，我就给他撂下一句狠话：“你找别人结婚去吧，我必须供我妹妹读完高中才能结婚。”顾瑜纶听我这么说，也拿我没办法，就一直等我。直到1953年12月，我们才正式登记结婚。那一年我二十八岁，他三十二岁，这在当时来说，是百分百的大龄剩男剩女了。

1954年10月，我调入武昌市第十八小学当老师。也是这一年，我生下大女儿顾曼云，因为没有带小孩的经验，便叫我母亲从老家过来帮忙。当时的产假只有56天，休完产假我就继续上班。

1955年春，中南电管局将原武昌第三发电厂的201发电机组拆解至湛江，并选调108名骨干南下支援，建设湛江新村发电厂。我丈夫顾瑜纶也在支援干部的名单中。他一开始在厂里做锅炉技术员，后因工作出色被任命为总工程师。俗话说："嫁鸡随鸡，嫁狗随狗，嫁给猴子满山走。"第二年，我也跟着调到了湛江新村发电厂。

说实话，决定要随丈夫南下之前我是很犹豫的，毕竟是要离开自己非常熟悉的城市，去一个当时连地图上都找不到的小地方。而且还要放弃我心爱的教师职业。因为我那时候不懂湛江话，而这边的学生又听不懂普通话，所以我的"讲台梦"没办法继续。但为了支持丈夫的事业，为了解决两地分居问题，经过一番思想挣扎，我最终选择了南下与丈夫团聚。

初来乍到，除了语言沟通不畅外，吃饭住宿各方面都没有什么不适。我当时在厂里并没有具体的岗位，工作直接由厂领导"指派"，基本上是厂长汪俊荣分配我做什么我就做什么，做统计、画表单、装订资料等，什么杂七杂八的活都干，而且干得还不错，保质保量。当时厂里有个培训班，专门在晚上教工人学些文化知识，厂长又叫我去负责做一些课程安排和教师排班之类的工作。1957年，我的第二个小孩出生了，是个儿子，取名叫顾中。

1958年初，全国开展了反浪费、反保守的"双反"运动，强调采用群众"大鸣、大放、大字报、大辩论、开现场会和展览会等形式"，揭露和批判浪费、保守的现象及其危害性。在运动中，湛江新村发电厂的每位领导都要向群众做自我批评，检查自身存在的官僚主义、宗派主义和主观主义作风。有一件事特别有"意思"：当时厂里自发提出要苦战七昼夜，写出15万张大字报的口号，每人的任务是写600张。大家也不知道写那么多大字报，除了在厂里贴贴之外，还能用来干吗？总之上面叫写就写。结果那个星期，几乎全厂的人都停下手中的工作来忙活这件事，从早写到晚，场面特别“壮观”。这事现在的人可能觉得匪夷所思，甚至有点儿滑稽搞笑，但那时候搞运动就是这样。还有，为克服领导干部的官气、暮气、阔气、骄气和娇气，厂里一批干部还被下放到不同的地方去参加劳动，我与厂里另外4名干部一起去了手工业局上班，跟工人一起做番薯粉。这一年5月，电厂又把我调回去，搞职工文化教育。

教书对我来说本不是什么难事，但因为文化教育组织工作对象是厂里的职工，所以与我之前所教过的学生完全不一样。当时职工的文化程度很低，很多人甚至只能认得自己的名字，他们的学籍材料绝大多数都是经我一手登记的。而且，职工对学习的热情并不高，我要随堂听课，随时掌握老师的教学进度以及学员的学习情况，定期召开教师座谈会，定期向领导和工会汇报工作，还要将职工家属的文化学习也组织起来。这项工作很难搞，占了我大量的时间，常常是费力不讨好。那时，我已经是两个小孩的妈妈了，既要上班又要照顾小孩，整天忙忙碌碌的。

1959年底，我和丈夫一起调到了茂名热电厂工作，顾瑜纶任总工程师，主要负责基建方面的业务，我则被安排在厂里的供电所上班，先是做统计员，后是做营业员。

茂名热电厂是苏联援助中国156项重点工程之一，全套设备由苏联提供，于1958年动工兴建。我们调进厂里不久，就开始安装1号机组。1960年5月，苏联援助专家组到达现场，不料到了7月，中苏关系恶化，苏方突然撤走专家，安装工作顿时陷入困境。不久，水利电力部组织机、炉、电、化等专业工程师五人，进厂帮助安装调试工作，最终克服了种种困难，1号机组于第二年春简易发电。

1962年初，为贯彻中共中央“调整、巩固、充实、提高”八字方针，茂名缩小建设规模，电厂1号机组负荷仅为6000—8000千瓦，被迫暂时停产。同年6月，我们供电所全部人员被借用到茂名页岩油公司电业管理所工作（直至1965年7月），负责列车发电站的供、售电业务工作。当时的业务非常单一，只管“卖电”，我所在的城区营业厅只有两个人，我唯一的工作就是帮助用户登记报装表上的信息，再把表格传给外线工人，因为工作比较简单，当时也没有培训就上岗了，而我的另一位同事则负责收电费。

继1960年生下老三顾工后，1962年我又生下老四顾小云。这时候我已经三十七岁，不想再生了，便和丈夫顾瑜纶商量去做节育手术，他不同意。在那个年代，做结扎手术是需要申请的，得经过夫妻双方的单位批准后才可以做。后来，我偷偷拿了丈夫的私章去办手续，才得以做了结扎手术。

打从我结婚生小孩开始，母亲便一直跟随我，从武汉到湛江，又从湛江到茂名，帮我照顾小孩、料理家务。“文化大革命”期间，母亲因出身不好被赶回乡下，我丈夫整天忙于工作，照料家庭的担子就全部落在我的肩上。每个星期我要上6天班，每天下班后有一大堆的家务要干，有时单位晚上还召集大家开会学习，我就更加忙了，一直忙到过了半夜才能上床睡觉，累得不行。当时，小女儿顾小云还没上学读书，每天就跟我一块“上班”，在营业厅里当“跑腿”，帮我们做些送单到各个楼层签名盖章之类的活。也许是耳濡目染的原因，她后来也当了一名营业员。

为充分利用茂名的页岩资源，从1970年4月起，茂名热电厂组织“改炉大会战”，动员了湛江、茂名两市及有关单位的干部、工人170多人，日夜奋战

1968年，汤之莹（前排左一）与丈夫、子女合影

至8月份，把煤粉炉改造成燃烧页岩的半链条炉。那段时间，我丈夫顾瑜纶全身心地投入进去，忙得不行，家就好像他的旅馆，只有吃饭和睡觉的时候是在家里的，有时候忙起来就直接不回家了。结果，听我丈夫说，电厂试烧页岩的改炉工程完毕之后，前前后后、断断续续进行了48次试烧，都没有成功，历时两年多，最后不得不把已改成的半链条炉再改回燃油炉，改烧茂名石油公司的渣油，直至1972年10月才恢复机组原来的出力水平。现在看来，当时技术条件根本就不具备，纯粹是瞎折腾了一回。

1974年8月，茂名市供电所从热电厂分出，成立茂名供电公司，刚开始时有122人，几乎全部挤在位于市红旗南路那栋小小的“转角楼”里办公，条件非常简陋与艰苦。而且工作十分繁忙，整天加班加点，因为任何一项工作都必须从头开始。

厂网“分家”后，丈夫顾瑜纶继续留在热电厂，我被分配到新成立的供电公司，还是在城区营业厅做营业员，地址在新坡村。记得当时的电费是靠专人去抄表和收费的，当时我们分管的范围很广，除直管市区和郊区及阳春石菉铜矿、南山矿、锡山矿、农垦水泥厂、潭水水泥厂外，还趸售至化州、高州、吴川、阳春、阳江、电白等县。每到抄表的时候，我总能看到抄表工人提着沉沉的一大袋客户信息簿，从转角楼早早地出发，到阳春、高州泗水抄表的工人就踩自行车，最远的要骑上足足一个星期，中间还可能断水断粮，所以要随身备足干粮。

由于单位分管范围的扩大，我的工作相比之前增加了不少，不再是简单的填表了，原来学的那点“本事”不够用了，什么线路呀，变压器呀，计量装置呀，很多业务知识都要从头学起，很多客户的用电情况要重新掌握。那时候，我已经是快五十岁的人了，记忆力下降，上手也比较慢，没办法，只能用更多的时间和精力去填补，直至完全熟练掌握为止。

我这个人性格比较随和，无论是来办理报装业务的，还是来缴纳电费的，或是来询问用电手续的，我都能做到耐心办理、耐心解答，从来没有跟客户红过脸，大家都说我脾气好。特别是遇到从高州、阳春大老远赶车过来交电费的客户，我总会及时递上开水，热情地接待他们，还经常把小女儿的零食“抢”过来给客户吃。

当时，我们城区营业厅只有三个人：羽光荣和我，还有一个女的我记不得名字了，我叫她李大姐。羽光荣是班长，是我们的头儿。1978年，李大姐退休后，来接她的班的是沈荣英，就坐在我的对面，非常勤奋好学，我与她共事只有短短的两年，但很谈得来，和我最要好。缘分真是神奇，我退休后她又跟我女儿顾小云成了同事，还经常到我家串门聊天。后来，沈荣英随丈夫调回家乡东莞工作，女儿去东莞时还会去探望她，彼此间一直保持着良好的关系。

那几年，丈夫顾瑜纶还是老样子，仍然在忙他的工作，对家里的事情不闻不问。1978年儿子顾中考上了华中工学院，街坊邻里都来祝贺道喜，我忙里忙外招呼接待，还得为儿子准备上学的行装，他可好，在一旁看热闹，好像跟他没关系似的。在照顾家庭方面，我可是要领大功的，这不是吹牛，全家人都这么认为。

1980年，我退休后和丈夫顾瑜纶一起住在茂名，生活过得平淡惬意。到了20世纪80年代末，丈夫得了脑中风，一病就十多年，我也就照顾了他十多年。老伴走的前三年，病情恶化，患了青光眼，什么也看不见，生活不能自理，不得不入院治疗。我便陪着他一起住院，照料他的吃喝拉撒，陪他听电视，给他读报纸，推着轮椅晒太阳。1998年1月，相濡以沫四十五年的丈夫最终撒手人寰，离我而去。

在此之前，我母亲和哥哥汤之璋都已辞世。母亲天生乐观，比较长寿，活到了九十多岁。弟弟汤之珉和妹妹汤之璧、汤之玉，如今都还健在。我四个小孩，除老三顾工在武汉外，老大顾曼云、老二顾中、老四顾小云都在茂名。我呢，自老伴走了之后，我自己一个人住在老房子里，刚开始孩子们总劝我搬，但我始终舍不得离开这个充满回忆的地方，儿女们也拿我没办法。现在，他们每天都来看我，送饭送菜，照料我的一日三餐。我的退休金比以前高多了，有3 000多元，自己花不了多少。我总是跟他们说，我生的孩子我来管，你们生的孩子就由你们自己管了，别来烦我。不过，但凡儿孙们有喜事，我都会给他

2005年，汤之莹（中）
八十岁大寿时与儿孙合影

们包一个大红包。最近老三顾工告诉我，说他在海南的小女儿生了个双胞胎，两个都是男孩，这可是个好消息，值得庆贺庆贺。

回想我这一辈子，从朦胧的少年到波折的青年，从忙碌的中年再到安逸的晚年，一路走来，不敢说历尽了坎坷磨难，但也见过了不少的风风雨雨。你可能会觉得我把过往的岁月说得过于平淡了，但我觉得真的没什么。常言道“人有悲欢离合，月有阴晴圆缺”，人生本就如此。往事如烟，看开一些，看淡一些，就是了。我母亲常说：“做人最重要的是要开心。”我几十年就是这么过来的，而且还能保持身体没什么大碍，靠的就是这份心态，不然，我早就随我老伴去了。现在，我每天除散散步、看看电视、做做保健操之外，也还经常回忆回忆以前与丈夫、儿女、朋友、同事一起走过的日子，甜也好苦也好，喜也好悲也好，对我来说，如今都成了美好的记忆。

（汤之莹口述/关雪飞整理）

# 在时代洪流中

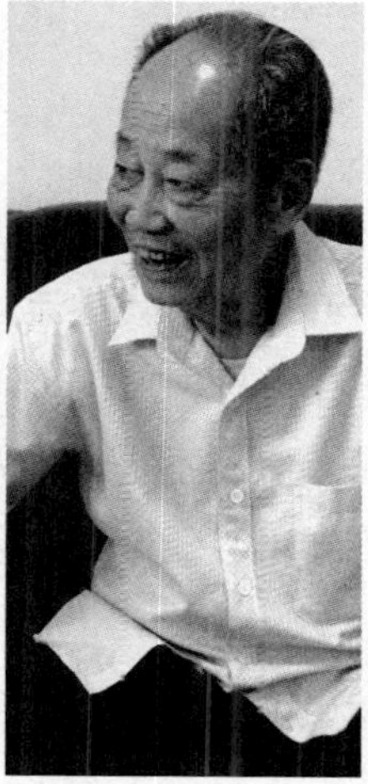

**黄威**，男，1926年出生，香港新界人，原广东省电力设计院院长、党委书记。1943年加入东江纵队，参加过抗日战争、解放战争。1952年从部队转业，先后在粤东行政区党委公署粮食局、惠阳行政专署粮食局、广东省电力设计院等单位工作。1986年离休。

我们这一代人，成长的经历与国家兴衰、民族命运紧密相连，同呼吸，共忧乐，是过往跌宕起伏的时代洪流的搏击者，也是见证者。

我生于1926年10月1日，农历八月二十五日。

我现住在广州，但并不是广州人，原籍是香港新界的沙头角。说起沙头角的中英街，大家都知道，改革开放之初是很出名的，但那时只是一个不为人所知的偏僻小村庄。

父母生了我和弟弟两个孩子，起名黄威、黄新友，我们相差五岁。

我七岁开始读书，只读了八年。其中两年是在官立大埔英文学校读的。算是初中学历吧！可惜那时学的英文，后来都还给老师了。

1941年12月7日，日军轰炸珍珠港，太平洋战争爆发。过了半个多月，也就是12月25日，日军攻占香港，英军投降。学校解散，我的书没法读了，学业就此中断。唱《毕业歌》的时候，我的心情和所有不愿做亡国奴的人一样，悲愤交加，眼泪汪汪。

1943年，中国共产党领导的东江纵队到了我的家乡，我立刻加入这支队伍。弟弟那时也想加入队伍，只是因为年龄太小，家里不放心他去，所以后来他便在当地的裁缝厂当了工人。那年我十七岁，也是啥也不懂，只是跑跑腿，搞搞宣传。过了一年，由父母牵线，我和沙头角鹿颈村的女孩陈英结为夫妻，成了家。后来，共产党搞民主建政，我当上民主政权的村长。那时，一个村子有两个村长，一个是共产党的村长，暗的；另一个是日本人的村长，明的。尽管这民主政权的村长不好当，生活艰苦，我还是干得很用心，办夜校，当交通员，党交给的任务都能完成。我还兼任供销社主任，偷偷摸摸地从内地购买粮食，为当地老百姓解决吃饭问题。

日本投降后，英国人重新回到香港。1946年，东江纵队撤离香港，我加入中国共产党，继续留在香港。党组织动员香港的党员和革命青年回内地参加武装斗争，我响应党的号召，于1948年带领十多人离开香港，回到内地，加入粤赣湘边纵队。粤赣湘边纵队的司令员兼政委是叶剑英。我先后在东江支队四团、保卫科、政治部等当过政治辅导员、支部书记、指导员，在民族解放、人

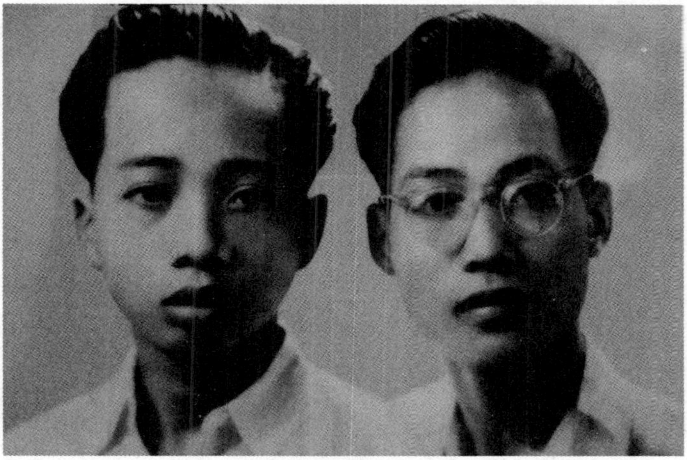

1947年，黄威（右）与弟弟在香港合影

民解放的时代洪流中奋力击水、奋力争先。

1949年，惠州解放。时代变了，国家开始在战争的废墟上大规模地搞经济建设，我所在的部队成建制地转入地方工作。1952年，粤东行政区成立，管辖潮汕、东江、兴梅三个专区，共21个县。行政区党委设在潮安（今潮州市）。可能是因为我以前在沙头角当村长的时候倒腾过粮食的缘故吧，组织上便将我安排到了粤东行政区党委公署粮食局工作，担任办公室主任兼计划科科长。不同的是，以前偷偷摸摸地干，现在却是堂堂正正的。不久，我妻子陈英也从沙头角来到潮安与我团聚，并在那里为我生下了第一个小孩。从1954年下半年开始，粤东行政区政府各个部门陆续从潮安迁往汕头，我们一家跟着搬了过去，我的第二个小孩就是在汕头出生的。1956年，粤东行政区撤销，辖县分别划归汕头、惠阳两个专区，我又转到了惠阳行政专署粮食局，担任局长一职。那几年，百业待兴，工作千头万绪，有很多事要干，我忙得不亦乐乎。

1958年，惠阳行政专署撤销，粮食局自然也被裁撤了。我来到广州，加入新组建的广东省电业局领导班子，担任党委委员兼设计室主任。我从搞粮食转去搞电力，两眼一抹黑，可以说什么都不懂，一切又要从头开始。我只知道，列宁说过苏维埃政权加全国电气化就是共产主义，祖国各地都在搞经济建设，

1955年，黄威在汕头工作时与妻子陈英及两个儿子合影

最需要电力保障，何况还要“大跃进”，赶英超美，那可是十分光荣的事。正是抱着这种美好的憧憬，我高高兴兴地走上了新的工作岗位。

刚起炉灶时，广东省电业局领导班子一共有7个人，每个人都要独当一面。我分管的设计室，最初的班底是从中南设计院分来的设计人员。我们连个自己的窝都没有，只好在广州太平沙的太平大酒店办公。

1960年，广东省电业管理局设计室改名为广东电力设计院，人员增加到200名左右。尽管工作条件艰苦，我还是带着一班设计人员，全副身心地投入到电网建设中去，设计了不少电力项目。这些项目，几乎都是小型的，如芳村的35千伏线路；最大的项目，则是从新丰江水电厂到广州的线路，简称广新线。

新丰江水电厂的第一台发电机组是1960年建成并网发电的。广新线的设计工作原来是华东设计院承担的，他们完成走向定位设计之后，于1962年移交给我们广东电力设计院。广新线的设计工作可难啦！这是全省首条220千伏线路，属于高压线路，全长180公里，本来应该采用铁塔，可是当时钢材十分紧缺。我带领设计人员想尽办法，决定从河源至博罗约80公里长的线路以水泥杆代替铁塔。我们设计出的220千伏线路用的水泥杆，像大楼的钢筋水泥柱一样粗。水泥厂只能制造35千伏、110千伏线路用的水泥杆，这种粗大的水泥杆必须在施工现场直接浇铸。为了保证质量，我经常带着一班设计人员到现场检查监督。

广新线遇到的另一个困难是缺钱。为了节省浇铸水泥杆的材料费，整个电力局的人都来到工地，就近采石头、打石子。我跟局领导一起带领设计人员上工地打石子，一连打了两个月。

水泥杆浇铸好了，还得抬上山去矗立起来。有的地方不通公路，全靠人抬着翻山越岭。这种体力活，我也干了不少。

1963年，广新线终于建成，同时建成220千伏棠下站，广州电网从此发展到220千伏等级时代。

广新线建成之后，我们马不停蹄地投入珠江三角洲地区的农田排灌电网设计。正值国民经济困难时期，中南局第一书记陶铸大抓农业，指示广东电业管理局加强电力为农业服务，建设一批35—110千伏的输变电工程，努力解决珠江三角洲等地的农田排灌和工业用电。如今，广东农村的配网，就是那个时期打下基础的。

我们设计的重点工程，是将茂名热电厂的电力引到珠三角的输电线路，包括江门北街变电站、佛山变电站。整条线路长达300公里，设计工作量大，必须赶在洪水来临之前完成，任务之重，不言而喻。我经常上前线指挥，带领工程技术人员开展测量、勘探工作。徒步翻山越岭是家常便饭。一天之内，路好走的话，我能走十几公里；遇到山高路陡，就只能走两公里左右。茂名热电厂和茂名变电站的扩建工程的设计任务，也是我们完成的。

在“文化大革命”期间，广东电力部门积极排除干扰，克服各种困难，按国家批准的建设项目，积极组织施工，建成一批110—220千伏输变电工程，珠江电网和韶关电网联成珠韶电网，珠韶电网与茂湛电网联成广东电网，梅县电网联入广东电网。这些工程，就有我们电力设计人员的辛勤劳动。我经常带着设计人员下乡，全院只有一辆破旧的英国制造的“摩力斯”牌客车，能坐20多个人。我们自己带着被盖，开着这辆车赶去设计现场。车子经过改装，可以放设备器材。我们没有椅子坐，只能坐在车厢里。有时车子装满设备器材，我们就徒步前往设计现场。这辆车一直用到1970年才更换。

在那个年代，电力设计人员受了不少委屈。作为设计院的一把手，我竭力保护他们。

工程师万长泰，是江浙人氏。他解放前是西村发电厂的厂长秘书。他当过广东电力管理局电管科科长、设计室副主任。他的技术水平比较高，工作比较踏实。作为国民党的留用人员，他的工资也比较高。在政治运动中，有一些人要批斗他，我只是叫他做一下检讨而已。

另一位工程师关应涵，是1950年中山大学毕业的。他的父亲是珠江三角洲的一个大地主，有几个老婆，土改时被镇压。关应涵的母亲是小老婆，她带着儿子在广州读书。在那个把出身不好的人叫作“狗崽子”的年代，乡下人来广州，要批斗关应涵，我和局党委书记保护他。组织上还提拔他当工程师。由于技术干部少，搞输变电工程的时候，我让他负责有关项目。有人责问我：“你为什么重用地主崽？”我说：“关应涵确实是地主崽，可党的政策是重在表现。他有能力，又肯干，管项目正合适！” 我想，设计院就是靠知识分子在撑着，理应保护他们。

在“文革”期间，我被造反派批斗。那时扣在我头上的帽子有两顶：一顶是“假党员”，说我没有入党介绍人；另一顶是“保护伞”，说我保护当时被称作“臭老九”的知识分子。我在香港加入共产党宣誓时，只有入党介绍人和监誓人在场。后来，组织调查时，我的入党介绍人已经逝世，是监誓人为我做了证明。

1968年11月，我被下放到位于乐昌的电力系统干校，关应涵也被赶回乡下。我在干校打泥坯，砍树造房子，还种水稻。虽说我1969年就得到“解放”，但一直到1970年3月才离开乐昌，回广州参加党校学习。我“官复原职”之后，首先想到的就是设计人员。当中央出台知识分子政策之后，我迅速把关应涵召回来，仍然在设计院输变电室当主任工程师，仍然管项目。

1977年，水电分家，水利与电力分开了。我仍然在广东电力设计院当院长。

十年动乱结束，大地春潮涌动。国家进入新的历史发展时期，给予广东特殊政策、灵活措施，创办经济特区。广东电力建设迎来千载难逢的机遇和挑战，进入快速发展时期，以建设超高压、大容量汽轮发电机组为主，先后建成黄埔发电厂、韶关发电厂、沙角A电厂、沙角B电厂。

兵马未动，粮草先行。电力设计院也算是个粮草官吧！既是粮草官，就必须有自己的大本营。1980年3月，由于国家控制建楼台馆所，我跟着省电力局副局长陈刚，专程跑到从化，找到正在那里开会的省政府领导，请求批准我们重新建造电力设计院大楼。理由有两点：一是广东电力紧张，企业开三天工，停四天电，电力必须加快发展；二是水电分家，原来的大楼分给了水利厅，我们电力这边的400多人不能无处安身。于是，省长刘田夫特批了200多万元给我们建造电力设计院大楼。

省领导的重视和关怀，更加激发了我们的工作热情。这期间，我抖擞精神，带领大家完成了几个大项目的设计任务。

我们最先设计的大项目，是1973年开建的黄埔发电厂。我们的任务包括选址、地质勘探和整个厂房及其附属建筑的设计。由于该厂地基差，处于断裂带的边上，我们搞了两年多才完成设计任务。那时建电厂是一边设计，一边施工，我们上百个设计人员驻扎在黄埔工地。我也是一周中有三四天住在工地。条件艰苦，我跟设计人员一同住在临时搭起的棚子里，一同吃一同工作。上头经常抽调干部下乡搞运动。我向上头说明设计任务之繁重。上头答复："你们设计院今后不必派人下乡了，专心抓电力。"

1979年，我们接过了沙角发电厂的设计任务，与黄埔发电厂一样，也是包括选址、地质勘探和整个厂房及其附属建筑的设计。沙角发电厂也是一边设计，一边施工，是一块难啃的硬骨头。沙角发电厂选址在海边，背后是一座山，要把山劈掉一半，土石有几百万方。我乍一听，吓了一跳。后来，时任水利电力部副部长的李鹏拍板，才确定就这样建。沙角发电厂的设计，遇到两大难题：一是水流、水温、水下地质等资料极其缺乏；二是发电机组分别由上海、哈尔滨生产，有关资料不齐全。我们迎难而上。我与水文、地质等部门沟通、协调，又派人前往上海、哈尔滨，终于取得完整的第一手资料。

大亚湾核电站的设计，我们花的功夫最多。1979年，我们为大亚湾核电站进行选址、地质勘探、水库及其附属建筑的设计，其一期主厂房是法国人设计的，我们设计的是主厂房的附属建筑（二期工程则始于我离休前夕的1986年，除了反应堆仍然由法国人设计之外，其余部分都是我们设计的）。我们国家从未建过核电站，没有经验自不必说，最棘手的还是选址。核电站必须建造在海边，而广东沿海都处于断裂带的边上，找一个合适的站址很不容易。我带领设计人员，跑遍了广东沿海。本来已经选定了一处地方，开展工作一年多，后来却出于军事原因而作罢，只好另起炉灶。我们选定站址之后，电力部还请来一机部的专家加以审核。核电站最后选定在大亚湾，我又跟设计人员一同在设计现场住了一两个月。当时生活环境相当艰苦，我经常与设计人员谈心，彼此鼓励，战胜了各种困难。

1982年，我在广东电力设计院担任院长兼党委书记，肩上的担子更重了。

挑重担要有胆量，特别是在改革潮流到来的时候。设计院是事业单位，一直是靠国家拨款养着的，可谓旱涝保收。1982年，国家建委在南宁开会，推行设计收费。起初没有哪家愿意实行设计收费，担心赚不到钱，设计院揭不开锅。后来，我跟广东建筑设计院、广州设计院的领导商量。我说："广东是中央定下的改革开放的前沿阵地，我们不打头炮怎么行？再说，广东加快发展经济，国家财力有限，我们必须自己想一想办法。"他们赞同我的看法。于是，我们三家设计院当了设计收费的试点。从前，国家一年只拨款几百万元，而试行设计收费的第一年，广东电力设计院收到几千万元设计费，除了自己使用之外，还上缴一部分给国家。

有了钱，我们的奖金就多了。刚改革开放的那一两年，我们的奖金是每人每个月5元。试行设计收费之后，各人的奖金拉开了差距。奖金标准是我拍板的。可我拿的奖金，始终跟普通工人一样，也就每个月一两百元。1980年，我们试行向建设单位，特别是向中小型建设单位收取设计费，往往需要我出面进行协调。即使如此，我也从不多拿奖金。

挑重担，还要有气量。党委书记是要管政治思想工作的。设计人员是广东

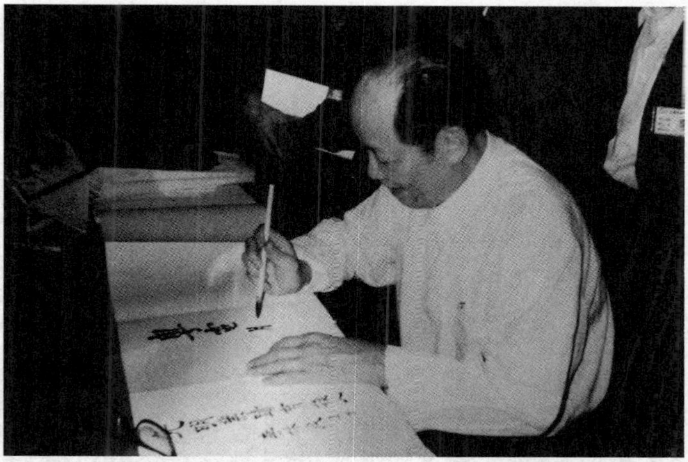

1998年，黄威参加粤电诗书画摄影研究会成立活动时留影

电力设计院的主力，做好他们的思想工作尤为重要。高级工程师刘祖武，大家叫他“高佬”，在“文革”中是批斗我的“积极分子”。1978年11月，刘祖武向我申请调回肇庆。我问他：“你为什么想调走？”他说：“我老婆在肇庆当小学老师。”我又问他：“你去肇庆做什么，那里没有设计单位。”他说：“我老婆是调不进广州的。我只好去肇庆，无论做什么都行。”我说：“如果你坚持要调走，我也不反对。但你是业务骨干，离开设计院太可惜。你老婆现在是调不进广州，可是以后有了新的政策，我首先把你老婆调进来。”刘祖武感到意外，嘟哝着说：“以前我对你……”我猜出他的心思，半开玩笑地说：“你是不是怕我给你穿小鞋呀？放心！那个整人的年代已经过去了。”他也笑了，说：“我不走了。”后来，果然有了新的政策，我马上把他的老婆调进设计院工会。另一个工程师叫郭耀明，在“文革”中批斗我的时候也是“大声公”，也怕我“为难”他，想申请调回老家广西去。我像挽留“高佬”一样把他留住了，后来也把他的老婆调进了设计院。

我当领导那些年，从来没有给人穿过小鞋。我读书不多，早早就去当兵，算是一个大老粗。一直到进了广东电力设计院，我才开始跟知识分子打交道。干到离休的时候，跟很多知识分子交上了朋友。离休二十八年间，几乎每个月

2000年，黄威（前排中）全家在广州合影

都有一批知识分子朋友约我聚会。而今，见我年纪大，怕我腿脚不灵便，他们就照顾我，轮流做东，在离我的住宅不到百米的茶楼请我喝茶。来得最多的，有一对当年的总工程师夫妇、一对当年的副总工程师夫妇、两个当年的厂长。他们也都是白发苍苍的老人了。友情难得啦！

我这一辈子，解放前参加革命，东奔西走；解放后工作时间最长的是在电力行业。在设计院的最初十几年，我没有搞出多少名堂；改革开放之后，我才跟大家一起为广东电力的发展做了一些事情。由此看来，个人的命运是与时代的命运、党和国家的命运分不开的。我始终跟着时代洪流跑，跑得还不错。

（黄威口述/覃桂平整理）

# 心中有颗定盘星

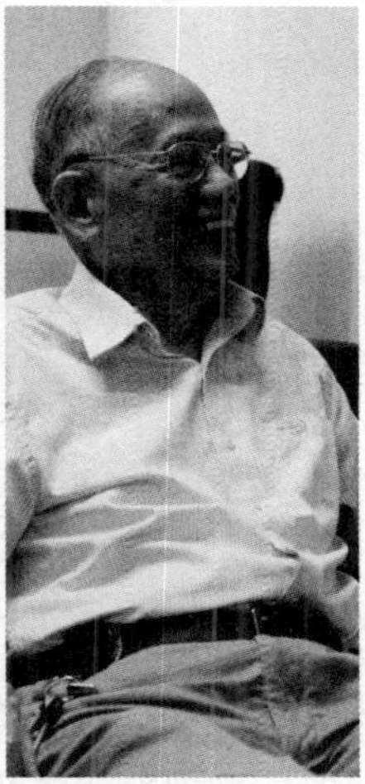

**颜鸣鹤**，男，1928年出生，浙江慈溪人，原广东省电力工业局副局长、党组副书记。1952年毕业于武汉大学，先后在广州西村发电厂、广东省电力工业局等单位工作，曾担任中国电机工程学会第五届理事。1991年退休。

我是1928年出生的，老家是浙江慈溪的慈城镇。慈溪离上海、宁波都不远，因治南有溪，东汉董黯“母慈子孝”传说而得名。而今，慈城镇改属宁波北江区。

慈溪自古以来人文鼎盛。最有名的人物叫陈布雷。陈布雷长期为蒋介石草拟文件，人称“国民党的领袖文胆和总裁智囊”，素有“国民党第一支笔”之称。

我的家族虽然清寒，却也是书香门第。在家中，我是老六。我的三哥颜鸣皋于1949年在美国耶鲁大学获工学博士学位。他开创中国钛合金研究，组建中国第一个钛合金实验室，于1991年当选为中国科学院院士。其他兄长分别毕业于燕京大学、复旦大学、同济大学。

1949年，我考上武汉大学电机系。武汉大学是民国八大名校之一。电机系的班长、校学生会的组织部长和文艺部长，我都当过。那个时候，只有学习成绩好的人，才能当学生干部。当时电机系的专业教材全部是英文——一直到1953年才开始用中文，老师讲课也是一半用中文，一半用英文。我学习也算用功。由于实行学分制，本来要读四年才毕业的，我用三年就修够学分，提前一年毕业。

我对电力工业可说是情有独钟。学到第三年，电机系分成强电、弱电专业。弱电专业学电信方面的技术知识，强电专业学发电厂、电力工程、供配电工程方面的技术知识。我于1950年加入青年团，读过一些马列著作。我记得列宁说过“电气化将使俄国发生根本变化”，于是果断地选择专攻强电专业。

在武汉大学的生活，我还想多提几句。在这里，我遇到了日后的终身伴侣叶凌云。其实，叶凌云我早就认识了，他的哥哥叶日泉，大我两岁，是我在上智中学（今武汉第六中学）读书时的同班同学。那时候，叶日泉会时不时在家搞一些聚会活动，我参加过几次，自然也认识了他的妹妹。只是当时我们仅打过招呼、跳过舞、聊过几句，彼此并没有太深的印象。可读大学的时候就不一样了，我们有缘考入同一所学校，她读物理系，我读电机系，一、二年级还归在一个班里上基础课，有了不少交流的机会。加上周末常常一起约着回家，一

1953年，颜鸣鹤在广州与妻子叶凌云结婚时留影

路两人独处，便有了深入了解、交往的条件，自然而然我们走到了一起。

1952年从武汉大学毕业之后，我被分配到广州的西村发电厂工作，而叶凌云到了华南工学院做助教，一年后我们在广州登记结婚，又过了一年我们生了小孩。小孩长大后到了纽约大学读书，后来他成家移民到加拿大，再后来为了照顾我又迁到香港定居。

谈着谈着就有些扯远了，说回我工作上的事。我职业生涯的第一站——西村发电厂，是现广州发电厂的前身，1937年开始发电，是当时中南地区最大的火力发电厂。它的发电设备是西门子2台1.5万千瓦汽轮发电机和2台70吨/时锅炉。解放军解放广州的时候，第一个连队就是从流花桥急速跑去西村发电厂保护设备。我能够进入这家大电厂，自然很高兴。

我刚进厂时是技术员，不久就当上了值长。我做的第一件事情，是把一份汽轮发电机的英文说明书翻译成中文。不瞒你说，我的英语笔译水平还是蛮高的。这份汽轮发电机的英文说明书很厚，有100多页，我完整无缺、准确无误地翻译成中文。有了中文说明书，工程技术人员和工人们在安装、检修的时候，就方便多了。

那个时候，中南局第一书记陶铸的夫人曾志是中南局工业部副部长，兼任广州电业局第一局长。曾志为了深入基层，方便工作，就把自己的办公室设在西村发电厂。曾志以身作则的作风给我留下了深刻的印象：每次搞大修，从汽轮发电机的拆卸、检修到安装，曾志都亲自操作；每次检修锅炉，曾志都跟大家一起钻进火热的炉膛，工人们都觉得很感动。1953年，曾志组织人员修编班组长条例等规章制度，我被选为电气组长，有幸参与了电厂早期建章立制工作。半年之后，班组长条例修编完毕，我被提拔为电气车间副主任，抓安全生产。

安全是电力工业的永恒主题，电力企业离开安全就无法生产，更谈不上经济效益。认真执行工作票和操作票制度，是减少伤亡和各类灾害事故的基础和关键。1956年，国家在西安召开电力基本功大会，将“两票”作为基本功向全国推广。执行“两票”制度能否获得成功，没有什么诀窍，只讲两个字：严格。我反反复复向工人讲解严格执行“两票”制度的重要性和必要性——那是用生命换来的经验啊！认认真真地督促检查严格执行“两票”制度的每一个环节，有时甚至亲手抄写工作票、操作票给工人做示范。就这样持之以恒，西村发电厂基本做到了安全生产，曾经创造安全运行500天的纪录，达到国内领先水平。

在西村发电厂，我还跟大家一起造出了全国第一台“发电厂造的发电机”。这事说来有趣，那是在1958年大炼钢铁的时候，我们用手敲敲打打，从造矽钢片开始到造成线圈，最后造出一台150千瓦的发电机。这在当时成了大新闻，广州的报纸都登了的，轰动一时。这台发电机后来在华侨糖厂安全运行了相当长的时间。如今看来，发电厂自行制造发电机并不可取，成本太高嘛！还是应该由机械厂来制造。

1966年，我担任副总工程师。厂里没有设总工程师，技术上的事主要是我在抓。我仍然主要是抓安全运行、降低煤耗。

1969年，我离开西村发电厂，进了广东省电力工业公司，当生产组副组长。

当年的生产组与而今的班组截然不同，那可是一个大机构呀！十年动乱期间，省电力公司的干部大部分下放劳动，原来的职能机关被“三大组”取代。

哪“三大组”？一个是政工组，一个是后勤组，另一个就是生产组，管原来的生产技术处、计划处、物资处、基建处、财务处等。生产组的组长是省电力公司革命委员会副主任师兆祥兼任的，他比我大十岁。他是个老革命，陕西省韩城人，工作认真负责。我当生产组副组长，不搞时兴的“大破大立”，仍然主要是抓电力的安全运行。

1974年，邓小平复出之后，狠抓企业整顿，当时已改称为广东省水利电力局的各职能处室才得以恢复。我仍旧负责技术工作，担任总工程师、党组成员。

1978年，改革开放的春风吹拂神州大地，百废待举。电力在国民经济中的地位越来越重要，电力与水利机构再次分设，成立了广东省电力工业局。一些华侨开始支援祖国的电力建设。这一年，我被派去香港，考察、主持拆除北角发电厂的事宜。

拆除北角发电厂，是一位美国华侨牵线搭桥的。这位爱国华侨是原国民党江苏省副省长的女婿，他从香港入境的时候，看见深圳罗湖口岸的灯光很少，知道内地缺电，就对新华社香港分社副社长祁锋说：“我跟李嘉诚是好朋友，李嘉诚想拆除他的北角发电厂，我把它买下来送给内地。”祁锋于是迅速把这一情况报告广东省政府。省电力局党组研究决定派我带队组织一个技术小组先去考察北角发电厂。但是，当时去香港的手续很复杂，必须得到中央的批准。我们等了好几个月才获得批准。

原来，北角离香港市区很远，随着城市的发展而逐渐融入市区，北角发电厂因此影响城市环境。1978年，北角发电厂关闭，其原址将建成住宅区——城市花园。

我们到了香港，发现北角发电厂的锅炉是船用锅炉，又是烧重油的，效率很低。我告诉祁锋：“北角发电厂的设备即使是运回内地，也用不上。”祁锋说：“我等你们来香港，已经等了两三个月，想不到你们现在才来。因为约定的时间到了，一周之前我已经跟北角发电厂签订拆除合同了。你看还有没有别的办法？”我仔细酌量一番，说：“北角发电厂的发电机组不能做发电用，可以改作调相机用，装在惠州等地的变电站，值300万美元。其他的作为废品处理。拆除费用要花150万美元，国家外汇紧张，难拿出这么一大笔外汇，不能在香港本地请人来拆除，可以从内地派人来拆，省下这笔外汇。”

祁锋很欣赏我的建议，报告上级。上级又派我带领拆除队伍去香港。

我带的这支队伍将近100人。为了节省开支，他们全部住在一条报废的轮船上，泊在靠近北角发电厂的海面，便于上下班，而且是自己买菜做饭吃。尽管船上安装了空调，生活环境还是艰苦的。特别是一听见台风警报，大家就要把船只拖离靠近北角发电厂的海面，泊在内港避风。

我负责联络各方面的人员，还负责技术工作。为了方便工作，我住在新华社香港分社的招待所。招待所的房间并不宽敞，可我觉得已经比工友们的好多了。

我的家在广州，那时从香港回广州不太方便，出入境坐汽车，往往花费大半天。我每隔一个月，才能回广州一次，与家人团聚。

我们在香港干了大约半年，才把北角发电厂全部拆除。

从北角发电厂拆下来的设备全部运到了深圳蛇口，那里是招商局的地盘。然后，根据各地的需要，分别运到了东莞、惠州等地。行内人士说，这就是化废为宝！

如何保障电力正常安全运作，是我始终关注的。在香港拆除北角发电厂的日子里，我抽空去中华电力公司、香港电灯公司学习考察，阅读了许多有关电力的最新技术资料。我还专门到台湾人开的书店去买了一批有关先进电力技术的最新图书。那时候，凡是与台湾沾边的东西都有反动的嫌疑。我去台湾人开的书店买书，是经祁锋特批的。祁锋说：“你是搞技术的，应该了解世界最新最先进的技术。”这些有关先进电力技术的最新图书、资料由我带回内地，对广东的电力发展有很大帮助。

1981年，我担任省电力局副局长、党组副书记、纪检组长，协助陈岗管理全面工作，是二把手。在这个岗位上，我印象比较深的是做了这几件事：

1983年，我主持罗湖口岸电站的设备引进、审查设计方案等工作。深圳罗湖口岸是出入香港的主要口岸，每天人山人海。罗湖口岸电站的运作必须万无一失，绝对不能停电。如果停电，就会严重影响中国的国际形象。

香港之行，令我知道了世界上最先进的开关是GIS开关。

GIS开关，就是气体绝缘开关柜的意思。GIS全称Gas Insulated Switchgear（气体绝缘组合电器设备），主要把母线、断路器、CT、PT、隔离开关、避雷器都组合在一起，就是我们经常可以看到的开关站，也叫高压配电装置，主要用在35千伏以上等级。

我们以前用的都是油开关。在罗湖口岸电站，我提议采用GIS开关，从日本进口，就买三菱公司的。

省电力局党组专门开会研究我的提议。党组共有九人，我排名第九。我开玩笑说，如果放在“文化大革命”中，我这知识分子出身的，现在就是“双料老九”了。

“为什么不用国产的油开关，要用日本的GIS开关？”“你可知道，从日本进口GIS开关，要花费十分宝贵的外汇？”反对的意见劈头盖脸，有的人甚至上纲上线到是爱国主义还是卖国主义。

我反反复复地解释：油开关占地面积大，而罗湖口岸电站地方小，要求有极强的防火功能，采用GIS开关，可以保障罗湖口岸电站万无一失；引进GIS开关，花外汇值得。外汇再宝贵，也不是摆在家里看的呀！再说了，从日本引进

1986年，颜鸣鹤（右）与同事在220千伏虎门海底电缆施工现场留影

GIS开关，我们借鉴其技术，以后就会有国产的GIS开关。

党组九人中，有两个人坚决反对。

会后，我特地到一把手和其他党组成员家里，再三陈述自己的理由。我的真诚与执着，打动了党组成员。我的提议终于被接受了。然后，我东奔西走，解决了外汇指标的问题。

自从罗湖口岸电站采用GIS开关，一直运行良好，从未出现过停电事故。而今，GIS开关已经做到了国产化，广泛运用于城乡电网。在我们广东电网，到处都能看到。

1983年，我在广东省电机工程学会担任第二届理事长。此后，我又担任第三、四、五、六届理事长，第七、八届名誉理事长。我认为，学会可以发挥行政系统无法发挥的作用，如开展行业的横向联系，沟通电机制造方和使用方，开展国内外学术交流活动，传播、推广最新国际电力先进技术。那些年，我想了不少办法将学会搞活，比如，邀请中国工程科学院院士周孝信等国内、省内知名专家，来学会给各地电力工程技术人员讲课或培训，有时自己也上台去讲课。还组织会员到香港中华电力公司进行技术交流，反响很好。学会编辑出版的《广东电力》等多种学术刊物和科技资料专辑，成为广东电力行业的智库，多次受到省里和总会的表扬和奖励。

1987年，我参与组建广华实业公司，拓展进出口业务。陈岗兼任董事长，我兼任总经理。原来我们电力系统进口设备，要通过机械进出口公司，层层审批，麻烦多多。有了广华实业公司之后，我们进口电机，给省长打个报告就行了，比从前快了一两个月。这家公司总共才十多个人。我要求他们人人做到“一专多能”，比如，当部门经理的还要懂得打字。我是党组副书记，负责审核人员出境事宜。记得当时火电安装公司的老总肖祥明，只是因为在香港有亲人，他要出境去验收设备，总是得不到批准——那时香港还是英属殖民地。老总无奈，直接找到我。我问明情况，对保卫科说：“我在美国、在中国台湾地区都有亲人，省里领导照样批准我多次出境。他还有什么问题就不能出境？”这样总算解决了问题。

1993年，颜鸣鹤（左二）陪同时任广东省省长朱森林、副省长张高丽考察沙角电厂建设情况

1991年，我开始主持建造沙角C电厂。沙角C电厂是由广东省政府与香港合和实业有限公司合作兴建的，合作期限为二十年。广东省副省长张高丽、匡吉授权陈岗与我作为中方代表，与香港合和的老板胡应湘、何炳章组成四人小组，全权负责沙角C电厂工程。我兼任沙角C电厂总经理，常常忙到晚上12点钟才休息。设备招标最辛苦。有两家公司竞标：一家是日本三菱公司，一家是法国的阿尔斯通公司联合美国的CE公司。最后是阿尔斯通中标。沙角C电厂筹建时只准备安装两套阿尔斯通的66万千瓦发电机组，后来根据电力市场的供需状况再增加一套同类型装置。沙角C电厂的3台机组，1994年、1995年投产运行。沙角C电厂为广东电力事业培养了不少人才。现在粤电公司的一些领导干部和七八个中层干部，都是从沙角C电厂出来的。还有南方电网公司财务部主任陈真，也是沙角C电厂培养出来的。

此外，我参与筹建抽水蓄能电站，是四人核电工作组的成员，参与广东和香港、澳门在南澳兴建第一座风力发电厂并联网等工作。在“七五”计划初期，我跟陈岗局长多次向叶选平、匡吉和张高丽等领导同志提出，电力建设资金要有可靠的来源，要多渠道地筹集资金，特别是对直属企业实行免缴供电环节产品税、所得税、调节税，并明确将税款转列为电力建设专用资金。我们的建议得到采纳，成为广东省的政策。“七五”“八五”期间，由于实行这些政策，加上利用外资，多渠道集资，广东电力建设突飞猛进，发电量在全国的排名，从“七五”前的第十几位，上升到“八五”末期的第一位。

退休之后，我也没有闲下来。别看我现在已是个耄耋老人，可精气神还是蛮足的哩。每天早上，我都去游泳。每个星期，我都抽两天到广东省电机工程学会办公室上班。孩子会不时从香港回来看望。有一句诗“满目青山夕照明”，我看写得真好！我希望在自己人生最后的时光里，仍可发挥余热，为企业、为社会做点有益的事。

（颜鸣鹤口述/覃桂平整理）

# 职业的烙印

**余裘文**，男，1928年出生，广东大埔人，原龙川县水利电力局电力管理总站副主任。年少时离开家乡到龙川谋生，当过船运工、打铁匠。解放后，先后在龙川县的隆耀电厂、老隆发电厂、水利电力局电力管理总站等单位工作。1983年退休。

我1928年出生于一个贫苦的农家，祖籍梅州大埔县高陂镇，是20世纪40年代中期到河源龙川来落户谋生计的。

客家人向来有尊师重学的传统，即使是普通人家也不例外。我是八岁入学的，尽管当时家境贫困，但父母仍然坚持要我上学念书。为了多赚几个钱，给我凑足学费，他们出去干了不少苦活、累活、重活，没日没夜地操劳，目的就是希望我有朝一日能走出大山沟，过上好生活。

到了1943年，也就是我十五岁那年，因为家里实在负担不起学费，我只好辍学回家，帮助父母种地。1944年，我随叔叔余钦宋从老家来到了龙川县城老隆镇。当时叔叔在东江船上给船老板打工，在东江流域跑货运，干的是大车机房司机的活。年少的我便跟着叔叔干起了水运工作。就在这条船上，我第一次接触到发动机。

走船的人，特别在意船的安全及动力。一台功率为10千瓦的柴油机为叔叔的船提供动力。说是柴油机，但走船的时候更多是靠烧木柴发电驱动。因为当时柴油的价格十分昂贵，且经常短缺，市面上基本买不到。

十六七岁正是求知欲旺盛的年纪，看着这台“神奇的机器”推着满船的货物在水里畅行，我非常好奇，经常对着隆隆作响的发动机发愣。为了搞清楚发动机发电的技术原理，我常常独自钻进船舱琢磨，一待就是几小时。要知道机房的温度是很高的，整个船舱内闷热得不得了，要是没有一点毅力，叫你待上半小时都受不了。越琢磨，就越痴迷，有时晚上睡觉我都在冥思苦想。印象中有好几次，因为一些原理实在想不明白，忍不住半夜爬起来，把叔叔叫醒来问个究竟，结果招来了叔叔的一顿好骂。不过骂归骂，叔叔还是会仔细给我解释，满足我的好奇心。

1945年，父亲帮我介绍了一份工——到老隆振艺铁工厂当学徒，学打铁。打铁是一门很古老的手艺，同时也是一个很辛苦的行业，既脏又累，绝对是个体力活，俗话说：“世上有三苦，撑船、打铁、磨豆腐。”但在那个科技还不发达的年代，打铁还算是个吃得开的行当。

也许是冥冥之中早有安排吧，早期跟叔叔学到的发动机知识和在振艺铁工厂学到的打铁技术，都在我日后的职业生涯中派上了用场。

1949年6月，龙川县解放，这座千年古邑迎来了一个全新的时代。也就是那一年，我与妻子结婚，她比我小五岁，当时是城市户口。婚后第二年，我们生了第一个孩子。

龙川县原来一间创办于1946年的小型发电厂（兼碾米），安装了一台16.5千瓦发电机组发电供周边照明之用，后停业。解放后，百废待兴，如何尽快恢复供电的问题，成了当务之急。1950年，为响应龙川县人民政府的号召，我父亲余嘉祥以及罗原英、钟明等人，合资10 000元兴办了隆耀电厂，年发电量2 500千瓦时左右，主要供应县政府办公、路灯照明、电影院放映等。全厂只有3名工人，我是其中之一，负责机房工作。

1951年冬，隆耀电厂转为公私合营，县政府派黄子善作为驻厂公方代表。原来电厂的厂长黄来久、年新华和我三个人留了下来，继续干老本行。企业性质变了，外部形势也变了，我心里清楚，单靠我原来所学的那几下“三脚猫”功夫，已不能适应新社会的要求了。所以在随后几年的时间里，我千方百计找来电力相关书籍学习，边看书边领悟，边摸索边实践，渐渐地弄懂了不少发供

1959年，余裘文（后排左二）出席广东省1958年度第二届工交、林业先进生产者大会时留影

电原理。特别值得一提的是，由于工作出色，业绩突出，1954年我光荣加入中国共产党，成为龙川县解放后首批发展的党员。

1957年，我离开了隆耀电厂，被县政府委以重任，参加老隆发电厂的筹建工作，主要负责发电机房方面的事务。当时一起参加筹建的，还有黄来久厂长。记得电厂安装的是一台400匹柴油发电机组，重达9吨多，要支撑起这么个“大家伙”，必须开挖一个16平方米的大坑，打入20多根几米长的松树桩，然后浇筑沙石混凝土才行。那时候，也没有什么机械电动设备，全靠人工，土要一锹一锹地铲，泥要一筐一筐地担。黄来久厂长带着我们手拉肩扛，日以继夜地干，当真是苦不堪言。待把柴油机土建基础建好时，我整个人都瘦了一圈。

1958年老隆发电厂建成投产后，我担任党支部书记职务。在随后的几年，我基本上都是跟发电机打交道，工作忙得晕头转向。那时候设备可靠性都不是很高，常常出故障。一出故障，问题就大了，因为整个县城生产生活用电几乎就靠这个电厂发电供应。每次发生故障，我就得带领全厂职工日夜抢修，几十个小时连轴转，目的只有一个，早点把故障排除，把设备修好。1961年，为了提升设备的出力，我带领职工搞技术革新，将厂里的一台50匹马力的柴油机，改造为使用柴油掺水和柴油混合木炭燃烧来发电，使之动力提高了40%，柴油节约了25%，每天多发电40千瓦时。另外，针对变压器线圈容易烧坏的问题，我也想了一个办法：尝试把铁心浸在绝缘漆中，然后烘干，将烧坏的线圈重新绕好。结果证明，就这样一个简单的步骤，用坏了的变压器又能重新派上用场。那几年，我总共做了7项革新项目，累计节约资金达19 228元。这在当时可不是一个小数目。

龙川县位于广东东江、韩江两大水系的上游，降雨量丰富，可利用的水资源非常可观。1960年，县政府决定开发水力发电，由火力发电向水力发电转型，为此，投资规划并兴建一批小水电站。

1963年，我被调到刚刚建成投产的上板桥水电站工作。当时我已经三十五岁，是四个孩子的父亲了。这一调动，给我带来了许多的不便。为什么呢？因为离家远了。上板桥水电站离县城有十几公里，按说也不算远，可那时候交通

1963年，余裘文（右二）与工友到广西桂林采购设备时合影

不便，回家基本都是靠两脚走路（偶尔也用一下单位的自行车），回去一趟得走两三个小时，所以只能吃住在水电站的职工宿舍里，平时很少回家。以前无论在隆耀电厂还是老隆发电厂工作，虽然辛苦，但距离很近，抬脚就到，家里一些杂七杂八的事还可以照料照料。这下好啦，这屋里屋外就只能靠我老婆去张罗了。

当然，这些还是小问题，最让我头痛的其实是工作上的事。当时上板桥装有一台304千瓦水轮发电机组，架有一条水电站至老隆全长14公里的10千伏输电线路。我原来是搞火力发电的，现在改搞水力发电，主要负责机房部工作，自然有很多东西不懂。说实话，调到上板桥时，我还是第一次接触水轮发电机和输变电设备。当时在机房工作的20多个人，没有几个是经过正规培训或专业学习的，基本上都是半路出家，想拜个师傅都找不到。没办法，我只好自己去学习、去摸索。在好长一段时间里，我要么是一头扎在书堆里，要么是一头扎在机房内，要么是一头扎在变压器旁，不停地去钻研水力发电原理及输变电原理。就是凭着这股子钻劲，我不但很快掌握了相关知识和技术，而且逐渐成为单位里的“行家里手”。

1964年5月，具体是哪一天我记不清楚了。龙川发大水，县城老隆镇低洼处变成一片“泽国”，主要的输电线路被损坏，造成全城停电，连县政府抗洪救灾指挥部也断电了。县政府要求我们务必尽快恢复供电。灾情就是命令，我和大伙儿冒着大雨进行抢修。记得当时我爬到杆顶上作业，刚把断线接好通电，还未来得及高兴一下，身子却一不小心触碰到旁边的电线，“啪”的一下就给电晕了，一头从杆上栽了下来。幸好同事们及时施救和上天垂怜，我大难不死，从鬼门关走了一遭后又回来了。

1971年初，龙川县的水利电力建设仍然不断地向前推进。当时“文化大革命”还未结束，物资十分匮乏，设备供应十分紧张，像发电机、变压器之类的东西根本买不到。而上板桥二级水电站又急需一台500千瓦6 300伏高压发电机。怎么办？县政府决定“土法”上马——自行制造。为此，专门成立了“大会战办公室”，调集全县的生产技术能手参与制造。我呢，那时担任车间主任还不到一年，也被选中调去，上级还要我挑大梁主抓这项工作。

自行制造高压发电机，这对我来说，无疑是一个巨大的挑战。当时，我手里头除了从全县调集的4名生产技术能手，还有上面发下来的一张制作图纸外，就没有其他可凭借的技术资源和制造经验了，完全靠自己。

按照图纸说明，制造的这台高压发电机多达101个零部件。根据当时县里主要厂企的加工能力，我把其中的70多个零部件，分给了县水电厂，要他们负责加工生产。剩余的20多个零部件，则分给县农业机械厂、铁木机械厂、粮食机械厂、轴承厂等七个单位进行加工。加工制作这些零部件，最大难题是没有专业机器设备，我们几乎都是依靠手工来完成，每做一个零部件，都要花费工人们的大量心血。

高压发电机不同于普通发电机，线圈必须进行耐压试验。这样，我们又多了一项任务——自制耐压试验台。我调集了电焊、绝缘漆、铁艺、浇铸、绕线等方面的能手来，集思广益，一同攻关。记得当时我设计了一种用薄铁片加工成的绕线机，操作简单，顺利解决了手工绕制线圈不便的问题。在大家的努力下，我们用了8个多月的时间，在1971年12月，终于制造出一台500千瓦高压发电机组，并安装投入使用。看到这台用土法制造出的设备，竟然也能够酣畅地运作起来，我们着实高兴了好一阵子。

第一次的成功，让上面看到了我们这些“土专家”的“实力”。没过多久，即1972年春，县政府又给我们下达第二项任务：制造一台1 000千伏安变压器，满足上板桥二级水电站升压之需。厂里决定，仍然由我担任制造组组长，再一次向困难挑战。

1982年，余裘文（右一）与工友在广西柳州合影

和上一年制造发电机一样，我首先将变压器的零部件发到县里各主要厂企去加工，县水电厂修配车间则主要负责线圈、铁芯等核心零部件的制作，全部完成后，再进行组装和调试。这一次，我和同事们也碰到了不少技术难题。比如，变压器线圈等零部件刷上绝缘漆必须及时烘干，但我们没有专门的设备来做。没办法，我们就摸索着制作了一台烤炉，经试验，哈哈，效果还不错。还有，在制作变压器外壳时，也是因为没有设备，要全靠手工来做。没想到，我年少时在老隆振艺铁工厂学到的打铁技术，现在却派上用场了。我拿着一把铁锤，用了整整一天一夜，硬是将一变压器外壳给“锤”了出来。外壳制作好了，我的手也快废掉了，满手布满了血泡。就这样，凭着满腔热情，经过半年多的高强度劳作，终于大功告成，龙川县第一台自行研制的1 000千伏安变压器经测试合格，并投入了使用。

在此后的十多年间，直到20世纪80年代初期，我的工作一直在修造、工程、运维这三个岗位上打转转，并小有成绩。那些年，我和我的团队又自行制造了十多台发电机组和变压器，供县、区、乡水电站建设使用。我负责主抓了龙川第一个35千伏老隆变电站工程项目，还参与建设了三端锋发电站、35千伏枫树坝变电站、龙川氮肥厂变电站等。当然，我干得最多的还是发供配电设备的运行维护工作。在这方面，我对下属的要求是："要像保护自己眼睛一样保护机器设备，护理好设备就是对企业和客户最好的负责。"到现在，每每谈到过去，老伴还会怨我，说我不着家，不念家，心中永远只有水电站和发电机房。想想老伴说的也是，当年在上板桥电站工作时，由于我疏于对家庭的照顾，还发生过年幼孩子走失的事情。好在小孩安然无恙，不然我恐怕一生都不得安宁。

自我1983年冬从工作岗位上退下来以后，才算是过上了正常人的生活。我现在生活倒是很有规律，除了一日三餐、睡觉以外，闲暇的时候，还玩玩集邮。对于集邮，我还玩出一点"水平"来了，曾在省、市、县举办的专题集邮展览上获得过奖金和奖杯呢。有时，我也和老伴到外面旅游，看看风景，做点善事。2003年，我多方筹集20多万元，在县城卓峰山风景区义务建造了山底至山顶的登山小路2.1公里，凉亭4座，为前来登山健身的人群提供方便。

也许是职业的缘故，至今闲谈言语之间，儿孙及亲朋好友们都说我还是三句不离本行——话题总跟变压器、发电机等有关。我知道，我的一生已经烙满了电力印记，尤其是"大会战"那段激情岁月，更是深深地印在我的脑海里，难以忘怀。

（余裘文口述/吴春华整理）

# 人生如此，足矣

**郭泳泉**，男，1932年出生，广东南海人，原佛山城区供电局局长。年少时只身到佛山打工。解放后，先后在佛山市食品公司、饮食服务公司、糖烟酒公司、果菜公司和佛山市发电厂、佛山城区供电局等单位工作。1990年荣获『全国五一劳动奖章』。1993年退休。

我原本姓胡，1932年9月21日出生于南海县，后来被卖到了佛山（现佛山市禅城区），改姓郭。小时候家里很穷，读不起书。俗话说："穷人的孩子早当家"，迫于生计，我十一岁就离家出外打工。记得当时我连一件像样的衣服都没有，衣衫褴褛的，十足像个"小乞丐"。为了能吃上饭、活下去，我什么脏活、累活都干。我曾在佛山火车站做过小贩，还在广州大荣火柴厂做过糊纸盒的小工，虽然工作很卖力，但一个小孩子，人家给的工钱也很少，所以常常是食不果腹，连个温饱都解决不了。奔波了两年，直到1945年我转到佛山敦厚的胜利茶楼做起收拾碗筷的小伙计后，生活才稍微安稳一些。

贫寒催人奋进，穷苦促人自强。年少时那段经历虽然不堪回首，却磨炼了我，激励了我，成就了我，使我养成了吃苦耐劳、执着坚毅的品格，成为我以后人生中克服困难、不断前行的宝贵的精神财富。俗话说，"千金难买少年贫"，我觉得很有道理。

1949年，新中国成立，人间换了一个天地。从此，我的人生也随之有了一个翻天覆地的变化。

首先是学习上的变化。因为小时候没上过学，我到十八岁时连自己的名字都不会写。佛山解放后，我认识到只有知识才能真正改变自己的命运，所以首先想到的就是读书，而且这个念头一日比一日强烈。1952年，我报名参加了当时佛山市人民政府举办的"文化学习班"，读了高小，每天晚上下班后就去读夜校，风雨无阻，如饥似渴地拼命学习，连续读了三年多，直到初中毕业。

其次是工作上的变化。1956年，我转到食品公司干活，由于工作努力，经当时食品公司的同事师玉龙、游寿其两位同志介绍，我加入了中国共产党。同年4月，我调到了佛山市饮食服务公司工作，职位是人事股的副股长。1959年，我调去了佛山市糖烟酒公司，不久还当上了经理。

再次就是生活上的变化。1958年，我与在纺织公司工作的妻子结了婚，有了一个真正的家。那时候，我们夫妻俩工资加起来有几十块钱，生活有了很大的改善，日子开始越过越好。

读书、立业、成家，当这些以前想都不敢想的事，实实在在地出现在我的眼前，发生在我这个出身穷苦的人身上时，我切身体会到我们党的伟大，也打心底里感激我们的党。当时，我十分珍惜拥有的一切，心里只有一个念头：好好工作，报答党的恩情。

到了20世纪60年代，我的工作又变动了三次：1962年10月，组织安排我去佛山市货栈当党支部书记。1964年初，又被调去佛山市果菜公司当党支部书记、经理。到了1969年，我被下放到当时设在顺德小塘的“五七”干校。去到那里，校长知道我曾在饮食公司干过，便把我安排到厨房去，当起了“伙头军师”——炊事班班长，专门负责柴米油盐酱醋、生火烧菜煮饭，因此我自嘲为“佛山市豆瓣酱公司总经理”。三年后，顺德小塘的“五七”干校迁到了石湾，当时的校长很关照我，刚开始时叫我当了一名通讯员，整天干一些收发信件、出宣传板报之类的事情，后来由于表现不错，还当上了“五七”干校的党委副书记兼副校长。

1972年，我调到佛山市发电厂工作，任党支部书记。这对我来说，又是一份全新的职业。那时候也没有什么培训的机会，我只能从头学习电力知识，边学边干，在实践中摸索。那时我正值青壮年，脑瓜还好使，三年下来，我逐渐摸出了一些门道，并积累了一些经验，这也为我日后的工作打下了基础。

1975年，我从发电厂调到了佛山城区供电局任局长。当时的城区供电局，主要负责现在佛山禅城这一带的供电管理。从此，电力与我的人生紧紧联系在一起了。

改革开放头几年，佛山各行各业发展得非常快，每天用电需求超过了10万千瓦时，电力供应一下变得十分紧张，经常停电，而且是三天两头就停，一停一大片。到了夏天，供电缺口就更大了，供电局专门成立一支用电监察小组，一旦发现企业工厂超额用电，就立刻对工厂进行拉闸封电表。政府、企业、居民都很有意见，到处都伸手要电，这让我很苦恼。那几年，天天都有人来我办公室吐苦水，说：“肥佬郭，停我工厂的电不行，这么多工人等着吃饭呢，你叫我怎么办啊……”没办法，只得又给他们供回电。

这样老是拉闸限电也不是个办法，应该怎么去解决呢？思来想去，我觉得除了要向省里多报告、多沟通、多争取一些用电份额外，最佳的办法，还是要自己办电。

自己办电，首先要有发电设备。那个时候，国家还未从计划经济中走出来，物资供应依然十分紧缺。为了早发电、多发电，改革开放后，我们成立了佛山市区电力总公司，我兼任了公司的董事长、总经理。为了尽快建电厂发电，我派人到处去找设备，要求无论新旧，只要能快速发电的设备都要，总之要快。不久，我们从广州买回来两台旧发电机，其中有一台是柴油机。接着，我们从武汉大学等地请来工程师给我们做技术指导进行安装调试。很快，一间小型火力发电厂就投产发电了。后来，我们还从瑞士弄回来一台他们制造的飞机发动机。这发动机质量还是蛮好的，就是转速太快，之前一直没有人敢要。俗话说“病急乱投医”，在火烧眉毛的当头，只能是什么能发电就用什么，管不了那么多了。不过，就是这间七拼八凑弄起来的小型发电厂，一天的发电量也达到了4万千瓦，已可满足当时佛山用电需求的三分之一左右。

但靠这种用旧设备拼凑出来的电厂来应对供电缺口，显然不是长久之计。那时候，我脑子里除了电还是电，整天围着“电”这个问题转，想着想着思路就来了，转着转着胆子就大了。记得当时提出的口号是“以电养电”，即先借

1984年，郭泳泉（左一）在110千伏化纤变电站电缆施工现场

钱办电厂，用建好的电厂发电还贷，等把钱还完了，又借钱开始新一轮的发展。我想，反正都是为公家办事，既然零敲碎打不能解决问题，那么就干件大的：贷款新建发电厂。

贷款办电厂，这对当时底子还比较薄的佛山市区电力总公司来说，多少有点儿“冒险”。这时候，佛山市委、市政府出来给我们打气，做担保。有位领导这样跟我说：“肥佬郭，不用怕，放手去做吧！”

有了上级的撑腰支持，我底气足了些，胆子就更大了。80年代初，国内银行不贷款，我和一帮同事就跑到香港去找银行，向他们借钱。香港那边的银行一方面很愿意跟我们做交易，另一方面又怕我们还不了债，便采用“一家银行发起，多间银行借款”的做法，以分担风险。这一点跟内地不一样。记得1983年5月在香港，佛山市区电力总公司最多的时候曾同时向24家银行贷款。签约的那个晚上，24张桌子排成一排，几十个银行负责人同时跟我们签约，那场景、那气势，我到现在还记得一清二楚。

有了钱还不行，关键是要有设备。但那个时候，我们根本没有途径买到发电设备。于是，我们决定采用合资形式。1985年6月，佛山市区电力总公司与香港荣山贸易公司签订合作协议，筹建佛山市发电厂A厂，由他们充当中介，先后引进10台德国道依兹公司BV16M640型6 350千瓦柴油发电机组。

这些柴油发电机组都是整套引进的，每台重达两三百吨，这在当时怎么运回来都是问题。记得有一回，数百吨设备船运回来，由于实在太重，船常常会失去平衡。因此，为了保持平衡，要在船的两边都放置上设备，才可以运输。那时候，我们还购买了最高9级台风的保险，确保这批机器不出任何意外。

设备上岸后，我们还专门从新加坡购置了一台可载重300吨的特种工程运输车，数十个轮子，设备放上去后车身都几乎要贴到地面了。设备运输到一个地方就要封路，因为光是这一辆车就占据了整条道路，走一段封一段，过去后才解封。当时家家户户都出来围观，大家从来没有见过这么大的机器，很是新奇。

在运输设备去发电厂的路上，又出现了新的难题。那时佛山的发电厂全部在佛罗公路那边，从石湾到佛罗公路必须通过汾江桥，几百吨的机器究竟能不能过汾江桥？我和同事们心里都没底，毕竟没有过先例。为稳妥起见，我们直接找到汾江桥的设计师，询问他的意见，而他给出的答案是：这样的重量在设计上是不能通过的。过不了桥，这些机器就等于没用。幸好工程师想出了一个办法，在汾江桥上铺满几十块大铁板，分散荷载，减轻对桥梁的负担，让机器通过。当时我们一个个蹲在桥头，眼睛盯着车子过桥，直到最后运输车全部过去才松了一口气。

有了先进的发电设备后，要考虑的就是电力输送问题，要铺设地下电缆。以前佛山本地没有企业有这种技术，都是生产些小电线之类的。1984年，本来是想购买质量最好的日本产的地下高压电缆，但是价格实在是太贵。刚好韩国的大汉电线株式会社邀请我去他们的工厂参观。到那里一看，感觉质量价格都不错，就购买了一批。由于钱不够，我们想出了“三个一点”的方案：政府出一点，供电局出一点，电费稍微收多一点。正是有了这“三个一点”，地下电缆才得以做起来。

当时，我们还购买了发电机，一回来组装就能立即运行发电，一开始一次性买了8台，8台一年就能供电十余万千瓦时。发电后我们先把之前的借款还

20世纪80年代中期，郭泳泉（左一）陪同广东省领导考察佛罗公路发电厂

1985年，郭泳泉（左一）在110千伏张槎变电站架线施工

上，然后继续借，继续发展，我们将之称为“借鸡生蛋”。佛山发电A、B、C、D、E厂，共50台机器，就是这样建起来的。

在抓电源建设的同时，我还下大力气抓了电网建设。输变电工程方面我就不说了，我给你讲讲技术改造那些事儿。

记得1983年的时候，佛山市委、市政府安排我们去香港学习，参观路边的设施、路灯和变电站，寻求解决佛山用电的方法。还记得那时候第一个参观的就是无人值守变电站，我一看就来劲了，觉得这个“玩意”不错。我在想，佛山有9个变电站，每一个变电站需要9个人来值班，算下来就是80多人，单员工工资就是一笔不小的开支，如果加上员工的房子、医疗费用和其他福利，人工成本更是可观。而且随着电力的发展，这个摊子会越来越大，成本负担就越来越重。我越想越觉得无人值班站设备与技术，代表着电网系统运行未来发展的方向，应该引进，值得一试。

这是一件大事，无人值守变电站概念当时尚未普及，所以我一提出来，很多人都觉得不能理解：怎么可能不需要人来值班，机器出错怎么办？但我还是拍板决定做无人值守变电站。1988年，我们在广东率先建成第一座110千伏无人值守变电站——城东变电站。这一重大举措得到上级的肯定和好评。此后，

1987年，郭泳泉（左一）在佛山城区供电局调度中心查看SCADA系统（两遥系统）使用情况

我们推而广之，新建变电站全部按无人值守来做。实践证明，推行无人值守变电站建设是明智之举，不仅节约了人力物力，节省了生产成本，而且确保了系统的安全稳定运行。

80年代末至90年代初，电子计算机技术逐步应用到佛山电网调度、设计、运行、营业中，不仅提高了设备的健康水平，也提高了部门的管理水平。随着科技的不断发展和设备的不断更新，对员工的素质要求越来越高。我没读过几年书，常自称“大老粗”没文化，但说归说，对人才在生产、建设、管理中的重要性，心里却像明镜似的。当时，局里有40多个工程师，来自全国各地，我一是将科技进步评奖工作纳入正常化管理中，并采取一系列激励措施，推进科技进步；二是积极开展技术革新，大胆使用人才，让他们在各自岗位发挥作用。在工作中，碰到一些技术上的问题，我都会主动去征求技术专家的意见。比如我刚接触“四遥”（遥信、遥测、遥控、遥调）的时候，就问他们：“无线不安全，有干扰，怎么办？”他们说：“可借用电话线来解决这个问题。”我觉得可行，就大胆采纳了。又比如，有一次我去香港中华电力公司参观，发现他们实行电脑收费非常方便快捷，我就问工程师：“这个我们能做吗？”他们说能。回来后，我立即开始着手搞电脑抄表、电脑收费，先是单机开发，后是系统集成，用电营业管理信息系统就是这样一点一点弄起来的。

忙了大半辈子，终于见到一点回报了。渐渐地，人们发觉，分电指标没有了，拉闸限电没有了，企业不用“开四停三”了，居民不用担心晚上突然没电用。政府也很开心，社会经济发展有了充足的电力保障。1990年，佛山成为全国首个宣布敞开用电的城市。

敞开用电之后，很多社会活动都可以进行了。1991年，佛山举办了“火树银花耀禅城，佛山更繁荣”大型灯会，全城一共安装了50万盏大小灯饰，彩灯的线路足足有52公里长，附近中山、江门等地的人都专程跑来看彩灯。同年，佛山又在新广场举办第一届女足世界杯的一场比赛，整个城市更是张灯结彩、人气沸腾。这要是放在以前，电力都没有保障，哪敢想这些？

1993年退休时，我已六十一岁，算是超“服役”了一年。回想自己这一生，尽管有艰辛、有曲折，但总的看来，我还是感到欣慰的。我能从一个贫困潦倒的穷小子成长为一个企业领导者，我觉得是党解放了我，给我一个学习和施展才干的平台。正因为如此，我一直在努力工作，希望能用自己辛勤的汗水与成绩来回报企业、回报社会、回报国家，力求问心无愧。这几十年，我是这样想的，也是这样做的。唯一感到有所亏欠的，则是我的妻子。打从我进供电

20世纪90年代初，郭泳泉（前右一）与外商签订发电机组设备订购协议

局工作那天起，我的妻子就一直在我的身后默默付出，无微不至地照顾我和三个孩子，支撑着这个家。我感谢我的妻子。

我现在生活过得还不错。前些年，我患了肠癌，单位给予我许多关怀和帮助，让我备感温暖。2013年，佛山供电局搞百年庆典活动，还特地送了一个“百年电力，感谢有您”的牌子给我，有时候开会也会请我回去，令人感动。谢谢大家还记得我，还记得局里以前有个“肥佬郭”和所做的一些事情。有了这些，我这一生足够了！

（郭泳泉口述/葛俊、李雨果整理）

# 永远年轻的心

**姚波**，男，1932年出生，广东潮州人，归国华侨，原广东省电力工业学校办公室主任。1950年参军入伍。1958年从部队转业，先后在北大荒军垦农场、黑龙江富拉尔基热电厂、哈尔滨电力学校、广州电力设备厂、广东省电力工业学校等单位工作。1992年退休。

1942年，姚波十岁时在泰国留影

人生易老天难老。岁月如白驹过隙，转眼间，我今年八十二岁了，已进入耄耋之年。回顾自己这一辈子，风雨走过，逆境熬过，坎坷历尽，始终未改的是一颗憧憬美好生活的年轻的心。

1932年，我出生于泰国。我的父母亲都是有深厚家国情怀的中国人，一辈子没有入泰籍。他们自然想让我从小接受中华文化的教育，在我八岁时，便把我送到曼谷华侨小学读中文。但由于当时泰国政府正在推行排华政策和奴化教育，没过多久，所有华文学校全都被查封了，我被迫进入泰校读泰文。泰校里实行“四不准”：不准讲中文，不准唱中国歌曲，不准剪中国发式，不准华人同坐一张课桌。有一次，我让一个海南籍的理发师给我剪了一个中式发型，就被学校老师罚站，罚每天挑水浇花。就这样，不到一年时间，我不知不觉地习惯了用泰文和身边人交流。父母亲看到我这个变得满口泰文的儿子，心里难以接受，十岁那年，就把我送回祖籍广东潮州读书，为的是我能堂堂正正地讲中国话。

1950年6月25日，朝鲜战争爆发。那年我刚好十八岁，正在潮州金山中学读高二。为了抗美援朝，保家卫国，我积极响应党中央和中央军委的号召，立即报名参军，投笔从戎，立志上前线杀敌报国。不过，入朝作战的愿望并没有实现，入伍后，我被分配到湖南衡阳空军预科总队一团，踏上了我的军旅之路。

1951年，预科培训结束后，我调到中南空军部队文化教育一线当文化教员。当时，部队里的官兵都是工农出身，又刚从战火中走过来，有高中学历的人并不多，组织上很快就把提高这些人的文化水平的重任交给了我。如何完成这项工作呢？我采取的方法是：和学员打成一片，与他们同吃、同住、同劳动。和大家成为朋友后，交流和沟通就顺畅多了，讨论也容易形成共识，教学效果很好。领导看我在教学上还有“两把刷子”，先后五次调我到最难搞的班级去执教，成了专啃硬骨头的“专业户”。不过还好，我教的班级总能取得不错的成绩。那几年，我获得不少荣誉，立过二等功，被树为标兵，还获得了空军司令部、政治部颁发的首届英雄模范功臣代表纪念奖章——这个立功奖章还在广州军区空军历史展览馆展出过，这令我感到十分的骄傲。1953年1月，我光荣加入中国共产党，是中南空军干部学校首批发展的党员。

1955年，我调到空军第四速成中学政治处工作，担任青年助理员兼任俱乐部主任，这是一个让我发挥所长的好机会。哦，对了，还没告诉大家，我自小就喜爱唱歌，乐于文艺，常常是学校里的文艺活动组织策划者。很快，我就搜罗了一批有文艺特长的青年教职工和学员，大家聚在一起，搞了不少文体活动，挺丰富多彩的。活动之余，还创作不少歌曲，记得有一首歌词是写我们自己的：“人民向我们召唤，学文习武，守卫祖国的边疆，我们向文化进军，奔向那新的战场……”别看当时条件不怎么样，但我们这帮人组织活动水平还是蛮高的。我们组建的文体代表队，先后在广州空军的首届运动会上、首届文艺汇演中取得过好成绩。一些特别优秀的同志，还代表广州空军到北京参加军委空军文艺汇演。每每想到这，我内心里都有一种光荣感、自豪感。

1958年，因所在部队文化教育单位撤销，我转业到了北大荒军垦农场。刚到时，农场的条件十分恶劣，可以说是一片荒原。没有房，我们自己伐木割草，用树枝丫和茅草搭成的一个帐篷式马架子作为临时住所；没有路，我们自己动手挑泥填土修筑；没有水，我们自己勘测挖井打取，完全是自力更生。到大豆播种季节，我们每个人拿着一把镰刀头，一步一挥锄、一步一个坑、一

1955年，姚波被中南空军授予少尉军衔时留影

步一弯腰、一步一窝豆地点播。记得那时蚊子特别多，都从人的背后钻进脖子，咬得人鼻青脸肿，浑身起疱。没过多久，原本还算白净的我，变得又黑又瘦。

就这样起早贪黑地在北大荒军垦农场干了半年多，到了1958年9月，我又被调到了黑龙江省齐齐哈尔市富拉尔基热电厂。从此，我结束了军旅生涯，成为电力系统的一名员工，这一干就是三十四年。

富拉尔基热电厂是前苏联援助中国的156个项目之一，是全国第一个高温高压热电厂，专为军工企业供电而建，厂里有20多位前苏联专家。我来到电厂后，被分配到党委宣传部工作。干这方面的工作，我自己比较喜欢，也有些底气。我的工作方式有这么几个。首先是走基层。与干部、工人们一起，边参加劳动，边熟悉情况，边做宣传工作，把本来在案头上的工作，做到了车间、机房、锅炉和设备大修的现场。其次是造氛围。我们和工会利用广播、板报、简讯、快报等形式，及时对上级的精神和须传达的任务进行宣传，并结合开展一些生产劳动竞赛等。还有就是组建文工团和管理“红岸剧场”。这事我给你详细说说。电厂建设初期，不论专家还是工人，每天除了辛苦地劳作，基本没有什么别的活动，厂领导希望我想想办法，丰富一下大家的业余文化生活。据此，我经过几个月的筹建，成立了一个文工团，我任团长兼原电厂剧场（红岸剧场）主任。紧接着，我马上组织团里的文艺骨干利用晚上的时间进行排练，每个周六晚与北满特种钢厂、第一重型机械厂三家联合轮流到前苏联专家招待所演出。别看我们不是科班出身，唱歌、舞蹈、乐器演奏、小品还是有模有样的，深受专家们和员工们的喜爱。刚开始演出时间在一个小时左右，后来观众越来越多，从零零星星到座无虚席，演出时间也越拉越长，有时候甚至演到深夜。让领导没有想到的是，电厂剧场也被我们搞起来了，除了自用外，还对外开放，放电影或邀请各地文艺剧团来演出，平均每月还能为电厂创收几万元。文工团越搞越活跃，甚至成为厂里的品牌，成为公关的重要手段。记得是1959年，电厂烧煤紧张，厂长、书记亲自带队去内蒙古扎拉纳尔露天煤矿要煤，但一直谈不下来。这个时候，领导灵机一动，就把我们整个文工团70多人拉到内蒙古，为煤矿工人演出。我们一登台、一亮相，就把内蒙古的同志给征服了。你猜怎样？第二天签供煤合同没二话，搞定！

1960年，我的工作又发生了变化，调到哈尔滨电力学校任学生科科长兼团委副书记，负责学生管理和团青工作。当时，学校问题多多，一是学校办学之初由于各项工作尚未走向正轨，录取的新生质量不高，由此带来校风不正、学业跟不上的种种问题。二是正好遇上三年自然灾害，到处闹饥荒，由于粮食供应不足，学生吃不饱、营养不良的现象时有出现，加上社会上不断有饿死人的消息传来，学生情绪不太稳定。为此，我带领团委、学生科的同志和各专业年级的班主任，一一到学生宿舍去个别谈心，面对面、敞开心扉地进行交流，了解学生的所思所想、所作所为，及时给予学习上的辅导和心理上的安慰，对一些学生生活上存在的实际问题，也想方设法给予帮助或解决。

1962年，三年自然灾害逐渐缓解，学风建设成为学校发展的关键，我向校领导提出让学生利用寒假下连队“当兵”（军训），向解放军学习，加强组织纪律性。我的建议后被学校采纳，于1964年开始实施。那年冬天，我带病组织一部分班主任及100多名学生，到哈尔滨市郊的防化部队去，与战士同吃、同住、同训练。让学生在连队“当兵”，这在哈尔滨电力学校中是前所未有的，学生首次过部队生活，感到既新鲜又有挑战性，效果非常显著。军训结束后从军营走出来，学生一个个都变了个样，学风为之一变。让学生“当兵”这一举措，受到哈尔滨市委文教部通报表彰并向全市中专学校推广，新闻媒体对此专门进行了报道，我写的总结体会刊登在《哈尔滨日报》上，这在当时学校里轰动一时。

哈尔滨电力学校是电力部部属中专，在黑龙江省内招生，毕业生面向全国分配。针对学校录取的新生质量不高的问题，我也想出了一招。我向学校提出了“按机密专业录取新生，并加强招生宣传工作”的建议，得到校领导的支持，并派我去电力部和黑龙江省教育厅请示。事情进展得很顺利，不久，这个建议得到了上述部门的大力支持，将哈尔滨电力学校列为重要部门，按机密专业招生录取。紧接着，我组织编印了学校招生简介和宣传手册，分别发往省内各地区招生办和市、县各个中学，并在考生报名前派出大批干部和班主任老师，下到各地重点中学进行宣传和摸底工作，大力动员学习好、有特长的考生报考哈尔滨电力学校。一轮轮宣传工作下来，招生情况立马改变，一扫往日颓势，录取的新生质量跃居哈尔滨市中专学校前列，学校由此打响名堂。东北电管局和黑龙江省电力局为此还专门发函对我们进行表扬。

1973年1月，我调入广州电力设备厂工作，在那里待了四年，先后任金工车间和铆焊车间主任、党支部书记。由于“文化大革命”的影响，厂里的生产任务不饱满，职工工作不积极，我看在眼里，急在心里，如何扭转这个局面，把生产搞上去呢？为此，我又动了一番脑筋。我觉得，密切干群关系，才能激发活力。于是，到车间去，与工人一起参加生产劳动，到工人中去，与工人交流谈心拉家常，便成了我的工作常态。对于他们在学习、工作、生活中遇到的各种实际困难，在力所能及的范围内，我都尽可能地帮他们去解决；对于一些“文革”期间形成的不良现象，如拉帮结派问题，我从团结群众的角度出发，做了大量细致的工作，消除了派性，调动了积极性。所谓人心齐，泰山移，车间连续几年都完成甚至超额完成了生产任务，摘掉了落后的帽子，两个车间先后被评为先进单位。

时间流转到1977年，广州电力设备厂把我调到厂“工大”任校长兼党支部书记。在此后的一年多的时间里，我们组织培训了20多位优秀工人，他们后来绝大多数都成为电力系统的生产骨干。1978年“二大”结业后，我又调任供销科负责主持全面工作。这个科原是一个“老大难”，上下不齐心，历史遗留问题很多，加上无固定生产任务，材料无着落，要靠找米下锅，困难重重。见此，我对症下药，首先是统一思想。挨个找职工做思想工作，让全科同志拧成一股绳。然后是统一行动，没材料找材料，没任务找任务，四处奔走，保证了生产的正常进行。经过努力，不到一年时间，供销科被评为先进科室。

也许是因为我以前曾经在哈尔滨电力学校工作过的缘故，1979年底，广东省电力工业学校重建时，省电力局把我调去参加筹建工作，这对我来说又是一次全新的尝试。当时，上级的指示是：边筹建边办学。当真是时间紧，任务重，人手少，大家忙得晕头转向。领导说我有办学经验，便把教学筹备工作的担子压到我的肩上。这个担子可不轻松，无论是教学计划、老师配备、招生部署，还是教材订购、教学设备、教具图书等各个方面，都得从零开始。那时候，按时开学就像一根无形的鞭子，催促我向前奔跑，没日没夜地工作，有时候加班到深夜，困了累了就趴在办公桌上眯一下，小睡一会儿，然后继续干活，常常一干就是一个通宵。直到9月第一届新生顺利到校，如期开学，我才长长舒了一口气。

1982年以后，学校各项工作逐渐走上正轨，组织安排我负责学生科和团委工作。当时学校还是人少事多，我和同志们都铆足了劲，全身心地投入工作，我们的想法是：尽力履职，多为领导分忧。在学生管理方面，除着力建立和完善规章制度外，我还注意做好人文关怀，对学生多一点关心和理解，少一点批评训斥，循循善诱，让学生更乐于接受。将严格管理与耐心疏导相结合，针对不同学生，用不同的方法进行教育引导，一把钥匙开一把锁，这是我多年做学生工作实践得出的一点经验和行之有效的方法。

1988年学校领导班子调整后，我调任校办公室主任，几个月后又调任党委办公室主任、校党委委员。其实，参加工作这么多年，我似乎已习惯了工作岗位的频繁调换，我觉得，不同的岗位给我带来不一样的历练，在每一个

1990年，姚波在广东省电力工业学校动员学生参与社会实践活动

岗位上我都能挖掘出自己身上的潜力，看到不一样的自己。1990年，我两次组织大专班学生进行社会实践活动，带他们到从化参加广州抽水蓄能电站的劳动，这在当时还是比较先进的教学理念。为此，广州电视台专门进行了报道，受到省委高校工委的表扬，当年，党委办公室还被评为省高教系统社会实践活动先进单位。

1992年退休后，我开始钻研书法，在广州市老干大学上课学习书法，舞文弄墨，传播国学，作品曾多次在省内、市内展出，也获过不少奖。此外，我还有一个兴趣，就是参加合唱团，唱歌练功，陶冶情操，永葆一种年轻的心态。

（姚波口述/张志刚整理）

# 水木年华

**罗绍基**，男，1933年出生，广东南海人，原广东省电力工业局副局长、党组副书记，中国工程院院士、知名水电专家。1955年毕业于清华大学，先后在中南水电勘测设计院、华南电网办公室、广东省电力工业局等单位工作。1998年退休。

1953年，罗绍基在清华大学读书时留影

我的祖籍是佛山南海官山镇，但出生在广州，生日是1933年12月1日，是喝珠江水长大的。

我在培英中学读过书。培英中学有两个校区：一个在广州的西关，一个在广州的白鹤洞。我读书的地方在西关。

培英中学是美国的那夏礼博士在1879年创办的。当年培英中学招收的是富家子弟，却不娇纵他们，而是要求他们吃苦耐劳。在培英中学流行一种“咕哩头”精神，翻译成普通话就是“搬运工”精神。这是培英中学全人教育观的体现。在劳动中结成的友爱之情和对劳动的理解，是最经得起时光和风雨考验的培英精神。我的培英校友中，有国家航天专家徐茅、美国太空专家吴昭鸿、中国科学院院士叶叔华、第二十八届奥运会羽毛球双打冠军杨维等人。我回母校去看过。校长对记者说中国工程院院士罗绍基校友归宁，把我的名字跟那些校友的名字放在一起，我深感荣幸。

1951年，我高中毕业，考取了清华大学。那年整个广东考区才12个人考上北京的高校。我考上清华，不知有多高兴、多自豪！

水木清华。大家都这么说。我报考的是土木工程系。我为何选报土木工程系？有个内心的秘密！我从小就崇拜詹天佑。詹天佑就是生在南海的，我跟他算是老乡。詹天佑是中国自建的第一条铁路——京张铁路的总工程师。这条铁路穿过八达岭，全长180公里，工程之艰巨为他处所未有。詹天佑创造“竖井施工法”和“人”字形线路，终于建成京张铁路，震惊中外。人们尊称詹天佑为“中国铁路之父”“中国近代工程之父”。詹天佑十二岁留学美国，1878年考入耶鲁大学的时候，就是读土木工程系，专习铁路工程。

我如愿以偿地进了清华土木工程系。土木工程系里有个水利组。第二年院系调整，水利组从土木工程系分出来，单独成立一个水利工程系。许多苏联专家来水利工程系讲课。有一个苏联专家叫尼科勤，是水能利用专家。尼科勤说中国的水电资源很丰富，只是水电开发程度很低很低。而电力呢，是国民经济的血液，特别重要。全世界的发达国家，没有不发展水电的。水电，当时在中国算是一个全新的领域。我这个人，对新事物特别感兴趣，就从土木工程系转到水利工程系，选的还是水能利用专业。古人云，天下兴亡，匹夫有责。新中国需要水电，热血青年自当击水中流。

1955年清华大学毕业后，我被分配到了水利水电部中南水电勘查院——后来叫中南水电勘测设计院。

中南水电设计院起初是在湖北武汉的，1958年才搬到湖南长沙。我从技术员干起，再到工程师、设计总工程师、副院长，1983年当上了院长。

刚到中南水电设计院的时候，一次偶然的机会，我认识了胡董珍，也就是我现在的夫人。刚认识她的时候，她还在湖南医学院读书，年纪比我小一岁。我们算是投缘，1963年，便在湖南登记结婚了。随后，她跟随我辗转各地，最后在广州市东山区人民医院妇产科退休。

在湖南，我整整干了二十八年。

湖南的水电资源十分丰富，又赶上水电大开发年代，所以那些年我跑遍了三湘四水，参与了许多水电站的建设。其中，给我留下最深印象的，是1970年10月开工兴建的湖南第二大水电站——凤滩水电站！

凤滩水电站位于沅陵县的沅水支流——酉水的下游，距县城45公里。那是一个“U”形河谷，别看枯水期河床才宽140米，可到了发洪水季节，则是另一番景象：水流湍急，波涛汹涌，惊天动地！那里的地质也十分复杂，地层为前

1970年，罗绍基与妻子、子女在家中合影

震旦系板溪砂岩夹少量板岩，岩性致密坚硬，但断层、节理发育，地震烈度为5度。也就是说，这里既有坚硬而古老的岩石，也有容易滑动、像西瓜皮一样的泥化夹层。要在这样的地方建堤筑坝，以当时的技术条件，可谓是难之又难。我是凤滩水电站的设计总工程师，碰到这块硬骨头，只能迎难而上，再苦再累也得啃下来。

20世纪50年代修建水电站，一般采用普通重力坝，抗滑性能比较差。很显然，在凤滩这样的地质条件上建水电站，不能直接采用这种方法进行设计和建设，必须另辟蹊径。

我组织了一个攻关小组，不知做了多少次模型试验。那时候还没有电脑，只能靠半导体计算器来计算大坝的应力。计算一次，要花40多个小时，十分辛苦。后来，我借鉴中国古代弧形造桥技术，提出用拱形坝体来替代直面的坝体——拱坝靠河道两侧的山体受力，并采用空腹式坝体设计，内置电站厂房。这样一来，不仅改善了坝体的应力分布，使超载能力和抗滑性大大增强，同时还解决了大坝泄洪与厂房布置之间的矛盾，不再需要在狭窄的弯型河道下游建设厂房了，省时，省力，省钱，一举多得。

1978年5月1日，凤滩水电站第一台机组发电。到1979年11月，4台机组全部建成投产。我与清华大学教授刘光廷、北京水电设计院总工程师何璟合作的“混凝土腹拱坝”科研与实践项目，获得1985年度国家科技进步二等奖。

“凤滩水电站当初的装机容量为40万千瓦，后来扩建为80万千瓦。经过近30年的安全运行，近600亿千瓦时的累计发电量，在湍急的酉水之上，凤滩水电站依然傲然矗立。昔日桀骜苍龙，化为了驯服的电流，温暖着人间，而且还将继续为湖南的经济建设做出重大贡献。”这是百科名片上的一段文字。前些日子，凤滩水电站的老朋友们来看望我，说起这些事，还送给我3幅凤滩水电站的照片。看着照片中高达112.5米，由我亲自参与设计的我国第一座最高的空腹重力拱坝，不禁又勾起我对那段岁月的回忆，我很喜欢，就把它们挂在办公室的墙上了。

春华秋实，转眼间我已年过半百，到了知天命的年纪。几十年身在他乡，我却依然忘不了生我养我的地方，便萌发了回到广东，为故乡做一些事情的念头。

1985年，我找到水利电力部部长钱正英，说想回广州。

钱部长理解我的心情，说：“有两个地方给你选：一个地方是珠江水利委员会；一个地方是部里刚成立的华南电网办公室。”

1975年，罗绍基（左一）在建设湖南凤滩水电站时的工作照

我知道，前者成立于1979年，在珠江流域、韩江流域、澜沧江以东国际河流、粤桂沿海诸河和海南省区域内依法行使水行政管理职责。后者是1984年12月成立的，为的是开发红水河水力资源，对广东、广西两省（区）电力发展进行统一规划和集中管理。华南电网办公室负责华南电网的规划、联网和协调工作。一个管水，一个管电，两相比较，我还是喜欢电，就选择去华南电网办公室。

钱部长提醒我："你去新的部门，组织无法安排给你正厅级职务。"

我说："我这个人也不想当官，只想做事。"

我回到了广东，先是在华南电网办公室当主任，后来当了广东省电力局的副局长。不管到哪里，我的干部任命书上都在职务后边加括弧标注了正厅级。

广东的电力供应一直是自力更生，不直属中央。广东是改革开放的排头兵，经济突飞猛进，电力捉襟见肘。两广自古是兄弟，广东缺电，自然想到广西。我一到华南电网办公室，就大力协调广西送电到广东，当年就实现广东、广西电网以220千伏电压联结。

1988年，我到广东省电力局当副局长，分管水电、科技、财务，当然还管西电东送。在这个岗位上，我干了整整十年，主要抓了这么几件事：

第一是抓西电东送。

上面提到，广东与广西在1985年就实现了联网，但很快，广西送电就不够广东用了，那时候广东发展快啊。于是，我的脚步又向西延伸，从玉龙雪山到西双版纳，从澜沧江到红水河，从南盘江到北盘江……贵州、云南全跑遍了。

我跟着匡吉副省长，还有省计委、省经委的头头一起考察。广东跟贵州、云南签订了黔电东送、云电东送的协议。那时，电力可金贵啦！谈判的时候，我们的嘴皮子都磨破了。签订协议的时候，广东省委书记林若亲临现场，十分隆重！

名气很大的天生桥水电站，就是那时签订协议的，由国家和广东、广西、贵州四方集资。

早在1964年，我在长沙的时候，就去过天生桥搞勘测设计，是为了三线建设。天生桥以南盘江为界，江北是贵州，江南是广西。从长沙去天生桥要花一个星期：先坐火车到安顺，再坐汽车到新义，又坐马车到南盘江的巴结——那个地方只有一个糖厂，最后还要徒步行走，才到天生桥。三线建设停止之后，我们的勘测设计资料全部移交给了贵州勘测设计院。

时隔几十年，天生桥二级水电站第一台机组终于在1993年1月建成投产。天生桥一级水电站的第一台机组，也于1998年12月并网发电。清洁的水电，通过配套建设的500千伏天广Ⅰ回、Ⅱ回输电线路源源不断送入广东，1993年是15.47亿千瓦时，1999年是40.13亿千瓦时，增长1.6倍，增幅惊人，解了广东缺电的燃眉之急。

第二是抓广州抽水蓄能电站建设。

一直以来，广东电力都是以火电为主，而大多数火电机组只宜安排在基荷运行；而且，大亚湾核电站投产后，从安全、经济角度出发也只适宜于基荷运行。因此，为了增加网内调峰容量，配合大亚湾核电站和大容量火电站建设，迫切需要在靠近负荷中心的广州附近，兴建一座抽水蓄能电站。

那个时候，我们国家调节用电的高峰和低谷，只能用火电调节或者拉闸限电，不仅不环保，更会影响生活生产。而抽水蓄能电站则是在电力负荷低谷时，将电网上多余的电能转化成为势能存于高处的水库，在电力负荷高峰期再把高处的水放出来，将势能转换成电能补充进电网。这种先进的电站，在欧美、日本比较多，在我国则是前所未有。

1988年，组织上让我兼任广东抽水蓄能电站联营公司总经理，主持建设、运行、经营广州抽水蓄能电站。

这对我来说，又是一个全新的挑战。因为，我们国家从来没有人搞过抽水蓄能电站，这次自行进行设计施工，毫无疑问，元帅、先锋、士兵我都得当。

经过勘探，我们把广州抽水蓄能电站站址，选在从化吕田镇深山大谷中，因为这里的地质条件十分优越。上库海拔800多米，是一个天然库盆，两边山体雄厚，属花岗岩地带。下库在4.2公里外的山脚下，基石与上库相同，具有良好的建坝条件。两库之间水位落差有500多米。

1990年，罗绍基（右一）赴法国考察

那时候，为弄清楚这里的地质结构，做好上下水库坝体、引水系和地下厂房的设计工作，我每天跟同事们一起，上山下山，也不知跑了多少个来回，走了多少里山路。那里山坡陡峭，树多草密，一天下来，滑倒、划伤、蚊虫叮咬是家常便饭。有人劝我说："您都年过半百了，爬山越岭这些事就让年轻人去干吧！"但我觉得"吃别人嚼过的馍没味道"，依然尽可能地坚持亲身勘测，掌握第一手资料。

当时，广东抽水蓄能电站联营公司实行的是董事会领导下的总经理负责制，我在工作中，对技术、经济和外事方面拥有较大的自主权。为此，我聘请中南水电公司为监理单位，要求他们常驻工地，日夜跟班，随时进行监督和检查。此外，我还聘请法国、瑞典、美国、挪威、英国、澳大利亚等国的专家，对某些专项问题进行咨询，并与设计、监理、施工方面的技术专家反复协商，集思广益，博采众长，使技术问题决策科学化、民主化。

在工程建设中，我们积极引进国内外先进技术。例如，地下厂房我们采用岩壁吊车梁方案，比常规梁柱式结构，缩短工期约一年；内径8.5米的地下斜井，引进英国和瑞典的斜井滑模技术，在国内还是首次，在国际上这样的大型斜井滑模也是第一次采用。两级斜井625米长只用113天就完成钢筋混凝土衬砌，比用针梁钢模或木模衬砌，缩短工期半年至一年。

抽水蓄能设备是从法国引进的，一共8台单机容量为30万千瓦的可逆式水泵水轮发电机组，总装机容量240万千瓦。它们正转是发电，反转是马达，用来抽水进水库。

广蓄分两期建设，各装机120万千瓦。一期工程于1988年9月开工，1994年4台机组全部建成发电；二期工程于1998年12月第一台机组并网运行，2000年全部投产。除机电设备进口外，电站的设计、施工都是我国自行完成的，它标志着我国大型抽水蓄能电站的设计施工水平已跨入国际先进行列。

在购买外国的先进设备时，我还跟老外签订了技术援助合同，要派32个人到法国的里昂接受对岗培训。这在当时的企业界，也算是首创了。就这样，广蓄成功地引进了法国电力管理中的“ABC”、“ON CALL”、租赁经营模式等一系列管理制度，开全国之先河，使电厂获全国第一个“一流水电厂”称号。广蓄装有引进电站枢纽用的智能型计算机监控系统，是中国第一座实现厂房无人值守的水电厂，机组开关可在广州、香港两地遥控。广蓄全站才有100多人，折算为0.5人/千瓦，而当时台湾为1人/千瓦。2004年，广蓄又成为中国第一家通过南非NOSA五星级认证的水电厂。广蓄电厂的每千瓦投资是2 566元人民币，与国内同期建设的大型水电站相比是最低的。

广蓄的第一任厂长是法国人。我让1987年才大学毕业的祁达才当副厂长，跟法国人学管理。法国人离开之后，祁达才接任厂长，干得很出色。如今，祁达才是南方电网的副总经理了。后来广东建起一批新的蓄能电站，都有广蓄培养的人才。大家都说广蓄是中国抽水蓄能的黄埔军校哩！

我为广蓄的诞生、成长，足足花费了十一个年头。看着广蓄拿下那么多的“世界第一”“全国第一”，成为全国水电建设的“五朵金花”之一，“广州抽水蓄能电站关键技术的研究与实践”又获得国家科技进步二等奖，我心里很是高兴。

第三是抓财务管理。

俗话说：“兵马未动，粮草先行。”大家知道，改革开放以后，广东建电站，中央几乎不出钱，只给政策。要加快筹集广东电力建设的资金，得我们自己想办法。

兼任广东抽水蓄能电站联营公司总经理期间，我多次主持各方协商。结果，广东省电力工业总公司出资54%，国家能源投资公司和广东核电公司各出资23%，联合投资建设。联营公司从项目决策阶段开始，到项目实施阶段，对工程实施了全过程的项目管理，这在水电工程建设历史上也是首次。

当上广东省电力局副局长之后，我极力主张在广东开发水电站。以往办水电站，都是靠上头拨款。个个伸手，钱怎么够？我和其他局领导提出，省政府出台了新的政策：2.5万千瓦以下的水电站由当地政府出一半钱，另一半钱由省电力局贷款给地方，以后用卖电的钱来还。这样一来，水电站在全省遍地开花，全省的水力资源一扫而光。

广东省的电价改革也有我的参与。原来收取电费是一锅端，其中电费不多，附加费倒有一长串。我到省电力局分管财务后，把用电分为工业用电、农业用电、居民用电，从而减少了影响电价的不稳定因素，便于规范管理用电机制。

此外，我还当过广东电力发展股份有限公司（简称粤电力）的法定代表人。粤电力是1992年9月8日广东省人民政府批准成立的，在1993年、1995年分别发行A股、B股，总股本为265 940.4万股。股票发行是我张罗的。粤电力上市后，吴希荣当董事长，我当副董事长兼总经理。

1999年，我退休的第二年，当选为中国工程院院士，随后成为国务院三峡工程质量检查专家组成员，2003年升任为副组长，多次到三峡去检查水电站工程。此外，我还是国内多个抽水蓄能电站工程咨询专家。如今，我已经八十一岁了，一直没有闲着。尽管有人叫我不要再劳累，就在家里颐养天年，过几天清闲日子，但我还是在每个工作日的上午来办公室，干一些力所能及的事情，发挥发挥余热。我和妻子胡董珍生了一子一女，家庭生活幸福圆满。2013年，孩子们为我们举办了“金婚”宴，祝贺我们老两口携手走过五十年的风雨历程。

（罗绍基口述/覃桂平整理）

# 回望来时路

**马鸿伸**，男，1934年出生，河北新河人，原广东省电力工业局中心调度所副所长。1957年毕业于郑州电力工业学校，先后在广州五仙门发电厂、新丰江水电厂、广东省电力工业局中心调度所等单位工作。1994年退休。

1956年，马鸿伸在郑州电力工业学校读书时留影

1934年1月16日，寒冬腊月，黄河以北正经历着大雪纷飞的冬天。这天夜里，我出生在石家庄东边新河县的一个偏僻的乡村。当时，正值军阀混战、外敌入侵，神州大地一片哀鸿。

我出身于一个大家族，马氏几代人住在祖辈留下来的一个有30间房的大院里。家族有经商的传统，我的伯父旧时便在上海做买卖，受他的影响，父亲也做点小生意。听父亲说，他那时做的是从上海批发一些胶鞋、布鞋、棉布之类的商品到郑州销售的小买卖，赚个差价养家糊口。小时候，只记得父亲很少待在家里，常年在外，风里来雨里去，为了生计到处劳碌奔波。那时候，很多人家里穷困潦倒，有的连饭都吃不上，我家因有小本生意支撑，生活在当地算中上水平。

我出生后没几年就赶上了日本发动的侵华战争，在那个兵荒马乱的年月，留给我的童年记忆，就是一家人到处逃难。1941年夏，日本鬼子打到了石家庄，我们一家便开始逃难。我伯父、叔叔他们去了上海。我父亲、母亲带着我和弟弟一直向南走，逃到河南漯河县城。后来日本鬼子打到漯河时，我们又从县城逃到乡下。1945年抗战胜利后，我和母亲、弟弟返回河北新河，父亲则去了郑州，继续做他的小生意。1946年，河北遇上旱灾，加上蝗虫为患，老百姓更加穷困潦倒，衣不蔽体，食不果腹。我家经常是吃了上顿没下顿，终日饥肠辘辘的。1949年解放后，我来到郑州和父亲生活在一起。我父亲没有再做生意，改在郑州一个旅馆当服务员。

由于在农村上学比较晚，加上逃难又有几年没上学，我直到1954年才初中毕业，那时我已经二十一岁，考上了郑州电力工业学校读中专。在校期间，我认识了我现在的妻子杨佩琳。她从小就失去父母，是一个孤儿，1949年她参加了解放军，在部队文工团工作，1953年转业后安排到电校上学，她虽然比我先读一年，但因要先补习文化课一年，所以与我分在了同一个班级。在学校里，我们是最好的学友，互相帮助，互相关心，有着共同的理想追求，慢慢地我们就相爱了。

1957年7月，我们同时从郑州电力工业学校毕业，学校知道我俩是一对恋人，给予了特别的照顾，把我俩一起分配到了广州电业局。一毕业，我们就在郑州领了结婚证，那时也不兴办酒席，就搞了一个简简单单的仪式，然后我们就生活在一起了。

婚后两个月，我和妻子同时赶往广州报到。第一次来广州时露宿街头的经历还是挺难忘的。当时郑州到广州的火车很慢，要坐30多个小时的车。记得到达广州的时候已经是晚上9点多了，我们身上没有多少钱，不敢去住旅社，便

1957年，马鸿伸与妻子杨佩琳在郑州合影

连忙赶到当时位于西场的广州电业局去报到，想让单位解决过夜的问题。结果吃了个“闭门羹”——单位早就关门了。没办法，我们只好在单位门口的角落里，铺上自己带来的仅有的几件衣服，将就过了一夜。

入职后，我被分配到广州五仙门发电厂，我爱人杨佩琳被分配到西村发电厂。当时广州只有这两个电厂，五仙门发电厂是广州最早的电厂，位于海珠广场西侧，当时有3台机组发电，一台0.3万千瓦，一台0.4万千瓦，一台0.5万千瓦，总共1.2万千瓦；西村发电厂只有2台机组，各1.5万千瓦，共3万千瓦。也就是说1957年，广州发电装机容量总共也就4.2万千瓦。电压最高也才35千伏。

电厂的工作环境十分艰苦，我们住在集体宿舍里，20多人挤在一个不大的房间中，睡的是大通铺。房间里连张桌子也没有，我们就自己想办法，找来两个空木箱拼在一起当桌子用。生活也简单，上班，吃饭，睡觉，没有其他太多的工余生活。我在五仙门发电厂负责的是发电运行，那时候大家都很努力，劲头十足。在这样的氛围里，我也不甘示弱。实习一年后，我正式担任了值长。

1958年7月，也是我刚当上值长不久，就经历了一次自然灾害引起的大面积停电事件。主要是由于五仙门发电厂一带电线比较乱，适逢台风雷雨季节，一场暴风骤雨突然袭来，电线被雷打得掉下来了，导致五仙门发电厂全部停电。电厂往外送电线路也断了，广州城有一半的面积停了电。事故发生后，当时的广州电业局局长王焕立即来到电厂了解情况，坐镇指挥。那时候，我主要负责发电那一块，头一回遭到这么大的事，心里很是紧张，有点儿不知所措，幸好有一些老前辈从旁提点，方才定下神来。经过急修班的紧急抢修，停电大约10多个小时后，就恢复了供电。

哦，还有一件事，那一年我大儿子出生了，我升格做了父亲。从此，在我心里，除了工作之外，又多了一份牵挂、一份责任。

1961年9月，我被调到新丰江水电厂，不得不离开妻子和刚满一岁的儿子，过起了“牛郎织女”的生活。我在水电站担任发电值长，管辖电器、汽轮机、锅炉三个班。工作地点换了，不过工作的内容并没有多大的变化，还是发电运行、指挥、机组开停及调整机组负荷等。半年后，我调到河源变电站当站长。到了1962年9月，我又被调回广州，到广东省水利电力厅调度科任调度员。那时候，广东省水利电力厅办公大楼设在广州市多宝路，也就是现在第二人民医院附近。

在这里，我简单讲一下20世纪60年代中调的机构沿革：1961年，省水利、电力机构合并称为调度室，隶属省水利电力厅电力生产处，有职工40多人，内设调度、运行方式、继电保护、通信等专业组。1962年3月，改为中心调度所。1964年，省水利、电力机构分设，珠江电业局撤销，中心调度所由广东电业管理局领导。1966年，按照当时"备战"形势要求，中心调度所建设防空的地下调度室。同年10月，调度室从电业管理局大楼三楼迁入地下室，相应的电源、通信和远动设备，安装于地下室。

我从1962到1967年，一直在中心调度所干了五年多的调度员。刚到那两三年，由于"大跃进"的折腾，加上三年自然灾害，老百姓的生活苦不堪言，不论吃的还是用的，几乎所有的生活物品都要凭证购买。餐桌上别说鱼肉，就连蔬菜、米面也很难有保证，许多人因为长期营养不良，面黄肌瘦的，有的还患上水肿病。我那时当值长，情况稍好一些，比如粮食供应，我每月能领到28斤米，我妈能领到24斤，我妻子能领到26斤。那时候，我的女儿也出生了，一家五口人，还能勉强过日子。听说农村就更惨了，出现了大饥荒，逃荒要饭、饿死人的事情时有耳闻。

回中心调度所工作后，我愈来愈觉得自己在业务知识方面的"火候"不足，必须继续充电才行。于是1964年，我报名参加了华中工学院的在职大专进修班，利用工余时间学习。那时候，学院也经常派老师来广州进行一段时间的集中授课，我无论多忙，都要求自己不落下一堂课。经过三年的苦读，1966年7月，我顺利地拿到华中工学院大专文凭。

国家刚度过三年经济困难时期没几年，另一场更剧烈的政治运动——1966年，"文化大革命"又席卷而来。老实说，运动刚开始时，谁也没有料到日后会演变到如此猛烈、如此疯狂的地步。1967年，省电业管理局发生了震惊全市的武斗事件。这件事，虽已过去数十载，但当时的情景我依然记得一清二楚，终生难忘。

“文革”前期，政治运动开展得如火如荼，广州成立了各种“文革”组织，派系林立。每个单位或多或少都有左派、右派，而且各派系都有驻点。广州比较典型的大派系是红旗派和东风派。红旗派属于造反派，造反派的口号是“造反有理”，驻点在广州火车南站，也就是黄沙附近。东风派偏保守，我属于东风派，驻点就在广东电业管理局。当时各派之间的斗争十分激烈，武斗一触即发。东风派为了应战，更是把西村发电厂民兵用来护厂的防空武器——高射机枪，搬过来架在地上。1967年8月30日，红旗派开着一辆用汽车改装成的装甲车来到西村十字路口。一见来者不善，东风派立即用高射机枪进行扫射，红旗派有好几个人当即中弹身亡。吃了亏的红旗派于第二天，即8月31日组织发动反攻，也打死了东风派两三个人。一看顶不住了，东风派的人便四散而逃。那天，我正好在地下室值班，听到外面枪声大作，哪敢停留？立即逃回河南郑州避难，躲了十几天才回来。经此一劫，我也想明白了，从此什么派系都不参加，归到中间逍遥派。

武斗事件发生后，1968年军队进驻广东电业管理局，开始实行军管。在军队协助下，电业管理局成立革委员，开始清理队伍，从下面电厂调了一些工人到局里补充新鲜血液，那时又叫“掺沙子”。在广东电业管理局设立班、排、连。中调所、中试所合在一起编成一个排，我当排长。这一年，虽然社会上乱糟糟的，但家里却有喜事发生——我的小儿子出生了，为家里增添了不少欢乐。一年后，广东电业管理局改为广东省电力工业公司，中调所和中试所又分开了，分开后我仍主持中调所工作。1970年，部队陆续退出，一切才恢复了正常。

1971年1月，水利、电力机构合并，成立广东省水利电力局。第二年，中心调度所与广东省水电勘测设计院分出的中试班合并，改称广东省水利电力局中心调度试验所。1973年，又改称广东省电力中心调度所。

这期间，有一件事我想提一提。1970年，我们与省科技站实验工厂、广州电器科学研究所、广东矿冶学院、华南师范学院等单位，联合仿制广东省第一台DJS-6（108机）晶体管式电子计算机。研发这个计算机的目的，主要是用于广东省电力系统的电网潮流稳定处理，换句话来讲，就是用于指挥电厂合理发电。当时，省水利电力局从各电厂抽调马志强、魏迎河、罗康成、廖秀暖等十多名技术骨干参与。地点就设在省科委下面位于广州小北路的试验厂。工作分为几个步骤进行：先是总体布局，然后分工，运算器、控制器、存储器、外围设备各自研制，接着编制系统程序和应用程序，最后通过分布调式、总体调式、实验运行等。当时的实验条件非常有限，遇到了很多困难，但大家始终干劲十足，工作再苦再累，也没有停下来歇口气。我当时主要负责电力系统这一边人员的组织协调工作，程序十分烦琐，经常弄得人焦头烂额。经过前前后后三年多的时间，终于仿制成功。这事在当时，往大里说，是具有里程碑意义的，因为这是电力系统自己制造的第一台计算机。1973年，广东省自制的DJS-6计算机与苏联进口的SF58远动装置互连成功，这是我国最早实现计算机与远动结合的实例，该技术获得1978年全国科技大会奖。这台机器，先后用了有十年时间，后来我们从美国购买了更先进的计算机设备，才把它给淘汰了。

1979年，马鸿伸在北京天安门广场留影

1978年，省水利与电力机构再次分设，成立了广东省电力工业局。1979年，我被任命为中调所主任、党总支副书记。1982年，中调所

1982年，马鸿伸在调度室的工作照

由科级单位升格为处级单位，所长由省电力局生产处副处长任英兼任，我则改任中调所办公室主任。新来的所长不是专业出身，对业务不太熟悉，知道我以前是管生产的，便让我兼管生产方面的工作。两年后，我升任中调所副所长。1984年6月12日，由于形势变化和电网发展及改善调度员工工作条件的需要，由地下室扩建到五楼。这一时期，广东电力飞速发展，变电站、输变线路建设成倍增长，省内电力系统逐步形成全省联网。从20世纪70年代到80年代初的220千伏线路变电站投产由我担任指挥。如韶红线投产使珠三角与粤北联网，枫树坝水电厂向汕头送电使广东省联成一个电网，1979年和香港联网，1982年和澳门联网等。调度的压力越来越大，对知识和能力的要求也不断提高，迫使我不断地在实践中加强学习，提高应变的能力。

1986年，省电力局开始动工建设新调度大楼，也就是现在位于广州市梅花路75号的这幢大楼。我转为分管基建工作，主要负责大楼的建设。说起这座大楼，有一件事我给你讲讲。当时考虑到电力通信主要是靠微波通信，信号传达范围有限，所以把调度大楼的设计定为30层，达100米高，更好地防止周围建筑物阻挡微波信号，并要求大楼的抗地震强度为8级。由于缺乏高层建筑的经验，我们用的全部是没梁没柱的那种剪力墙，光水泥就总共用了3 400吨，土建总共用了约900万元。就因为水泥用得多，省里还以为我们贪污了。省审计局来查了3个月，最后确定，资金使用合法合规。有道是：坏事变好事。不查不知道，一查竟得出工程建设质量过硬的结论。

在我所经历的四十年电力调度工作中，调度管理大致有以下几个阶段的变化：50年代末到60年代初为第一个阶段，当时发电只供应本地区，不与外面发生联系，因此只有二级调度，即广东省中调和广州市地区调。那时调度技术很落后，做报表、电量统计都是打算盘，进行加加减减，调度指令是用电话传达。我那时是调度员，有时0点到8点值夜班时，就要负责做发供电生产日报，统计前天各电厂发电数和向各地区供电数，人工计算起来十分烦琐。60年代初至70年代末是第二个阶段，广东省电力开始与韶关、汕头等地区联网，形成了三级调度，即中调、地调、县调。这个时候调度技术管理开始有了计算机。我们可以在电脑上做报表，实施运行监控。80年代是第三个阶段，电力调度管理自动化水平越来越高，进口了美国的计算机，运行方式、监控都可以在电脑上自动操作了。总的来说，那时由于技术比较落后，受台风等自然灾害的侵袭，电网运行的安全性、可靠性都不是很高，很难满足社会生产和人民生活的需要。90年代以后则是第四个阶段，调度管理自动化高度应用，操作也更加科

1987年，马鸿伸在位于广州市梅花路的新调度大楼建设工地留影

学、规范、高效，当然对调度管理的理论和实操的要求也越来越高。

1994年，我刚退休那一阵子，有点不适应，闲不住，就到广州一家建筑公司打工，负责电器安装指导。在那里做了一年半左右，才回到家里，与老伴过起了买菜做饭、洗衣拖地、打牌散心、打球散步的退休生活。闲暇时间，除了读书看报，了解了解国家经济社会，特别是电力方面的发展变化，我还会去帮忙做一些小区的管理工作。最近，我与梁海等几位老同事一起，正在忙活小区安装电梯的事情。加装电梯真不是一件容易的事情，但想到能方便大家出行，我还是接下了这费力不讨好的活，担任电梯安装小组组长。从筹备到开工整整花了一年多时间，召集开会、签名确认、费用安排、复印资料、报批等占用了大量的时间，烦琐的工作难以想象。现在在大家的配合支持下，小区加装电梯终于开工了，令人高兴。不过，接下来还有煤气、电缆及消防管道迁移等许多工作需要做，看来我还得为减轻大家爬楼梯的辛苦再忙活一阵子。

我有三个孩子，他们平时工作很忙，但非常关心我们，经常带着孙儿回家看望我们两口子，陪我们聊天说话，嘘寒问暖。我和老伴搀扶着走过了几十年，彼此间互相尊重、理解和宽容，晚年生活过得温馨和充实。

（马鸿伸口述/费秋明整理）

# 大浪淘沙始见金

**廖淦君**，男，1934年出生，广东兴宁人，原广东省电力工业局输变电工程公司党委书记。1953年进入广东电力系统，先后在广州电业局修试所、广州电力设备厂、广东省电力线路器材厂、广东省电力工业局输变电工程公司等单位工作。1996年退休。

大浪淘沙始见金，这话在我看来，也有忠于职守的意思。我这一辈子，转了6个单位。不管是在哪个岗位上，自觉自己所做的事都经得起时间的检验。老来回忆，问心无愧。

我是客家人，1934年3月12日出生于广东梅州的兴宁，初中是在梅州中学上的。1953年，国家开始实施第一个五年计划。同年1月，广州电业局招工，我被兴宁县工会、团县委保送进广州电业局修试所当学徒，学修变压器、油开关、电气仪表、电动机和机械加工等。

我满怀热情地投身到新中国成立初期的建设热潮中，既认真实干，又肯动脑筋。厂里有一台3吨的吊车，是吊变压器用的，移动时震动很大，特别是每次倒位时都会发出一声巨响。当时提倡工人提合理化建议。我就在吊车上加装一组滑轮，有效地减少了震动，延长了使用寿命。大家都夸我这个小学徒不简单。

1954年，我入了党，一边当工人，一边读业余大学。我读的是中文系，主攻写作、艺术。我一连读了两年，白天干活，晚上和周末读书。大家在宿舍里总见不到我，要找我只能去新华书店。书店里的书，我几乎翻了一个遍。那些日子，累当然是累，可我心里觉得特别充实。

本来，学徒是要当三年才出师的。可我才当两年多，1955年中就出师了。这一年，修试所也改为修试分厂。别看只一字之差，工作范围却扩大了许多。到了年底，我因为工作出色，提前晋升为技工。

我当了一年多技工之后，组织上看我肚子里有几滴墨水，就抽调我到厂部当文书，做起了抄抄写写的文牍工作。1959年7月，修试分厂更名为河南修造厂后，我开始在党团工会从事思想政治工作。

1961年8月，因机构调整，河南修造厂与冶炼线材厂、五仙门发电厂机修车间合并，成立广东省电业局修配厂，与广州供电局脱钩。我担任厂团总支书记，由技工套上干部的级别，定为22级干部。在这个岗位上，我干了四年，组织年轻人参加了各种各样的活动：组织星期天舞会、节日晚会；组织上白云山、越秀山旅游，还到几十公里之外的从化去旅游；当然，组织最多的还是义务劳动——那时能参加义务劳动是一种荣耀。

当团总支书记期间，是我一生中最值得回忆的时光。那时正值青春年华，感觉赶上了一个新社会，内心充满了对未来幸福的美好憧憬，浑身充满了干事创业的力量。

1963年，我担任修配厂机械车间党支部书记。两年之后当车间主任。全厂只有两个车间，有一个是电气车间。当车间领导，独当一面，担子自然比从前重得多。那几年，正碰上国家经济困难，粮食凭证供应。一般每个月口粮干部不超过28斤，工人不超过30斤，不够吃。现在的人可能会觉得很奇怪，每天有一斤粮食下肚还会饿吗？道理实际很简单，那时除了粮食外，没有其他东西可吃，肚子里没有一丁点油水。于是，国家鼓励大家自力更生解决口粮问题。我这当车间主任的，不仅要抓好生产，还要照顾好职工们的嘴巴。我派出一部分工人在十几公里之外的番禺大石种菜，在几十公里之外的南海大沥种水稻，在几百公里之外的台山养鱼。我和他们一样，既当工人，又当农民。

到了20世纪60年代中期，社会经济发展刚有所好转，但“文化大革命”一来，一切又都乱套了！红卫兵到处“造反闹革命”。我这个车间主任不过是兵头将尾的角色，也被造反派当成了当权派而被批斗。1966年的夏天，一连3天，我跟另外一位车间主任，陪着书记、厂长，早早就站在厂门口，一律双手别在背后，低着头，弯着腰，显出向工人阶级低头认罪的样子。罚站之后，回到车间，我照样履行车间主任的职责，安排、检查各个岗位的工作。过了不久，好像是1968年，厂里成立由领导干部、群众代表组成的革命委员会，取代厂长的职责。同年4月，胡士昌担任革命委员会主任，我担任副主任。这种领导体制，直到“文革”结束后方才取消。

在那个闹哄哄的年代，尽管外头到处批判“唯生产力论”，很多企业生产建设处于停滞状态，但电力要比其他行业好一些，广东电力部门积极排除干扰，克服各种困难，建设了一批火电厂和水电站。作为电厂修造企业，我们当时就响亮地喊出了“想用户之所想，急用户之所急”的口号。现在想来，这个口号在那个年代确实有点另类。

1976年的一天，江门甘化厂向我们告急，说是3台变压器中有一台在运行时线路接地。这个线路接地可不是小事，弄得不好会发生爆炸的！我二话不说，急忙带着两位工友直奔江门甘化厂。那台变压器是2万千伏安的庞然大物，有200多吨重，其中油重20多吨。我叫人把油放掉一半，自己下到油箱里面进行检查。剩下的油泡到我的大腿根。我用手在油箱里摸来摸去，反复检查。我花费一个多小时，终于发现了故障症结所在——油箱底下多了一块铜片。把这块铜片取出来之后，线路接地的问题迎刃而解。我从油箱里面出来，下半身沾满了油。我洗了四五次才洗干净。

1979年，修造厂改为电力设备厂，我仍然当副厂长。这时，国家已经实行改革开放，广东毗邻港澳，得政策扶持，得风气之先，一直走在前面，到处搞得红红火火。我满腔热忱地带领工友四处奔波，为用户排忧解难。

这一年的冬天，茂名热电厂的12万千伏安的变压器烧坏了，向我们求助。我们立即赶往茂名，经过仔细检查，发现这台沈阳制造的变压器的线圈烧坏了，必须更换。然而，这台变压器的总重量超过500吨，只能就地修理。它的线圈有3米多高，我们自己造不了。我急忙带着总工程师，到沈阳去查阅设计图纸，购买绝缘材料，准备自己造线圈。我们几个从来没有去过北方，根本不知道北方冬季是什么样子的，穿着在广州穿的衣服，没有戴帽子、手套，没有穿靴子。从伊尔24飞机上走出来时，沈阳当时的气温是零下20摄氏度，寒风刺骨，冻得我们浑身发抖，牙齿直打冷战，只得先去商场购买御寒衣物，经过“全身武装”之后，方才火速赶往工厂。接下来，我们带着复制的设计图纸，用大卡车将10多吨的绝缘材料和导线，从沈阳运到北京，然后改用运输机运回广州。待在厂里把线圈绕好后，再用大卡车把它运到茂名热电厂，好一番折腾。接着，我们又马不停蹄地组织技术力量进行组装。老实说，组装如此巨大的线圈，对我们来说，还是“大姑娘上轿——头一回”。我们干了两个多月，终于完成了任务。后来，我们才知道，这是广东全省第一次成功自行组装大型变压器。不知不觉地创造了“全省第一”，那种感觉真好！

1981年初，广东电力工业局任命我为厂长。不久，时任局长陈岗把我叫去，对我说：“广东在大力发展电力，单靠向外地购买变压器不行！你必须造出一台9万千伏安、220千伏三线卷大容量的变压器来！”当时，最大的变压器是18万千伏安，其次是12万千伏安，这9万千伏安的变压器应该是排行“老三”了。陈岗说：“你如果造不出来，我就撤你的职！”然后又问我有没有信心。我说：“有信心！”虽然嘴巴上说有信心，心里可是在打小鼓。虽说我们为茂名发电厂组装过变压器，可那是在厂家提供设计图纸的基础上完成的，而且做的仅仅是组装线圈这单一部件。而今，可是要完全靠自己去制造大型变压器啊！其难度和压力可想而知。好在我这个人生性不怕困难，既然向上级立下了军令状，就想尽办法去完成它。为了这台容量为9万千伏安的变压器，从制造到完成安装，我带领大家加班加点、累死累活地干了3个多月，十分辛苦。记得为把这台变压器安全运到梅州，我先派人去探路，有的工友还被狗咬了，幸好没出大事。那一年，我还因此被省电力局评为先进工作者。听说当年自行制造的那台变压器，现在还在运行呢。

1984年，廖淦君的工作照

1982年6月15日，我转到线路器材厂当厂长，照样是当一把手。在任上，我主要做了五件事：

一是实行“二包五保”经济责任制。包计划产量（产值）的完成；包职工定员人数（工资费用）；保证产品品种均衡完成；保证产品质量在控制指标内合格；保证主要设备正常运转，不发生重大事故；保证原材料消耗在控制指标内；保证安全生产，杜绝死亡事故。经济责任制取得了显著效果，得到省电力局领导的肯定。1982年，线路器材厂工业总产值为720万元，比上年增长12.5%。1983年上半年，工业总产值为341万元，同比增长39%。此外，线路器材厂还开拓外商产品（含加工镀锌）34.6吨。

二是推行全面质量管理，使直径400毫米水泥杆制造质量走出低谷，深石线220千伏中直径400毫米水泥杆制造质量达到设计标准。在1982年水电部修造企业产品质量检查评比中，线材厂被评为中南地区第一名。

三是抓好企业管理，基本形成以生产为中心，集中精力组织生产和指挥生产的模式，运用强化计划—组织—指挥—控制—协调—教育与激励的机制。

四是注意企业的设备技术改造，拓展NLD线夹、水泥杆管桩等多项新产品。其中，Q-7球头挂环、LX-1线夹、90米微波通信铁塔3项产品获广东省优质产品奖。

五是做好职工知识教育，着力提高职工的技术水平。在1983年省电力局职工教育检查评比中，线材厂获得修造企业第一名。

1983年10月，我来到广东省输变电工程公司，担任办公室主任。当时，企业正在开展全面整顿工作，这一重担便自然而然地落在了我的身上。即使有三十年的工作经验，我仍能感到这项工作的巨大压力。我们公司属于基建单位，工作随着工程项目到处走，可以说，工程到哪里，员工就在哪里，这一点与发电厂、供电局有很大的不同。如何抓好这项工作呢？经过调查研究，我决定从建立健全规章制度抓起，以此打开局面。举个例子，过去上级下发的文件到基层单位几乎都没有人签收，有的文件竟然还丢了，不知去向。针对这种现象，我着重抓了文书档案制度的建立，包括收发登记制度等。对公司的每份文件，都注明起草人、批准人、签收人。由于目标明了，方法对头，很快就收到了成效，上传下达立即顺畅快捷多了。1984年，企业全面整顿工作，经省局验收合格。公司逐步走上按规章制度办事的现代管理之路，步入了正轨。

企业全面整顿工作结束后，我离开了办公室，改任工会主席。那时我碰到的首要问题，就是建立健全企业职代会制度。大家知道，因“文革”动乱的影响，企业的职工代表大会曾一度中断。直到我去之前，职工代表也只是由先进生产（工作）者担任。对此，我结合实际制定了《广东省输变电工程公司职工代表大会暂行条例实施细则》，组织直属各单位通过选举产生职工代表。在职代会下设若干工作小组，增加民主评议领导干部的内容，完善厂、车间、班组三级民主管理制度等，竭尽所能为工会会员解决切身问题。1984年3月29日，我主持召开了首届职工代表大会，对企业的生产经营、年度计划、工作总结、职工教育、财务收支、工资调查、奖惩制度、住房分配、生活福利等问题进行审议，极大地调动了员工当家做主、搞好工作的积极性。

1986年，廖淦君在广东省输变电工程公司第一次党员代表大会上发言

1985年，我被借调到广东省委经济工作部落实知识分子政策小组。这个小组是为48个厅局的知识分子平反冤假错案、解决住房、职称等问题的。我在那干了两年左右，经我手落实政策的有72人。记得广东省火电公司有位技术干部，长期从事运用B超设备检测发电机转子有无裂缝的工作，要求享受保健补贴，却一直没能如愿。我得知这一情况后，主动与火电公司多次进行沟通，很快，火电公司按照有关规定，把保健补贴发放到那位技术干部手里。

1986年，在广东省输变电工程公司第一次党员代表大会上，我被选举为第一届党委副书

1988年，廖淦君（前排右四）参加全国电建学组送变电组会议时与会员合影

记兼纪委书记，但由于当时我还借调在省委经济工作部，所以直到1987年，这项工作才正式接手过来。

记得刚担任党委副书记之时，公司有2 000多人，其中离休干部就有20多人，历史遗留问题很多，有些人担心我压不住场。老实说，当时我也有点担心。如何打开局面呢？我在想，我们输变电公司最大的特点是：业务繁重，员工分散，管理难度大。作为党委副书记，我应该把凝聚人心作为工作的重中之重。于是，我率先在公司里提出“企业文化”这一概念。1988年，我亲自起草的企业精神和职业道德规范，加上员工潘启兴设计的公司徽标，得到公司第二届四次职代会的原则通过。我登门拜访词作家屈干臣，并请他约请曲作家骆华，为我们谱写《输变电员工之歌》作为企业之歌。歌词写出初稿之后，我还和屈干臣一起，逐字逐句地推敲。1989年，这首歌在公司成立30周年活动晚会上一经唱出，立即引起很大的反响。这首歌一直传唱至今，已成为员工共同的心声。

要凝聚人心，最根本和最重要的就是多为员工办实事办好事，为他们排难解忧。做一件实事，胜过说一千句好话。只说不做，就会变成空谈、说教、花架子，会引起大家的反感。公司的员工长期在外地施工。一座变电站一般一两个月才能完工，一条线路少则一两个月，多则一两年才能完工。例如我们公司有份参建的500千伏天广Ⅰ回输变电工程，1989年开工，直到1992年才建成，足足搞了三年。很多员工的子女留在广州，只能靠老人们带看，上学是个大问题。为此，我派人与离得最近的东风西路小学联系，安排员工的子女进这间学校读书。一些员工的配偶在农村，他们的子女因为没有广州户口，不能在穗上学读书。我带着总经理和保卫科科长，到广州市公安局去反映情况，得到支持。此后，广州市公安局每年拨给我们公司30个入户广州的指标，解决员工两地分居问题。几年下来，有130多名员工的户口问题得到了解决，免除了后顾之忧，相关的员工甭提有多高兴了。

1994年，我升任省输变电工程公司的党委书记，在此期间，有那么几件事值得拿来说一下：一是1995年，建立了党代会制度，党委主要人员由任命制改为由党代会选举产生，加强了党内民主；二是加强了职工教育，创办了企业报、实行班组长制等工作；三是建成了家属宿舍2万多平方米，极大地改善了员工的居住条件和环境；四是改善员工福利，组织职工到各地旅游、疗养，提高员工的企业归属感和荣誉感；五是成立了保龄球队还有书法协会，举办了各类文体活动，丰富了员工的业余生活。嘿嘿，不瞒你说，我自己还担任过会长和队长呢。

正所谓：人心齐，泰山移。经过大家努力，我们公司很快就成为广东省先进企业，成为国家建设部一级施工企业。发展至今，据我了解，由公司安装的110千伏到500千伏高压输变电线路线超过了7 400公里，安装调试各种电压等级的变电站总容量达到8 250万伏安，其中包括日本、意大利、瑞士、英国、法国等国的设备，并曾赴刚果共和国为其安装6座110千伏变电站，架设线路240公里。这些成绩，其中也有我的心血，我跟大家一起引以为豪。

我是1996年8月才正式退休的，那一年我已经六十二岁了，参加工作整整43年。在这几十年里面，家庭一直是我幸福的港湾。1959年，我在广州电业局修试所当技工时认识了徐焕枝，也就是我如今的老伴，人生的挚友。那时的她，也是修试所的一名技工，她长相清秀，工作认真负责。她的秀外慧中吸引了我，我肚子里的几滴墨水吸引了她。就这样，我们相恋并于1961年结婚了。婚后我们育有二子。我深知孩子教育问题是重要的问题，所以坚持对两个孩子严格管教。他们也比较听话，一直走在正道上。一个受我的影响爱上了电力，现在在广州发电厂上班；一个大学毕业后，坚持要当正义的使者——警察。现在家里八个人，有四个党员、四个大学生，生活其乐融融。

“书犹药也，善读之可以医愚。”退休之后，我仍然没有闲着。我仍然是中山图书馆的常客、“读者之友”。我在家里摆了12支各式毛笔，经常练习书法。我还经常到各地旅游，拍摄了许多作品。我想，不断学习，丰富生活，也是人生中“忠于职守”的体现。

（廖淦君口述/丁帆整理）

# 不辞长作岭南人

**刘远琳**，男，1934年出生，湖北武汉人，原湛江供电局党委书记。1953年考入武汉技工学校，毕业后分配到武昌第三发电厂。1955年，南下参建湛江新村发电厂，后调入湛江市供电公司、湛江供电局等单位工作。1994年退休。

我家在广东最南端的湛江市，但祖籍并不是这里，而是在位于长江以北、汉江以南的湖北省汉阳县，也就是今天的武汉市汉阳区。半个多世纪以前，因时代的潮流和命运的安排，我跨过了长江，来到了雷州半岛，并深深扎根于这片红土地，开花结果。

我父母都是农民，育有八个孩子，我是老七，出生于1934年9月10日。虽然家境贫寒，但因为年纪小，哥哥姐姐都十分照顾我，有什么好吃好玩的都让着我，一家子其乐融融，因此我的童年过得算是无忧无虑。

1942年，我八岁的时候开始上学。我读的这所学校叫私立裕德小学，是当地的一个“开明地主”办的，所有的农民子弟都可以入读。据说这个地主在减租减息期间，没等到土改批斗，就把财产贡献出来，支持革命。高小毕业后，由于家庭经济困难，我无法离家太远去求学，便转到附近的私塾继续学业。1950年，我辍学到汉阳一家私人店铺做店员，其间，利用业余时间，到夜校补习了一年的初中课程。

1953年，武汉技工学校招生，据说毕业后能直接进入工厂工作，工资待遇也不错。这在那个年代可是个“香饽饽”，瞬间引得1 200多人争相报名，但最后只能有十分之一的人录取，竞争异常激烈。幸运的是，我顺利地考上了。

在武汉技工学校学习不到一年，也就是1953年12月，我被分配到武昌第三发电厂，干的是电气运行。那时的工厂实行学徒制，进厂后新人都得当三年学徒，并与师傅订立师徒合同。我的师傅叫钱汉章，他技术很好，理论水平也高，而且乐于教人，为我量身订制了一套培养计划，将自己的学识和技术倾囊相授，并时常借一些好书给我研读；上班时也常常带我一起监控、操作和处理故障，为我讲解设备运行的原理。碰上这样的师傅，我当然不会放过这难得的机会，虚心接受师傅的教导。三年下来，光工作笔记我就记下了好几本。我在学徒评测考试中名列前茅，并多次被厂评为优秀学徒。

1955年，湛江港开始启动建设，这是国家第一个五年计划的重点项目。但是整个湛江地区仅有5台柴油发电机，装机容量不足500千瓦，根本无法满足需求。为此，中南电管局对当时直管鄂、湘、赣、粤、桂五省（区）电力企业的设备物资进行统一调配，决定将原武昌第三发电厂的201发电机组拆解至湛江，并选调骨干南下支援，建设湛江新村发电厂。

1956年，刘远琳（右）在湛江新村发电厂与二友合影

我还清晰地记得，1954年农历腊月二十四，武昌第三发电厂召开职工大会，党委书记李尚武做报告，希望大家积极响应党的号召，支援湛江的电力建设。厂长陈绪全在会上宣读了去湛江的108个人员名单，我是其中的一员，并说他将亲自带领我们一同前往，去完成这个光荣艰巨的任务。名单公布后，大家想知道湛江究竟在广东哪个角落，就去地图上找，却怎么也找不到，因为当时的中国地图上还没有标出湛江，后有人解释说“广州湾”就是湛江的所在地。从一个百万人口的大城市去一个地图上都还没有标出的小地方，心情难免有些失落。但事已至此，我还是做好了随时出发的准备。当年春节，我特地回到父母身边过年，告知他们我将南下去湛江的事，父母心里虽有不舍，但嘴上还是表示支持，并叮嘱我到那里后要安心工作，不要牵挂家里。

春节一过完，也就是正月十五那天，我们这“一百零八将”便踏上了赴湛江的路程。那个时候，湛江还没有通火车，当我们和拆解设备运抵广州后，便实施人机分流，兵分两路。发电机组通过海运抵湛。人呢，则水陆并进，先从广州坐一个晚上的船到开平，第二天上午从开平到阳江，在阳江住一晚，第三天一早再从阳江坐汽车，几经辗转，直到下午5点才到目的地。500多公里的路程，走了两天两夜。这是我第一次出远门。那一年，我刚满二十一岁。

我的师傅钱汉章也一起到了湛江，我们仍是师徒关系。1955年6月，因我的学习成绩和操作水平都很突出，经过考核，便给我提前转正，担任了电力运行的正值班员。而我师傅呢，则因家庭困难需要照顾，来了两年后又调回武昌第三发电厂去了。说实话，在职业生涯起步之初，我很庆幸自己能遇上这样一个好师傅。我挺感激他的。

初到湛江的时候，工作和生活都十分艰苦，当时的口号是“先生产，后生活”。工作上，那时候发电设备还处于安装阶段，我们所有的人都去支援安装公司，一起为电厂早日建成投产而忙碌打拼。生活上，没有住的地方，我们就在农村的荒地上搭建草棚住下，而且一住就是三年。你知道，湛江这个地方，温润潮湿，台风频繁。大家挤住在草棚里，夏季酷热难耐，冬季寒气逼人，遇上风暴袭击，更是四面漏风渗雨，一片狼藉。最初，武昌第三发电厂考虑到员工可能不习惯南方饮食口味，还专门派了一名厨师来到湛江，给大家做了两年的饭（后来调回去了）。那时候业余时间比较单调，加上住的地方又是郊区，连看场电影都不是一件容易的事。我们这批南下人员经常坐在农田的田基上谈天说地，思亲之情、思乡之情十分强烈。经常会出现这样一幕景象：一堆人聚在一起，说起自己的家人，讲到自己的家乡，有人就会情不自禁地号啕大哭，旁边人受到感染，也跟着涕泪齐流，弄得哭声一片。所以说，我很相信那句古话，叫作“男儿有泪不轻弹，只是未到伤心时”。不过，等到眼泪一收，大家起身抹抹眼睛，拍拍屁股，然后该干嘛还干嘛。

唯一让我们感到新奇的是，湛江东濒南海，海产十分丰富，石斑鱼、金仓鱼、龙虾、鲍鱼、扇贝等，品种繁多，看得我们眼花缭乱，垂涎不已。不过，那年月工资不高，口袋里没几个钱，海鲜并不常吃，除了逢年过节，多数时候只能是尝个鲜，解解馋而已。在这里，我第一次见到了大海，那种激情澎湃的心情至今难以忘怀。还有就是水果很多，菠萝、香蕉、荔枝、红橙这些在长江边很少见到的东西，这里遍地都是。

虽说工作环境不尽如人意，但电厂建设却日新月异，从武汉拆解过来的发电机组很快安装完毕，让人看到了希望。1955年，厂里特地挑选七一这一天进行试运行，并网发电，向建党三十四周年献礼。我是运行班班长，负责发电机及电网的监控工作，当天恰好是我当班。第一次与柴油机系统并网，我既紧张又兴奋。因为柴油机容量太小，用电负荷稍有增减就造成电力系统周波电压不稳，波动很大，给手工并网操作造成了极大困难。而湛江市的领导和电厂的厂长、总工程师、生技科科长、电气车间主任等领导，就站在我身后看着，又让我感到一种无形压力。不过还好，一切顺利，半个小时后发电机成功并网运行。这台2 500千瓦发电机组的投运，一下子就将湛江的发电能力提高了6倍之多，解了湛江港建设用电的燃眉之急。

就在电厂竣工投产前两个月的5月1日，我结婚了。妻子白素梅是武汉出生的北京人，刚来湛江时，她在化学车间做试验工作，后调到厂长办公室从事秘书、档案工作。我俩先后生养了三个小孩，两男一女。我的妻子是大家公认的贤妻良母，每月发了工资第一件事就是到邮局去寄钱给我的父母，直至父母终老从未间断。

1958年，我光荣地加入了中国共产党。随后几年，我先是调去从事继电保

1961年，刘远琳（中排左三）与湛江新村发电厂电修班全体成员合影

护工作，后升任电气检修班班长，1965年又任检修车间党支部书记。经过不同岗位的锻炼，我很快熟悉掌握了电厂的主要业务，对整个电网的认识也更加全面了，逐步成长为厂里的技术骨干。记得在担任电气检修班班长期间，针对电动机滚动轴承易坏、难以拆卸、影响工期的问题，我自己动手绘图、车工、焊接，自制了一个电动机检修的专用工具，工人们俗称它为“拉马”。让我自豪的是，这个“小发明”一直沿用至今。

1969年，湛江海军工程建设指挥部向我们求助，说海南加来海军机场新建了一个柴油发电机电厂，因技术问题，有3台柴油发电机发电电压过高，当地安装公司无法解决。由于涉及军事机密，对方要求只能派一人前往，且条件苛刻，既要政治可靠，还要懂电气检修，懂电气运行，会操作并网。厂里经过重重筛选，选中了我。

出发之前，我凭经验预判可能是电阻值太小，造成磁场电路匹配不当，并据此有针对性地准备好相关器材。去到现场，经过测试，果然与我之前的推测一致。我即刻动手绕制电阻器，加入磁场回路中，仅花费了一个小时，就解决了发电机电压高的问题，使其达到了正常值。随后的两天，我手把手教现场值班人员操作发电机及并网操作，确保每位值班人员都学会后，才放心返回湛江。回来后不到一个星期，就听说我去部队机场住的那栋楼在“武斗”中给炸掉了。我暗自庆幸，自己逃过了一劫。

1970年，我被任命为湛江新村发电厂革委会副主任。那时候的革委会由革命干部、群众代表、军管代表组成，叫作“三结合”，取代厂长的领导职权，统管电厂的政治运动和生产工作。到了1978年，撤销革委会，恢复实行党委领导下的厂长负责制后，我改任电厂副厂长。

1979年10月，湛江市委副书记孙正述同志找我谈话，说要组建湛江市供电公司，专门负责霞山、赤坎等市区及其他郊区供用电工作，以缓解电力供应紧缺问题，并任命我为党支部书记兼主任，牵头负责组建工作。他语重心长地对我说：“现在用电就像个‘乞丐’一样，要一点是一点，一天保不准有多少。小刘，你坐上了这个位子，要保证在缺电的情况下，将有限的电力用在刀刃上，无序用电这类情况不能再发生了。”

孙正述副书记的叮嘱，特别是他那句“像个‘乞丐’一样”的话，让我心里“咯噔”了一下，顿时感到自己肩上的担子不轻，便向他保证绝不辜负上级领导的信任！

市供电公司成立初期，困难重重。首先是人员问题。经过与湛江地区电力工业局反复沟通，决定市供电公司由110人组成，其中地区局抽调70人，市劳动局批准市技工学校调配优秀毕业生15人，新村发电厂支援优秀职工10人，总共95人，剩下的自行解决。其次是办公场所问题。由于没有生产办公场所，只好借用发电厂已经弃用的柴油发电车间，稍做清理打扫就搬进去办公，一天也没影响正常工作。再次是车辆问题。刚成立时供电公司一辆汽车也没有，很多工作，我们都是用三轮车、单车、人拉肩扛的方法来解决。实在必须用车时，就去向其他工厂借。其他工厂也非常支持我们的工作，那时无论找到谁，他们都二话不说，鼎力相助。

改革开放后，湛江市经济社会发展速度加快，电力出现了供不应求的局面。为此，我授命组建成立了市“三电办”，并兼任主任一职，负责计划用电、节约用电、群众办电工作。在那个特殊年代，提出的供电口号是“保生产，压民用”，对此，老百姓总体还是理解和支持的。每到用电高峰时，实施分片轮流停电时，经常可以看到这样的场面：为了不影响党政指挥机关、国防军工、水厂、医院等客户用电，我们不能停大线，只能派出很多小组，踩着单车出去停普通单位的变压器。临近春节时，有一个厂长给我打电话说：“刘书记，你有鸡过年吗？我送一只鸡给你，你不要停我电哟！”我听后心里凉丝丝的，不是个滋味，个中还夹杂了一种愧疚感，深感自己工作没有做好，那些客户才四处走后门求供电。

经过大家的共同努力，“三电”工作取得了一定成效，虽然仍然无法避免拉闸停电，但做到了基本有序供电，保证了国计民生的基本需要。孙正述副书记风趣地对我说：“小刘呀，你这个‘乞丐’当得不错，基本填饱了肚子，今后继续努力！”

1980年6月，湛江市机械厂炼炉35千伏专线突然停电，若不尽快复电，炉内几十吨的钢水很快便会凝固作废，情况异常紧急。主管工业的副市长戴红亲自驱车过来，询问停电情况，要求马上复电。我赶紧打电话给负责生产的副局长，一问才知是由于变电站送该线路的瓷瓶有一片破裂了，正要停电检修。我知道该串瓷瓶一共有五片，破裂一片暂无大碍，考虑到机械厂炼炉用电非常紧急，便做那位主管生产副局长的思想工作，希望他先送电给机械厂，等这批钢炼好了，再停电检修。那位副局长以安全为由拒绝了，说万一出了安全问题谁负责。我斩钉截铁地说："出了问题我负责！"这样避免了机械厂的重大损失。因为我觉得，为官做事一定要有大局意识，一定要有担当，不能为保自己的乌纱帽就不敢作为。

1982年，湛江市供电公司改名为湛江市供电局，升为副处级单位，我担任副局长，主要分管财务工作。虽然不再负责电网的具体业务工作，但只要有工作需要我协调，我都会不遗余力。那时，有一条35千伏线路在兴隆村路段因征地受阻无法推进，多次与村民斡旋，都没有效果。局长就把这个烫手的"山芋"交给我，说："老刘你经验丰富，比较有办法。"我下去一了解，很快找到了症结所在：被征地的那几户村民，给出的条件是安排他们家人进供电局工作。这还真是个棘手的问题，因为政策不允许。碰到这种情况，其实也没有什么好办法，唯一的就是不停地、耐心地给村民做解释工作。除此之外，我还带着村支书，找市委，找市政府，找市人事局，找相关部门，请他们出面解析相关的政策法规。村支书看着我跑上跑下、忙前忙后的，很是感动，也改变了立场，转而帮我们一起去做村民的思想工作。没多久，征地问题顺利解决，线路施工得以继续。

1984年，湛江地、市合并，成立了湛江供电局，我被任命为党委书记，五位局领导当中只有我一个不是大学生。组织和领导的信任让我有点受宠若惊，自己唯有用实际行动来回报。

俗话说："为官一任，造福一方。"作为党的领导干部，必须履职尽责，多为员工办好事、办实事。记得我当党委书记不久，有个女人找我反映情况，说她

1984年，刘远琳在湛江供电局办公室留影

丈夫陈良是一位在解放战争中负过伤、流过血的英雄，1958年以前是新村发电厂的农村工人。1961年由于国家经济困难，对“大跃进”期间招收进厂的农村工人实行“一刀切”的遣散政策，陈良也一同被遣返回了农村。离开电厂后，他家里失去了主要的经济来源，以耕田为生，生活一直比较困难。得知这个情况后，我觉得对那些为国家做出过贡献的英雄，在他有困难的时候，决不能袖手旁观，理应按特殊情况“区别对待”，否则会让人心寒。于是，我把陈良的事情拿到党委会上讨论，同时积极向省电力局领导反映。最后决定，在不违反规定的前提下，将陈良视为退休员工，每月发放退休金，保证他晚年生活无忧。

1987年，省电力局成立湛江发电厂（现归属粤电集团）筹建处，暂由供电局代管，做一些相关前期工作。当时发电厂选址有两个：一个是东海岛，一个是调顺岛。考虑到调顺岛离市区中心比较近，港口运输煤炭资源的条件也比东海岛优越，便把厂址定在调顺岛。调顺岛是海产养殖业的聚集地，岛民一听到发电厂落户该岛的消息，纷纷抢建养殖场，想争取更多的赔偿，导致征地建厂困难重重。

后来，这块硬骨头又落到了我的手里。为了获得湛江市委、市政府的支持，我多次拜访相关市领导，给他们解释发电厂建成后的好处。分管工业的副市长表示坚决支持，并专门发文，禁止养殖户在岛上抢建养殖场。然而，文件到了下面，却一点都见不到效果。究其原因，主要还是当时市委、市政府把注意力全放在“两水一牧”（指水产、水果和畜牧业）上，对发展工业并不怎么热心，支持力度不够。征地难的问题一直不上不下地卡在那里，眼看建厂的目标可能要落空，万般无奈之下，我想出了“欲擒故纵”这一招：散布消息，说省电力局要撤销岛上建厂的计划，并表示以后都不考虑在湛江任何一个地方建发电厂。市委、市政府领导一听就急了，觉得损失太大，立马行动起来，久攻不下的岛上征地难问题很快得到解决，这才有了现在的湛江发电厂。

从成立湛江发电厂筹建处到完成征地等前期相关工作，一来二去花了我近三年时间。其间我还经历了一系列的改革工作，如1988年推行的厂长负责制、1990年开展的企业上等级活动，以及1994年实施的劳动、人事、分配三项制度改革等。这些举措，把湛江供电局的活力激发出来了，员工的积极性调动起来了，有力地促进了企业管理水平的提升和电网的发展。

1994年2月，到了法定的退休年龄，我卸下党委书记这个重担，离开工作了几十年的电力岗位，在家颐养天年。

“日啖荔枝三百颗，不辞长作岭南人。”这是宋代大诗人苏东坡被贬南下在惠州时写下的著名诗句，表达了对岭南深深的热爱之情。我每次读到这句诗时，心中都颇有感慨。当初“一百零八将”的南下“大迁徙”，让我们这些湖北汉子远离故乡，来到粤西这块土地，在这里工作和生活了将近一个甲子，彻底本土化，成了身心都融在这里的湛江人。其间，虽然经历了不少苦和累，但我总感觉自己是幸运的。往大的方面讲，我参与和见证了湛江电力的建设与发展，并尽了一份绵薄之力；往小的方面讲，我在这里成家立业，日子越过越好，以前不敢敞腹大吃的海鲜，如今已成了家常菜。兴趣来了，还带着老伴出去旅游一下，看山观水，走了不少地方，光是老家武汉就去了好几趟。我退休后的二十年，家庭和睦，子女孝顺，衣食无忧，朋友多多，日子过得简单而充实。现在我的曾孙都一岁多了，四世同堂，幸福美满。

（刘远琳口述/王珏、林晓波整理）

# 那些年，那些人，那些事

**卢开纯**，男，1934年出生，广东兴宁人，原梅州电力工业局局长。1954年毕业于郑州电力工业学校，先后在北京送变电工程公司、山西省电力建设局、山西省送变电工程公司、梅县地区水利电力局、梅州电力工业局等单位工作。1996年退休。

梅州兴宁，是我的故乡。这里山多林密，山岭绵亘。过去生活在这片土地上的乡亲们，多以耕种为生，日子过得清贫而艰苦。

1934年，我出生在这里的一户普通农家，家里有兄弟姐妹八个，衣食住行全靠父母的耕作维持，平素最大的愿望就是能够饱食一日三餐，生活甚是艰辛。我的小学是在村里念的，村里一些读书识字的人做我们的代课老师，所以学得零零碎碎，不成体系。课余时间，我还得帮着家里干些像喂鸡、喂猪、放牛之类的家务和农活。

1948年，我十四岁时，在家人的全力支持下，到兴宁一中就读初中。那个年代，能读上初中是一件非常了不得的事情，尤其在我们那个山村，更是寥寥无几。我知道这个机会来之不易，所以十分珍惜，学习也很努力。当时学习条件和环境都非常艰苦，最大的困难是学校里用不上电，晚上自习，每个人都得自备一盏煤油灯。那时我住校，父母一周给我一次伙食费，每周我都会从为数不多的伙食费里挤出一些钱添置煤油。

就这样，我省吃俭用、精打细算度过了三年初中生活。1951年我毕业时面临两个选择：一是上高中，然后考上大学，金榜题名；二是上中专，尽早步入社会，参加工作。家庭条件较好的都选择升学高中，而我，毫不犹豫选择了后者。当时，我只有一个念想，那就是通过中专学点实用的知识，然后出来工作赚钱，担起家中长子的责任，帮助父母缓解家庭经济压力，支持弟弟妹妹完成学业。也许是缘分使然，当时我报考志愿的时候，基本是凭感觉的，每个专业具体要学些什么东西，我也不清楚。冲着对“电”看不见摸不着的神秘感，想必这样神奇的东西以后肯定大有用途，于是我选择了电机专业。

我就读的学校是兴宁高级职业学校，不过我只在兴宁待了一年多的时间。因为到了第二年，该学校与广东另外两所高级职业学校合并办学，命名为广州工业学校，成为一所条件更好、专业更具优势的电力工业学校，我们也因此搬到了广州校区。半年后，中南五省根据学校的专业进行了一次调整，凡是电力专业都被安排到郑州电力工业学校，我又跟着北上，在电校读发电厂及其系统自动化专业。

南方人到北方读书，自然有很多不适应的地方，首先是那里的气候，特别是冬季，零下十几摄氏度是常有的事。直到现在我还清楚地记得，大冷天我们一百多名学生挤在孔庙的大成殿里，晚上睡觉，除了盖在身上的被褥外，什么取暖设备、防寒措施都没有，冻得直哆嗦。放在床底下尚未晾干的脸盆与口盅，经常被冻在一起，早上起床洗漱时，要使劲才能把脸盆与口盅掰开。更困难的是吃饭。学校学生多，但没有饭堂，到了吃饭时间，我们将饭菜从伙房端来，往地上一放，学生按班级自由组合，八人一组，大家端着碗，蹲着吃，很是热闹。还有就是洗澡，南方人习惯每天都洗，但去了郑州就不行了。我们学校生活区和宿舍有一定距离，还隔着一条马路，一个星期甚至十几天才能洗上一次澡，洗澡水是用铁板焊的大铁桶烧的，定份定量，不多不少，水温也不高，洗澡速度还得快才行。好几次我因为头发上的水没有擦干，回到宿舍时头发都结成了冰疙瘩。前一阵子，我跟老同学李维强（四川北碚电厂退休老科长）通电话，他还拿这件事来笑话我呢。

电校生活确实艰苦，但苦中有乐，这个乐就是读书。在校三年，我系统地学习了发电厂知识、电工原理、架空线路、变电站等专业课程，毕业之前，还曾被学校安排到湖南长沙电厂实习约3个月，直观感受和体验电厂的整个生产流程。

1954年，我毕业了，分配到北京送变电工程公司工作。公司负责的业务范围很大，负责华北四省（山西、河北、河南、内蒙古）的大型输变电工程建设。能进入这么一家大型国有企业，我心里非常兴奋。刚工作那会儿，我跟着工程项目在华北各省四处跑，干劲十足。1957年冬，在忙完一项工程后，我和大伙儿正忙着收拾行囊准备回北京总部，工程建设队党支部书记曹振声跟我说：我们要留在山西工作了，中央企业要求将工程施工队伍下放地方，支持当地经济建设，加强地方的技术力量。我们队伍都是搞输变电线路施工的，因此全部员工必须继续留在山西负责输电线路及变电站的建设工程。他还告诉我，他本来已经买好火车票前往火车站了，还没上车就被山西省电力局领导从火车站接了回来。我当时想，自己算是组织上的人了，上级安排我们干啥就干啥，

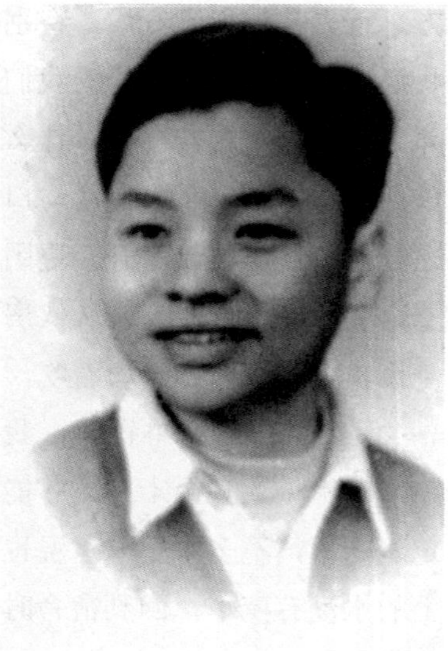
1954年，卢开纯在北京送变电工程公司工作时留影

到哪里都是工作，回不回北京都一样，便继续留在北京送变电工程公司山西工程建设队工作。

1958年“大跃进”运动开始后，到处高唱“大干快上”“超英赶美”，全国各地工农业生产盲目地追求高速度、大规模、高产量，电力企业也不例外。那时，我随工程建设队在山西进行三门峡—山西运城110千伏输电线路工程施工，整天没日没夜地加班加点，到处奔忙，十分辛苦。我搞了个叫作“定点定线立杆”的立杆方案。在一次施工中，我们采用这种方法，一个作业班一天就立了61支110千伏单杆水泥杆，获得了华北协作区评比的第一名。

我在华北工作那些年，工作紧张繁忙，又因制度规定，我一般一年才能回一次家乡看望父母。1961年，我请假回乡探亲期间，经人介绍认识了现在的妻子刁文英。她小我七岁，和我是同乡，虽然见面的时间不长，但彼此有好感。交往一年多以后，我们于1962年结婚了。

结婚后，我们夫妻俩一个在南，一个在北，离多聚少，饱受两地分居的煎熬。刚开始，我尝试将妻子的户籍迁出，但是不行，因为当时政策是不允许的，这让我很无奈。1964年国家经济开始复苏后，我转归北京工作，可没待上几年，又再次回到了山西。后来，我觉得这样下去也不是个办法，既然妻子无法北上，那我就南下，于是萌生了回乡工作的念头。我向单位打报告，申请回家乡工作。1974年，经组织批准，我结束了二十多年的“北漂”生活，调到梅县地区水利电力局，开始了新的工作。

我刚回来时，电力与水利两家单位刚刚合并一年时间，由于专业性质不同，业务管理依然分开设置。当时局长是丁德，而分管电力的副局长则是车书耕，他是山东人，1945年参加革命，胶东抗大学员，1956年转业到汕头，1959年调到梅县后，一直在电力系统工作。负责电力工作的机构只有一个科，叫生产调度科，发电、送变电、配电全都管，我当副科长，员工大概有15人。记得当时调度室还设在梅江桥头原公私合营梅县电力厂内，相应的电源、通信设备都安装在地下室里，办公条件十分简陋。

20世纪70年代中期，梅县地区电网架构十分薄弱，电压等级全在35千伏以下，没有一座110千伏及以上的变电站和输电线路，也没有与省网联网，全区电力供应只依靠扶大、梅西、丙村3个火电厂和几个小水电站维持，电力供应不足，“拉闸限电”现象几乎每天都有，老百姓已见怪不怪了。

如何提高梅县电网的供电能力与质量，是当时摆在我们面前的一大难题。当时我和科里的张岳征、杨日贤、侯欣祥这三位工程技术人员，花了好长一段时间研究相关的资料，最后得出结论——要从根本上解决梅县缺电问题，可分两步走：一是实现与省网联网；二是建设梅县地区110千伏电力网架。

第一步，与省网联网在1975年6月就实现了，全程66公里的梅西电厂至枫树坝水电厂的110千伏输电线路建成投产，把梅县电网与省网联成一体，提高了梅县电网运行的安全性和可靠性。这条线路是由省电力设计院设计，我们作为甲方，工程由梅县地区供电公司负责。

第二步，规划建设全区7个县（区）的110千伏电力网架。首先建成了110千伏兴宁新陂变电站，这是梅县地区第一座县级110千伏站。我们把第一站选在了兴宁，当时是考虑到兴宁工业比较发达，人口较多，缺电最为严重。我们联合兴宁电力公司开展现场勘察和调研选址。那时候我已过不惑之年，带着一帮人早出晚归，日晒雨淋，风餐露宿，走遍了兴宁的各个角落，一直忙个不停，根本就没有什么周末呀、休假呀的概念，好在身体还算不错，也没弄出什

1979年，卢开纯（左一）在为110千伏新陂变电站的选址进行实地勘察

么病来。当时我脑子整天都在琢磨着站址应该选在哪、线路应该怎么走这些问题，几乎到了废寝忘食的地步。

勘察好了，规划好了，设计好了，施工又是个难事。我们的技术力量有限，除我之外，大家都没有110千伏变电站和线路的施工经验，都是“大姑娘上轿——头一回”。就拿杆塔施工来说，当时110千伏线路使用的是高18米、直径300毫米的钢筋混凝土单杆为主，部分用双杆，均用拉线稳定。怎样才能把这个“大家伙”竖立起来？大家不知从何下手。好在立杆这活儿，是我在北方工作时的“老本行”，也有一些经验。我便结合当地的实际情况，首先编写出整套施工方案，并亲自到施工现场向施工队员进行技术交底，教大家怎么立杆、怎么拉线。就这样，大家边学边干，起早摸黑地干了好几年。1980年5月，洒满了我们辛勤汗水的梅县地区第一座县级110千伏站——兴宁新陂变电站顺利建成投产了，首战告捷。

随后几年，五华、蕉岭、平远、丰顺、大埔相继建成投产110千伏输变电工程。到了1985年，梅县地区110千伏电力网架全部建成。现在想起那段到处奔忙建站架线的日子，我就感到十分自豪。我常想，人生在世，能有机会参与和经历对梅州电力发展来讲具有里程碑意义的工程建设，再苦再累也值了。

这期间，企业体制也发生了变化。1979年，成立了梅县地区电力工业局，电力与水利分开。1984年，电力系统开始实行厂长负责制，我被聘为梅县地区电力工业局局长，工作更多，肩上的责任也更重了。有意思的是，和我搭档的全部都是本地客家人，党委书记邹锦鹏老家五华，副局长陈金荣和彭增寿祖籍梅县，张岳征则出生在大埔。聚在一起或开个会，满屋子都是“厓厓”声。

110千伏电力网架建成之后，如何确保安全稳定运行这一问题又摆在了我的面前。当时我的做法是两手抓：一是抓建章立制，组织技术力量编制了安全管理、运行管理、设备管理的方案、制度、条例、标准以及岗位职责等，以一套完整的规章制度来规范输变电管理，逐步改变以往的凌乱和无序状况；二是抓劳动竞赛，记得1986年我组织开展了全区9个110千伏变电站之间专业对口劳动竞赛，当时局变电工区和各个县供电局都派人参加了此次劳动竞赛，主要涉及如何安全生产运行、如何规范变电站管理、各类指标达标情况等方面内容。如今岁数大了，记不清当时哪个单位哪个部门得了什么名次。但我清楚地记得，自那以后，我们的劳动竞赛就坚持开展。你可别说，建章立制和劳动竞赛这两手算是抓准了，效果很不错。

1987年，广东电力系统开始在先进单位试点搞企业升级活动。当时我想，虽然梅州供电局是个山区局，基础比较差，企业升级会遇到较大的困难，但是我们更需要创先的勇气和毅力，更需要迎头赶上，推动企业管理上台阶。于是，1989年，局里成立了由我担任组长，陈金荣、彭增寿两位副局长为副组长的企业升级领导小组，着力抓好安全质量、物质消耗、经济效益这三项考核指标和基础工作。其间，我经常带队深入各生产单位，了解现场工作情况。记得有一次我到大埔湖寮变电站调研时发现，变电站内到处杂草丛生，脏乱不堪，我很生气，当即要求时任大埔供电局副局长张应业，组织人员马上清理现场杂草，立即整改；并督促站内值守人员一定要严格遵守《文明生产现场管理实施细则》的有关规定，整治站内“脏、乱、差”问题，规范站容站貌，创造安全良好的生产工作环境。经过不懈努力，1991年，梅州供电局全面完成了计划和各项技经指标，达到广东省供电企业省级先进标准的要求，经省加强企业领导

1987年，卢开纯在电力企业经营管理交流会上发言

小组第12次会议审定，授予梅州供电局“省级先进企业”称号。

除了抓安全生产管理，员工队伍教育培养也是我关注的重点。其中，我觉得最值得一说的是电力学校的筹建。

1987年，那个时候，企业还得负责解决职工子女的就业问题，而这些职工子女文化程度参差不齐。我是从贫困山区走出来的，深知山区贫困孩子的不易，这些孩子淳朴，善良，肯吃苦。当时我想，何不把这些职工子女先集中起来，进行入职前的培训学习，学一些电力基本知识和操作技能，这样他们进入企业后就能很快上手。于是我就要求局里的教育科开办三年的电力职中班，教学点设在局培训中心大楼，聘请局里的陈心盛、黄鉴棠等一些技术人员、老师傅给他们讲技术课程，传授一些基本的电力实操技能。接着，又与省电校合办一个校外班。结果，这些技术培训班都办得很不错，职工欢迎不说，省电力局的领导也给予了肯定和好评。

看着办培训班办出了成绩，我又动了一个心思，就向省电力局打了份请示，要求省电力学校在梅州市开办一所分校。呵，没想到我这个主意与上级领导不谋而合，请示很快获得批准。1988年，正式成立广东省电力技工学校梅州分校，吴彤辉任校长。分校就建在梅州的团结路上，也就是今天梅州供电局电力培训中心所处的位置。

刚开始时，电力分校只招收梅州市7县1区的学生，后来又招收了部分其他地区的学生。老师主要是从梅西电厂调过来的一些技术人员，还有部分老师则由局里的工程技术人员兼任。这些学生在分校读书毕业后，由省电力局统一安排，分送到全省各个地方的电力部门去工作，包括黄埔、湛江、广州、茂名、韶关等，各地都有梅州分校的毕业生。可以说，分校建成后，给电力事业的发展培养了大量的技工人员，一定程度上解决了技工人员缺乏这个问题。我到现在还清楚地记得，现在担任梅州局客户服务中心副主任的徐梅玲，就是从分校走出来的，她那时可是一个遇到问题揪着老师问个不停的学生，很有一股子“打破砂锅问到底”的劲头；还有现在的输电管理所班长陈冠东，那时他学“登杆”时，手脚可利索了，很受老师的喜爱。

1994年，我退居二线，在单位工程部又干了两年，对梅州的电网建设发展遇到的问题提提自己的意见和建议，有时也会跟工程部的各位同事去现场勘察。

1996年，我正式退休了。参加工作之后，从北到南，忙活了大半辈子，欠家人的太多，确实应该好好地陪陪家人了。如今，大多时候我都在家里，带带孙子，享受一下天伦之乐。天气好的话，早晨或傍晚时分，陪着老伴出去散散

2008年，卢开纯（前排右二）与家人在梅州老家合影

步，与周边的老人聊聊天。没事的时候读读书看看报，了解时事政治。偶尔从报上读到有关梅州供电局的新闻和报道，对梅州电力的发展与变化也有一些了解，回想起自己在过去的几十年，也曾为之出过力流过汗，心里头便感到温暖与欣慰。

（卢开纯口述/黄翰燊、陈樱整理）

# 走好脚下的路

**詹新泉**，男，1935年出生，浙江杭州人，原广东省电力工业局副局长。年轻时曾在杭州织布厂、浙江麻纺厂当过工人。1958年考入浙江大学，1963年毕业，先后在中南电力设计院、广东电力基建公司、广东省电力工业局工作。1994年退休。

我1935年5月11日出生在美丽的西子湖畔。

小学毕业之后，也就是1949年5月，我进杭州织布厂当学徒，并担任居委会委员。1952年7月，我到浙江麻纺厂当工人。这是浙江省第一家大型国营企业，简称浙麻厂。浙麻厂特别重视产品质量，决心生产世界上最好的麻袋。我们用自己的麻袋和英国进口的绿杠麻袋，装上同样重量的大米，挂在吉普车后面，在马路上拖；还把这样的两只麻袋吊在水塔上扔下来，看哪个不会破。结果，都是我们的麻袋胜出。浙麻厂是当时远东最大的黄麻纺织基地，生产麻袋596万条，基本上满足了国内需要，并有少量出口，结束了我国麻袋依靠进口的历史。在浙麻厂，我是先进生产者。

这里要提一下我的妻子魏荣荣。她十四岁就进了浙江玻璃厂，十五岁就当厂里的团总支书记。说来有缘，她也是1954年保送到浙江大学附设工农速成中学深造的，我们成了同学。九年后，也就是1963年，我们登记结婚了。

那时解放不久，百废待兴，特别缺工程技术人员，党决定培养自己的知识分子，为国家建设去挑大梁。1954年，组织上选派我进浙江大学附设工农速成中学带薪学习，每个月领75%的工资。那年我已经二十岁，才去读初中，年龄比一般学生要大。一些年纪大的同学读着读着，就坚持不下去了。我呢，硬着头皮去读，熬了四年，才从工农速成中学毕业。在读书期间，我还入了党。

1958年，我考上了浙江大学。浙江大学在杭州，靠近西湖，大名鼎鼎，拥有百年历史。民国时期，浙江大学是中国最顶尖的几所大学之一，被英国著名学者李约瑟称誉为“东方剑桥”。

那时没有现在的个人填报志愿、选读专业这回事，全是组织安排专业的。组织安排我读电机系热电专业，还担任电机系的党支部副书记。也就是从这个时候开始，我便在电力这条路上奋力奔走。

热电专业，主要是火力发电。这名词我是第一回听说，学习课程有多难可想而知。我每天都学到晚上12点才休息，一点也不觉得累，只想着早点成为党所需要的“红色工程师”，尽快投身到国家经济建设的大潮中。在大学里，我年年都是三好学生。

1963年，我大学毕业，被分配到中南电力设计院。先是当技术员，不到两年，我当上了机务四室的副主任。

1961年，詹新泉在浙江大学读书时留影

我在中南电力设计院干了七年，大多是跟着形势走，只是搞过“现场设计”这个新名堂。现场设计是把办公室搬到施工现场，拉一拉皮尺，算一算数据。说这是体现了知识分子与工农相结合，其实并没有什么实际意义，赶时髦而已。

1970年，中南电力设计院解散，其人员分散到中南五省（区）。我带领40多人到韶关的广东电力基建公司设计处。后来，我和妻子魏荣荣，还有另外6个人，被派到广东省电力工业公司搞管理。

省电力公司坐落在广州的西村。我担任工厂管理科科长，管理中心修配厂和线路器材厂。

1975年，我被提拔为基建处副处长，兼任黄埔电厂建设指挥部第一副指挥。指挥部的一把手是一位老同志。由于我技术在行，从规划设计到“三通一平”，从设备安装到调试运行，具体事务我都抓。

黄埔电厂建在广州市黄埔区南岗镇庙头，省电力公司在广州的西村，离得远。于是，我把办公室搬到了黄埔电厂工地，住进一间竹皮棚。那时的黄埔没有如今繁华，可荒凉啦！我们每天吃的是萝卜干，有时甚至用酱油拌饭，一天只能吃到5分钱的肉。有一次，李建安副

1983年，詹新泉与妻子、女儿在深圳合影

省长来视察，我们只能用肉包子来招待他。刘田夫省长见我们实在太苦，破例特批我们每天可以吃到1角钱的肉。

我在工地上待了整整两年。经过大家的努力拼搏，黄埔电厂的第一台12.5万千瓦燃油机组于1978年顺利投产。后来，黄埔电厂共安装有4台国产12.5万千瓦燃油机组和2台国产30万千瓦燃煤机组，总装机容量达110万千瓦。

离开黄埔电厂之后没几年，我的工作岗位变换好几次，职务不断升迁。1978年，广东电力工业局成立时，我被调到计财处担任处长。1982年，我又被调到深圳供电局担任局长、党委书记。原来深圳供电局是科级单位，我去了以后，升格为处级单位。1983年，省委、省政府又提任我为省电力局副局长，主要分管电力规划与建设。

20世纪80年代，广东经济发展十分迅猛，电力供应十分紧张，缺口高达50%—80%。那时候，不论是城市还是农村，不论是企业还是居民，拉闸限电那是家常便饭，而且是一拉一大片。珠三角很多企业都自建发电厂，就连街道两旁的商铺也自备柴油机发电照明，可谓是八仙过海，各显神通了。如此缺电，怎么搞改革开放？向上边伸手要电吧！上边让广东自己想办法。省里领导十分焦急，提出要加快电力的改革与发展。

首先是发展核电，兴建大亚湾核电站。

大亚湾核电站是1982年12月国务院批准建设的。1985年，广东省政府决定与香港合资兴建大亚湾核电站。一次，组织上征求我的意见——想不想去大亚湾核电站当总经理？我觉得自己的外语水平欠佳，不便于与老外打交道，就婉拒了。虽然没有去当总经理，但大亚湾核电站却是我倾注心血最多的项目之一。

大亚湾核电站的选址，是我主持的。我提出，核电站建设要有超前意识，要把大量资金给电力设计院，让他们把广东沿海可能建设电站的地方都勘查一遍，筛选一遍。最后，大亚湾核电站定在深圳市龙岗区大鹏半岛。

大亚湾核电站的设备必须全部进口，需要大量的外汇。当时广东省的外汇极少，巧妇难为无米之炊哪！广东想出了好方法——用卖电换回的外汇买设备。大亚湾核电站生产的电力，只有30%留给自己用，输往广东电网，70%输往香港，约占香港社会用电总量的四分之一。那时香港还是由英国人管。有人提出疑问，说我们建核电站，本来就是为了解决广东的缺电问题，为何还要卖给香港？我向他解释，卖电换回外汇可以建更多的电站，正是可持续发展呀！省委、省政府这是下了一着妙棋！

正是按照这种“借贷建设，售电还钱，合资经营”的模式，1987年8月，大亚湾核电站主体工程开始动工兴建。经过七年多的努力，1、2号机组分别于1994年2月和5月建成并投入商业运行，且各项经济运行指标都十分优异，后来还获得了在美国出版的《国际电力》杂志评选的“1994年电厂大奖”。

在忙活发展核电期间，我还着力抓了水电的改革与发展。

大家知道，水电开发向来是由国家投资的，凭借着这个政策，新中国成立之后，广东的水电开发起步还是不错的，流溪河、新丰江、枫树坝、南水、锦江等水电站都是那个时候建的。改革开放初期，经济大发展，电力十分紧缺。省政府那时候财政很困难，想加快水电建设，而兜里又没有钱，便将水电开发改由地方政府投资。而地方政府呢，更糟糕，既没钱也没技术，搞水电开发可以说是心有余而力不足，效果并不理想。

针对这种情况，我到省电力局任职之后，便提出了三点意见：一是建水电站要实行以地方投资为主，并给予贷款投资的新政策。以地方投资为主，地方才有移民、征地的动力嘛！贷款投资，水电站投产之后，以电费来偿还贷款。二是要统一规划，分期分批地建设，搞团体赛，改变以往建水电站“东建一个，西建一个，单打独斗”的做法。尤其要注重从单站开发转变为一条河流梯级同时开发，从规划、设计到施工一气呵成，从而取得最大的经济效益。三是同时配套做好输变电工程建设，使水电通过110千伏线路和广东电网联结起来。

我的提议得到省里的重视。1987年以后，省电力局对广东中小型水电站的开发，制定了一系列政策，主要有四点：一是对装机2.5万千瓦及以上的中型水电站，省电力局从电力发展基金中提供50%的长期低息贷款，水电站投产后分十五年偿还；水电站的产权、经营权和用电权归地方所有，省电力局成立专门机构在技术上、施工管理上提供无偿的帮助和指导。二是对装机2.5万千瓦以下的小型水电站，电力局提供少量借款和贴息无偿补助。三是上网电价允许适当提高，使其能在较短时间内还清贷款。四是省电力局每年安排一部分前期费用，加快水电开发。

1991年，詹新泉（右一）陪同时任广东省省长朱森林考察沙角发电厂建设情况

这些政策立竿见影。广东的水电开发由过去的以省办为主发展到以市县办为主。1990年，全省水电装机占可开发水电资源的40.2%；2.5万千瓦以下的小型水电站共6 377座，总装机容量190.4万千瓦；水电开发率和小水电装机容量在全国各省（区）中居首位。而今，全省凡有5—6米水头的地方，都建起了水电站。

到了20世纪90年代，火电建设也迎来了黄金时期，进入发展的快车道。其中，我印象最深的是台山发电厂。

台山发电厂位于广东著名侨乡台山市的铜鼓湾。那里是海边，与台山的城镇都隔着山岭，那时没有通路。当初搞规划设计，我去过几次。去那里可不容易！要么是坐快艇从海上去，要么是翻山越岭走路去。有一次我陪北京来的领导、专家去那里，是乘坐直升机去的。没有停机坪，直升机只好降落在水稻田里。

台山发电厂开建时，没有码头。最早的设计方案是把港池的土挖出来，用船运到公海去倒，要花费1 000多万元。设计方案都报送北京，初审通过了。我经过多次考察，认为这个设计方案并不科学。我想，既然很多厂区靠的是填海造地，为何不把港池的土挖出来直接用于填海造地，用作厂区？我叫广东电力设计院根据我的设想做出新的设计方案上报中央，结果被采纳了。1994年，台山发电厂项目筹建工作正式展开，至今已建成投产5台发电机组，总装机容量达400万千瓦，其中有2台发电机组的占地，就是挖港池的土填成的。

时至今日，广东沿海各市都兴建火电厂。这些火电厂的地盘，都是我当副局长的时候争来的。为什么要争？为的是布局广东的骨干能源基地，主要出于四种考虑：一是沿海各市在广东经济中的分量重，用电负荷集中；二是火电厂用的煤从海上运输方便；三是火电厂可用海水进行冷却；四是当时沿海的土地尚未开发房地产和旅游。那些地方可都是风水宝地啊！山区的火电厂，也是有布局的，例如云浮发电厂，我还当过第一任董事长哩！

1994年，我从领导岗位退下来，正式退休了。按理说应该颐养天年，享享清福了。但我这个人呢，就是闲不住，总想找点事情来做做。当时有好几个企业说聘请我去当顾问，哈尔滨电气公司甚至连聘书都送来了，结果都被我拒绝了。为什么不去呢？因为那个时候，我已把注意力全部放到另一项工作上了，那就是修编广东省电力工业史志丛书，想集中精力把它搞好。

其实，这项工作早在1990年5月就开始了，那时候我就被广东省地方志编纂委员会聘为《广东省志•电力工业志》主编，聘书还是原分管电力工业的广东省副省长匡吉颁发的呢。起初，有六七个人负责编写。人不算少，但进度不快，主要是年轻人觉得编志书对个人发展没有多大帮助，工作提不起劲来。我作为主编，心里着急上火也没用，因为电力规划和建设那摊事儿我还忙不过来呢，哪有时间去管？退休后，我决定亲自“督战”，全副身心地投入编纂志书的工作中去。那时为了方便编写电力志，我还挂了一个广东省企业管理协会会长的头衔。这样一来，编写进度自然就快了很多。

修编广东电力工业志是一项复杂、繁浩的工程，其内容涉及电力生产、建设、管理的方方面面。时间跨度长，史料不全，收集、核对资料都不容易，费神费力，可是一件苦差事。有时为了保证一组关键数据的准确性，要耗上好几天。我当主编，除了谋篇布局之外，还自己动手撰写文章，笔耕不止。

就这样坚持了八九年，最后留下来的编写人员一共只剩下我和杨国材、傅守伟三人，一直忙到2007年才宣告结束，前前后后写了6大本，几百万字。看着这套印制精美的记述广东电力工业百年发展历史的丛书，还有省政府颁给我的“首届新地方志编修工作先进工作者”荣誉证书，我心里头美滋滋的，觉得退休这十多年的努力没有白费，值了。

时间飞逝，转眼间我现在已年近八旬了。回想一生所走过的路，从浙麻厂到浙江大学，从中南电力设计院到广东省电力工业局，每一步走得虽然艰辛却十分踏实。我很庆幸自己能走上电力这条路，至今仍感到十分自豪与骄傲，因为在过往的几十年里，我亲身经历和见证了广东电力不断发展壮大的风雨坎坷。让我引以为荣的是，在广东电力改革发展的黄金时期，特别是在几个举足轻重的电力项目中，都留有我的足印以及所付出的心血与汗水。

（詹新泉口述/王德鸿整理）

# 翻开尘封的相册

**洪志坚**，男，1935年出生，广东东莞人，原东莞电力工业局变电工区副主任。194/年参加革命。1950年编入两广纵队，参加过万山群岛战役。1951年参军入伍。1964年从部队转业后，一直在东莞电力工业局工作。1994年离休。

我是一个念旧的人，这几年常常有空就整理家里的相册，看着相片，想想过去的日子，也算是对自己人生的一种思考和总结吧。要说我的故事，我想先从我的太公说起。

我的太公，叫洪全福，是太平天国洪秀全的族侄，广东花县人。从小，我就听族人讲我太公的传奇史：1851年太平天国运动爆发后，我的太公洪全福跟随天王洪秀全挥师北上，转战桂、湘、鄂、皖、苏、浙各省，被晋封为左天将、瑛王，人呼“三千岁”。1864年太平天国起义失败后，太公为了避免被清廷诛九族，一路逃难到东莞凤岗黄洞的洪屋围村，在象山东边荒地上盖了十间房屋，并出钱盖了一间小祠堂——洪氏宗祠，同时还购置了一批田地，自此成家立室。后因清廷追捕风声甚紧，太公又只身逃往香港，又卖身为苦力到古巴，匿迹于外轮做厨师，挂名于香港义和堂航行会所。1890年上岸行医维生，后加入洪门会党，并被推为首领。1903年密谋在广州发动起义，以建立大明顺天国，不料事泄而失败。一度逃亡到新加坡，后来因得喉癌回港治疗，于1910年病逝，终年七十四岁。

由于太公被清朝列入造反名单，我的祖父为了保全生命，只能选择隐姓埋名，一直留在东莞以耕田为生，过着清贫的日子。到了我父亲这一辈，家道已经中落。1935年5月，我便出生在这栋极具客家建筑风格的祖屋里。那时候，我的父亲在香港做裁缝，但赚来的钱都用来抽大烟，不顾家，偌大的祖屋里，我很少见到他的身影。兴许是对家庭的绝望，之后母亲离家出走。那时，我才三岁，偌大的祖屋里只剩下我、祖母和哥哥相依为命。我六七岁时祖母又去世，伯母见我实在可怜，便开始独自抚养我，视我如己出。而哥哥则独自去了香港谋生定居。

穷人的孩子早当家。我一有时间，就会主动为村里人放牛。到了年底，乡亲们就会给我50斤谷子和一身新衣服作为放牛的酬劳。至于读书谈不上，就只在村里的识字班跟着老师认过几个字。

我人生的转折点出现在1947年，当时解放战争正进行得如火如荼。有一天，老师突然问我愿不愿意当游击队员，我立马答应。因为平时经常被人冷落，老师这样问我，我感觉到第一次被肯定，所以回答时没有丝毫犹豫。于是，我跟着这位老师成了游击队员，分到了不同站点。解放后，听说这个老师去了香港打工，我们从此再无联络了。

1951年，洪志坚转入海军时留影

交通员，是我在游击队中的身份，主要任务是收集情报，然后连夜将资料送到各连队去。大家可别小看这些工作，辛苦不说，要是被敌人抓到的话，轻则囚禁重则杀头，非常危险。不过，当时我一心只想着为革命出力，全然顾不上这些。我猜测，组织上也是看上我人小胆大、脑瓜灵光吧，给予我充分的信任。

随着时局的变化，我收集到的情报里，好消息越来越多。终于，日盼夜盼的新中国成立了，到1949年11月初，广东大部分地区获得了解放。我的命运也随之“解放”了。

1950年，我所在的游击队被收编为两广纵队炮团二营，收编后的首要任务便是去解放万山群岛。

万山群岛位于珠江口外，扼广州门户。败退的国民党海军与原驻守该群岛的地方部队组成“万山防卫区”，有30艘舰艇、1个陆战团等共1 900人，由国民党海军第三舰队司令齐鸿章指挥，企图控制万山，封锁海口，阻止人民解放军解放万山群岛。

人民解放军登陆部队为中南军区第44军的第131师2个步兵团、华南江防舰队舰艇16艘、运输船8艘，并配属炮兵一部。1950年5月25日凌晨2点，登陆队和火力支援队由唐家湾隐蔽出航，首先使用舰艇部队利用夜航奔袭其泊地，实行近战、夜战，将其打乱，掩护登陆队抢占前沿各岛，而后逐岛攻击，歼灭守敌。

当时我在宝安县大队，主要负责通信、站岗放哨。战役进行期间，一次上级收到敌人将要攻打大铲岛的情报，便立即把我们调到岛上提前部署，防范来敌。一天晚上，敌人的炮舰果然来犯，先是一轮炮击，把我们整个阵地都炸得火光冲天。在我们顽强的抗击下，敌人攻占大铲岛的目的最终没有得逞，退回了营地。这是我人生中第一次也是唯一一次参加与敌面对面的战斗。

整个万山群岛战役历时71天，人民解放军胜利地攻占了万山群岛，共毙伤俘国民党军700多人，击沉、击伤敌舰艇16艘，缴获舰船11艘。国民党海军仓皇败逃至台湾。

战役结束后，我调去担任副指导员马力的通信员。由于工作积极出色，马力在立功评比会上，为我立四等功据理力争，他说："要是有炮弹打过来，洪仔肯定会挺身而挡。"马力的话真是讲到我心里去了，因为当时我就是这么想的。从此，我与马力结下了深厚的友谊，他既是我的首长，也是我的挚友。

再后来，部队开始计划培养各类人才壮大新组建的海军队伍，其中包括培养电报工作人员。1952年初，我被挑选去做无线电报员。因为学习成绩较好，回到营队后我就成了"技术人员"，并成功举办了两期无线电报务训练班。由于工作出色，半年后，我升为副排长。那年我才十七岁，平时大家都叫我洪仔。小小年纪忽然升职了，我一时没能适应过来，还闹出过把"官服"送给战友的笑话。1959年，我升为正排长。在当电报员的这段时间，让我感到最骄傲的是，我作为整个部队中为数不多的参赛选手之一，前往首都北京参加了电报竞赛。虽然最后在竞赛中没有夺得名次，但我已经感到了莫大的荣耀。

天道酬勤，这时候爱情之神也开始眷顾我。通过朋友介绍，我认识了妻子阿芳，并于1961年结婚。从此，我有了一个真正属于自己的家，儿子和两个女儿也先后在几年里出生了。妻子温和善良，祖籍信宜，婚后跟着我辗转宝安、

1958年，洪志坚在北京天安门留影

广州，最后回到东莞安定下来，在化肥厂当工人。

1964年，我离开部队，褪下戎装转业来到了东莞供电公司，干起从未接触过的电力行业。当时我被安排在生技股做排工，主要是安排每个班每天的任务，工作要求是提前一天将第二天的工作任务进行收集归纳，并按照工作实际情况来安排工作人员和人数。当时整个生技股包括我一共五个人，大家各有各忙，都无暇分身出来指导我这个“新丁”。虽然只是日常的巡线、维护和抢修安排，相对部门其他工作也算轻松，但毕竟是初来乍到，我不敢有半点马虎，每天老老实实收集大家报上来的情况，仔细做好分类，做好分工安排。所幸排工没有出过乱子和岔子。

在这里，有一件事我想提一下。我刚到东莞供电公司那会儿，企业文化活动非常少，员工业余生活很单调。我这个人爱打篮球，刚转业时经常和一班年轻人凑在一起打球消磨时间。渐渐地，我萌发了组建一支篮球队的念头，这个想法立马得到了大家的认同和响应。1966年，东莞供电系统第一支篮球队就在我的牵头组织下成立了，大家还一致推选我为教练。这个教练我一当就当了足足十年。说起来，我们这支篮球队曾创下了不俗的战绩，有一次在与县农委、计委、经委几条战线的篮球队交锋中，往届冠军机电队也被我们“挑于马

1966年，洪志坚（前排右一）与东莞供电公司篮球队队友合影

下”。此外，我在文艺方面的“才能”也被无意中挖掘出来了。有一次县里组织大行军，我见工友们很辛苦，便找了两块竹板自唱自编自演起来，活跃活跃气氛，没想到大家反应非常热烈，一个劲地说好。后来，每当文艺晚会时，我都会现场献上一曲。遇到大合唱时，我还变成了指挥，久而久之，我的指挥水平大有长进，获得了大家的认可。

在公司生技股干了三年后，即1967年，我调到莞城供电所，主要负责10千伏线路维护、变压器运行管理，此外，还要兼做110千伏高压线路的施工和运维工作。由于在部队时练出来的好身板，而且有种不怕死的牛劲，爬杆登高、换瓷瓶等工作自然难不倒我。随着时间的推移，爬电线杆的次数多了，我的平衡能力越来越好。当时，安全观念比较淡薄，保护措施也不周全，不像现在那么重视、那么严格，我们经常会做出一些玩命的高难度动作，来突显自己的“技艺”。1969年，建设110千伏桥头至寮步的线路时，我和工友一起立杆、架线。在施工现场，我没有借助任何工具，徒手爬出离杆三四米远的地方，并稳稳地坐在高高细细的电线上。这个场景被一个工友用照相机拍了下来，我至今还保存着这张照片。

当时供电所工作人员紧缺，我有时还要兼顾抄表工作。忙不过来的时候，甚至连装表这样的技术活我也干过。要知道，装表和发电报完全是两码事，面对五颜六色的导线，我不知道从何下手，一下子就被难倒了。为了能做好这个差事，我狠下了一番功夫。一般老师傅卢锦示范几次正确接线，大家就回去自己摸索，我则经常留下来缠着老师傅再问、再学，让他给我“开小灶”。回去后呢，我将电表拆了装，装了拆，反反复复练习。不久，我也能得心应手地完成装表工作了。

1969年，洪志坚（右一）参加110千伏桥寮线工程施工时的情景

1974年8月，东莞县供电公司成立调度室，隶属生技股。刚开始时只有两个人，除了我，另一个就是原虎门变电站值班员郭仔。领导叫我负责筹备工作，说实话，我是第一次干这活，一点经验也没有，心里头还真有点诚惶诚恐的，生怕做得不好，生怕出点什么差错。为此，我特地跑到惠阳地区供电局去取经，回来后，就开始琢磨如何编写规程。我知道郭仔有好几年变电站工作的经历，就让他负责撰写具体操作部分，而我则负责写总则和制度部分。我俩写完后，两部分合起来，便成了东莞县供电公司首部调度规程。

调度室的主要任务是负责县内部分35千伏以下电网调度运行。那时已是“文化大革命”后期，东莞用电量增幅不大。只有遇上缺电，才需要通过调度来合理安排用电。按照程序，首先用电股每天会提前给调度指令，告知第二天需要给镇街的送电量以及拉闸限电的时间。

所以，那时候的调度任务并不算重，工作还是蛮轻松的。

我和郭仔从开始筹备到编写调度规程，再到进入正常值班模式，一直“拍档”工作了两三年。当时除了值班，我经常被抽去下乡劳动，正在此时大女儿又被疑诊鼻咽癌，要到广州大医院鉴定，那段时期的值班任务基本落在了郭仔身上，我非常感激这位拍档。

1984年，东莞局新成立了变电工区。次年，我便调到变电工区修试班当班组人员，负责变电站变压器的安装、试验和投产。此后几年，先后动工兴建或改造了110千伏虎门、常平、茶园、石美、中堂、道滘、石排、木井、主山等十几个输变电工程，班组的工作量大增，加班加点成为常态。

1988年中，东莞供电局动工兴建35千伏沙田变电站。这座变电站位于沙田镇斜西村，占地面积15亩。安装一台0.63万千伏安变压器，电源由110千伏虎门变电站出线接入，线路长约8.6公里。为了加快工程进度，我和变电工区继保班、变压器班的班长林东球、袁陶、唐坚、尹裕华等人一起参加主变的安装施工，顶烈日，冒风雨，日以继夜地连轴转，有两三个月，我们几乎是“泡”在变电站里了，苦不堪言。我天性乐观，而且善于苦中作乐，在工地里，我时常自告奋勇兼职炊事员，收工后亲自烧上一顿拿手的红烧肉为大伙儿改善伙食。每天早上开工前集合大家做早操，口令喊得震天响，美其名曰：为新一日劳作“醒醒神”。现在每每与老同事相聚，大家还念念不忘“洪氏”红烧肉和“洪氏”口令。

这一年9月，我当上了变电工区副主任，主要负责后勤服务工作。这一干就是六年。工作岗位换了，工作的担子自然重了很多，特别是后面的那几年，变电站的建设项目越来越多，后勤工作越来越重，啰里啰唆的事情一大堆，忙得我晕头转向。

我对后勤服务的认识，就是要做到服务得及时和周全。“及时”主要体现在物质保障上。变电站都在偏僻的地方，道路也不畅通，每次都要乘车沿着崎岖的道路前行，物流配送不容易。但只要变电站来一个电话称需要哪些部件，无论刮风下雨我都会和工作组准时将耗材送到位。“周全”主要体现在对职工的关心上。考虑到一线工作的艰苦，我通过积极组织各类文化活动来活跃气氛，让大家劳逸结合。组织的比赛项目很多，包括乒乓球比赛、象棋比赛等，记得当时组织的首次变电工区职工运动会就因项目多样、比赛精彩而轰动全局，让其他工区的同事们羡慕不已。

除了运送材料、组织文化活动，我还负责工区10千伏电缆采购。那时候材料股是不负责10千伏电缆这类小型采购的。因为早期我做线路改造时，与电力线材厂家打交道不少，采购工作自然落到了我头上。20世纪80年代末，物资供应十分紧张，我必须亲自到广州去，找相熟的电缆工区和安装公司采购。那时去一趟广州不容易，坐完船还得转几趟车，来回倒腾至少两天，稍微耽搁一下就得好几天工夫。为了不耽误采购时间，每次出去都得争分夺秒。有一次，妻子骑自行车搭我到码头坐船去广州，刚到码头，船已经开始撑出岸边。我心里头一下子就急了，因为错过了这趟船，就得耽误好几趟车啊！俗话说急中生智，当时我也没多想，一个快速助跑冲了过去，"噔"的一下就跳上了甲板，而且是稳稳当当地落在上面的。这一招着实把船家都给镇住了，也把妻子吓得不轻，毕竟我已是年过半百的人了。当然，冒险仅此一次。除此之外，那些年采购工作一直比较顺利。

1990年，洪志坚（后排右二）与家人及亲戚在祖屋合影

这里插个题外话。1991年，我还曾代表东莞供电局到从化参加省电力局举办的政研工作交流会并在会上发言。我发言的主要内容是如何做好基层党支部的思想政治工作。在讲台上，我依然保持我乐天派的性格，把我们如何做好做活员工思想政治工作阐述得入情入理、大方得体又不失幽默风趣，赢得掌声笑声不断。这些对于政工干部而言或许是小事一桩，再简单不过了，但对我来说，却很有意义，因为这是我第一次站在省电力局的讲台上。

我离休后的主要生活，一是种花。在我家和大女儿家里的阳台上，我栽种了300多盆植物。每天为这些花花草草浇水、松土、施肥，看着它们抽芽长大，心里甚是欢喜。二是唱歌。我每天都喜欢哼唱几句红色经典歌曲，感到心里面装着满满的幸福。我觉得，这是一种生活的态度。如今我儿孙满堂，三个儿女工作稳定，家庭安好，贤淑的妻子从伙房班长的工作上退下来也没有闲着，坚持每天煲一锅广东靓汤。能够和孩子们围坐在一起吃晚饭，我已经觉得很满足、很幸福。

（洪志坚口述/钟美玲整理）

# 与死神共舞

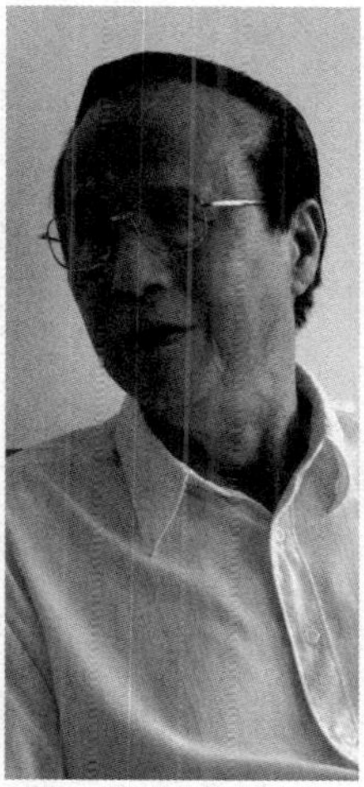

**陈清秀**，男，1935年出生，福建莆田人，原广东省电力工业局第一工程局副总工程师。1954年毕业于福建莆田高级土木工程学校，先后在福建省工业厅、流溪河水电工程局、新丰江水电厂、韶关发电厂、黄埔发电厂、广东省电力工业局第一工程局等单位工作。1995年退休。

1935年8月10日，我出生在福建莆田的东沙乡。那时家里很穷，没钱，我八岁才上小学。因为年龄偏大，我一进校就读二年级。那间小学叫长寿小学，离家不是很远。小学毕业后，我考上福建莆田高级土木工程学校土木建筑专业。这所学校是初中、高中连读的六年学制，毕业生拥有相当于现在的大专学历。因为我是以前十名的成绩考进来的，学校免除了我的学杂费。

我一入学就当班长、学生会主席。1951年，我加入共青团。接着，我申请入党。只是，学校仅设党小组，不能吸收党员。

1954年毕业后，我被分配到福建省工业厅。当年8月，我跟其他七名同学参加古田水电站的建设。我很快就向党组织递交了入党申请书。

我担任厂房开挖测量工作。不久，工地发生调压井爆破事故，伤亡惨重。我心里很害怕，觉得搞水电很艰苦、很危险。

领导决定从我们八名同学中挑选一人，到安全技术科具体负责爆破工作，由开挖队队长来挑人。挑人的时候，我心里很紧张。不料，队长偏偏选中了我。刚出校门，没有一点实际经验的我，哭天抹泪，不肯干这份差事。

队长跟我谈心，说明选中我的原因：一是我出身贫苦，政治可靠；二是我已经是共青团员，正在申请入党；三是我的身体好；四是我在学校学过爆破知识。眼下正因为出了爆破事故，工作需要我。受到组织器重，我备感荣耀，

1955年，陈清秀（后排右一）与参加古田水电站建设的同事合影

但一想到万一出事故就会死人时，便犹豫不决。队长说："那你就先试试干着。"见我不吭声了，队长马上叫一个老炮工来带我上工地。

老炮工打风钻，在打出的钻孔中装上炸药、火雷管。导火线有两种，燃烧的时间不同：1米长的燃1分钟，2米长的燃2分钟。我见老炮工点燃导火线，赶紧往后边跑。老炮工甚是从容，仔细观察导火线确实燃着了，才迅速撤退。老炮工叫我别害怕，说导火线燃着之后，我们有足够的时间撤退到安全的地方。我还是害怕，一连三天不肯上工地。

领导见软的不行，就来硬的，把我调离安全技术科，派到福州六一工地开挖防空洞，具体抓放炮。我只好硬着头皮去干，干着干着就上手了，干着干着就有点胆气了，工作是越做越好。组织上觉得我表现不错，给了我不少肯定与赞许。1955年11月，我光荣入党。

1956年，单位派我到国家化工部山东化工厂去学习爆破材料的基本性能、制造加工和试验方法。领导让我先到北京，让化工部开介绍信，顺便参加五一劳动节游行，见一见毛主席，然后去山东。那时交通不便，从福州上北京，要先坐汽车到上饶，再坐火车去。5月1日，我游行到天安门广场，果然望见站在天安门城楼上的毛主席在向游行群众挥手致意。那时候我心里十分激动，很感谢领导的关照。

在山东化工厂学习结束之后，我被调到广东省流溪河水电工程局，继续从事爆破工作。我将山东化工厂的学习资料汇总编成一本爆破材料试验讲义，还成立一个爆破实验室，对所有爆破材料进行系统的试验检查。这对流溪河爆破安全工作起到了很大的作用。就这样一来二去，边学习边实践，我对爆破工作在水电工程上的重要性的认识有了质的飞跃，从开始时的不愿，到后来的安心，再到最后的着迷——而今退休十多年了，我还没有放弃这一行。

根据流溪河工地的施工情况和实践经验，1957年，我撰写了《电气爆破》和《竹节爆破法》两篇文章，分别登在技术资料汇编第二辑、第三辑上，作为水电总局技术会议的参考资料。我还写了一份《完全生产资料汇编》，总结流溪河工地的爆破工作。流溪河水电站施工比较顺利，只用了一年多的时间就建好发电了。

1958年，我结婚了。妻子叫高秀华，福建福州人，和我在同一个单位工作，是个测量员。那年我二十三岁，妻子二十岁，本来我俩没想要这么早结婚的，但由于当年流溪河水电厂竣工投产后，参建人员要被拆分到两个地方，一个是湖南柘溪水电厂，一个是新丰江水电厂。我和她刚好被分开了。后来，从开发工区主任周成哲那里得知，只有申请结婚才能分配到一起工作。于是，我俩一商量，就立即回福建登记结婚，也没有设酒宴、办婚礼。后来，我们共生育了三女一男。此是后话，不提。

果然，婚后我俩一同调到新丰江水电厂，我仍然负责爆破工作。那是个“大跃进”的年代，基本建设规模很大，爆破材料供不应求，严重影响工程进度。局党委决定自力更生制造炸药，组建一个学习小组到福建参观学习，还在工地成立专门生产爆破材料的化工厂，调我去主管技术。我们经过反复试验，成功地制造出以硝酸铵钙为主要原料的硝酸铵炸药，同时大量生产电雷管、火雷管、延期雷管和导火索。这些爆破材料质量较好，基本上满足了工程需要。

新丰江水电厂工程量大，爆破材料需求量也大。为了培养更多的专业人员，我撰写了《爆破材料的配方制造试验和安全操作规程》。

1959年，为了提高爆破效能，我试验制作雷汞。雷汞是烈性炸药，是雷管中敏感性最高的起爆物。我们试验了几次，都没有成功。一直到6月21日，雷汞才总算制造成功了。我们喜出望外，把雷汞放在电烤炉上烤干。现场只有我与一位工人。忽然，我闻到一阵异味，心里叫声不好，急忙把工人推开，又去拔掉电闸。电闸刚拔掉，轰然一声巨响，雷汞爆炸了！巨大的气浪把我推倒在地，我七孔流血，昏迷不醒。保住性命的工人大喊：“技术员炸死了！”领导闻讯赶来，急忙把我送进医院抢救。我的命是捡回来了，但是双耳的耳膜穿孔——至今仍留有后遗症，耳鸣，头晕，左耳完全听不见，右耳要靠助听器。

出院之后，尽管已经工伤致残，我还是坚持工作，也没有把自己受伤的事告诉正在福州生小孩的妻子。当妻子从福州抱着孩子回到广州的时候，面对突如其来重伤致残的我，她伤心不已，泪流满面。

俗话说：一朝被蛇咬，十年怕井绳。可是我不信邪。1960年，我到韶关南水水电厂工地参加定向爆破筑坝工作。

南水水电厂是全国规模最大的一次定向爆破筑坝，一次用药量达1 394吨，属全国首创，爆破工作须上报省政府和国务院。后来，周恩来总理批准爆破，做出“力保安全，力保质量，力求成功，防备万一”的指示。我参加了定向爆破设计和施工的讨论，负责各种爆破材料的试验和具体爆破网路的设计及施工铺设。12月25日13点05分，我亲自送上总开关，合闸爆破，一声轰隆，一炮成坝。爆破岩石总方量达105.3万立方米，其中有效上坝总方量达92.8万立方米，占全坝堆石量的3/4。这一爆，真可谓是让“高山低头，河水让路”。

这里要顺便提一下的是，南水爆破在当时来说是一次爆破技术的创新与实践。事后，我参加将近一年时间的南水爆破总结，对其进行全面疏理、归纳、完善和提升。但由于科学技术长期得不到重视，这一技术成果直到1978年国家举行第一次全国科学大会时才得到认可，在这次大会上，南水定向爆破筑坝技术获科技成果奖。目前，南水大坝是国内唯一仍在使用的定向爆破堆石坝。

在南水工地时，我接到通知，说是特大洪水威胁博罗水库的安全，要求我去救援。我连夜动身，第二天赶到博罗水库，具体负责设计审查、装药和网路铺设，按照设计，准确起爆，一炮成渠，打通渠道，避免洪水过坝，保证了博罗水库的安全。

1962年，新丰江水电厂发生强烈地震，危及大坝安全。我又从南水奉命调回到新丰江，开始是在大坝工区，后来调去安全技术科，仍然负责爆破工作。大坝的加固、开挖、爆破，既要保证工程进度，更要考虑震动飞石对大坝和周围设备的影响，任何疏忽都可能造成难以想象的后果。在大坝加固工程中，我负责左右暗坝后和坝腔内的基础爆破开挖，总方量达16万立方米，大部分开挖靠近大坝建筑物进行，有的紧挨建筑物边缘。规范要求，水工建筑物10米内不允许放炮开挖。我提出单炮、浅孔、小药量的爆破方案，并与设计部门研究，组织爆破实验小组在现场进行一系列试验。方案的可行性得到验证之后，我才组织爆破开挖。两年多里，没有发生任何因爆破震动或飞石造成的质量事故、停电事故。根据实践经验，我撰写了《爆破震动对水工建筑物的影响》和《电引雷管加工和操作技术总结》两篇文章。为了进一步对爆破工作进行研究，我还进行大量的爆破试验，并提出试验报告。在新丰江泄洪洞全断面开挖中，排炮深度4米，经常发生爆破拉搓现象，影响进度。我通过试验，采用竹节爆破法，在全段进行深孔爆破，获得成功。

定向爆破得到越来越广泛的运用。1970年，我在长湖水电站开挖队主管技术不久，到坪石353工地搞地下工程，开挖天然洞。深山老林，悬崖峭壁，交通不便，难以施工。开辟一条400多米的盘山公路成为当务之急。我们采用全线群体爆破方案。我具体负责爆破设计和施工。一次爆破，一炮成路。原计划要一个多月的时间通车，结果不到一个星期就通车。

1972年，我从坪石353工地调往韶关发电厂，先后参加6号机组油罐和“130”工程的施工，主要负责基础开挖和电厂周围爆破拆除工作。一个钢筋灌的油库，从设计到施工，分段爆破，一炮炸倒，没有发生严重震动和飞石，保证了电厂的安全。

1975年，我晋升为工程师。第二年，我从韶关发电厂调到黄埔发电厂，在开挖二队负责技术工作。

我们接受的最艰巨的任务，是开挖200多米长的管沟和紧靠珠江的热水池基础，把珠江水引进热水池。管沟开挖，原来是先插打钢板桩，再用砂浆泵把挖出来的几十万立方米土方打入珠江。这个方案虽然稳妥安全，但是由于缺乏钢板桩，又找不到砂浆泵，开挖工作只好停止。我心急火燎，跟开挖队的干部上珠江大堤观看水情，走访长期生活在大堤边的老人，反复分析，提出敞开开挖的新方案。新方案采用现有设备，以木笼、沙包和稻草代替钢板桩，把挖出来的几十万立方米土方回填到需要的部位，既可避免堵塞珠江，又可节约资金，缩短工期。大家采用新方案，挖沟排水，整体竹排，排面铺石，分层作业，草袋护坡，插打钢桩，提前完成管沟开挖任务。

热水池开挖，比管沟开挖更艰巨、更复杂、更危险：东面是两个沉井，两侧为钢板桩，紧靠珠江，开挖土方3万立方米，开挖高度8.6米，涨潮时，相对高差10米以上。我从解决两侧钢板桩的稳定性入手，走访基础公司，了解钢板桩插打深度，掌握第一手资料，经反复计算、核对，采用现浇基础压块代替钢板桩和木笼围堰的方案。结果，我们只用4个台班就完成了两侧钢板桩的加固任务，为大量开挖创造了有利条件。在开挖过程中，我密切关注险情。开挖热水池的关键部位闸门井的时候，我发现大堤出现塌方预兆，立即指挥大家撤退，自己走在最后。塌下的泥土，差点把我埋了。

黄埔2号汽机基础有17条冲孔桩的50立方米基础要除掉桩头，我以爆破法来代替人工切除法，提高工效5倍。爆破之时，1号汽机正在进行72小时试运转，四周都是设备，离得最近的不到10米。我测定最小抵抗线，严格控制飞石方向，反复验算爆破震动对电厂设备的影响，叫大家打密孔，设防震孔，控制药量。我们共放8排523炮，彻底炸掉桩头，没有飞出一块石头。

1978年，我担负黄埔发电厂的配套工程——黄埔大跨越的沉井施工。黄埔大跨越有12个沉井，分布在文冲、鲨鱼岛和番禺3个点，由于施工条件困难，沉井的4个角原设计为钢板护角。我不分白天黑夜地分析地质情况，研究图纸和施工方案，反复进行小型模拟试验，并且得到设计方的同意，终于做到不用钢板护角，让12个像水塔一样又重又圆的沉井正常下沉，提前完成任务，节约8吨多钢板。

此后，我又马不停蹄赶往深圳特区，参加深圳二期联网工程的土建工作。因进度快，质量好，投资省，这项工程于1980年还被评为广东省全优工程。

我这人就是这样，不管到了哪里，都讲求实效，不怕吃苦。1981年，我从深圳来到韶关发电厂，参加8号机组施工方案的制订和讨论，分工抓生产。A排柱基础由沉井方案改为大开挖方案，卸煤沟由打桩方案改为大开挖、边挖边填方案，碎煤机室由挖孔桩方案改为打桩方案以及新的BC框架滑模方案，三级转运站和一级转运站沉井方案，都是我提出并在实施中证明是正确的。我不仅组织、指挥施工，还亲力亲为。采用BC框架滑模方案的210米高的烟囱滑升到顶竣工。卸下滑模时，我在烟囱顶端指挥。拆卸完毕，我只能从烟囱外壳的爬梯爬下来。爬着爬着，我的手套磨穿了，手心冒起了血泡，下到地面，累得躺倒

1981年，陈清秀在韶关发电厂8号机组施工时留影

在地，许久不能动弹。

1984年，我担任广东省电力工业局第一工程局副总工程师兼第二工程处副主任，参加沙角A电厂的建设。上级要求我们在年底之前将1号机组主厂房基础浇出零米，否则雨季来临，基坑积水，难以施工。我把铺盖搬到工地，跟大家商量，制订打桩、开挖、砼浇筑平衡交叉作业的施工方案。有一次，C列10号柱基发生淤泥塌方，我卷起裤脚，跟工人一起下去清淤。大家日夜不停地奋战两天两夜，终于浇好了承砼台。我的努力得到了大家的肯定。也就是这一年，我被国家水电部评为劳动模范，十分荣幸地出席了国家水电部在北京召开的劳动模范和先进集体代表大会。那情景我至今记忆犹新。

为了拓宽进沙角A电厂的公路，1985年初，上级决定开挖狮子山，要求我在一个月内完成狮子山40万立方米的爆破任务。狮子山南邻500千伏变电站，约40米是钢筋场，西南约300米是主厂房区，西北有一座3.5千伏变电站，北面50米左右是油库。为了不使爆破危及周围建筑物的安全，我请广东省水科所带测震仪来工地参加试爆，测量地震波，收集数据，分析爆破对主体建筑物的影响。我们打了78个药室，分10次爆破，总药量达27吨，没有发生任何飞石，圆满完成任务。

1988年，我被评定为高级工程师。我想，

1993年，陈清秀（右一）在台山发电厂指挥爆破作业

这也是组织上对自己过去几十年从事的技术工作的一种认可吧！

1993年，我到台山发电厂当工地主管。这个电厂是当时亚洲最大的火力发电厂，坐落在铜鼓湾畔。建设电厂，首先要平整场地。我带领工程处和十四局密切配合，在施工中战胜台风暴雨，8个月内打导洞超过1万米，装炸药2 000多吨，炸平铜鼓山，征服黑沙湾，挖填压实土石870万立方米。有一次，导洞正在装炸药，炸药意外燃烧，发出刺鼻的气味。我接到报告，立即赶赴现场，组织人员疏散、撤退。我本想上山靠近现场仔细观察，一位工人开着摩托车朝我驶来，拦住我："陈总，你不能上山，危险！"我停住脚步。不一会儿，山上响起爆炸声。真的好险！我如果上了山，肯定粉身碎骨。

转眼到了1995年，我办理退休手续，但工作仍然停不下来，到处有人请我去搞定向爆破。比如，1999年5月28日，我指挥重庆涪陵防护大坝鹅颈关I号料场的定向爆破，半分钟内炸掉4万立方米坚硬的岩石，而近在100米处的鹅颈关大桥和民居安然无恙。说实话，看到自己在实践中总结出来的定向爆破技术，仍能对当今的水电建设发挥作用，我打心底里感到高兴。

回望这六十年职业生涯，我有许多感慨：首先是感到很庆幸。自己在新丰江水电厂、黄埔发电厂、台山发电厂3次躲过死神，确实是老天爷对我

2011年，陈清秀向电力一局员工讲述企业发展历程

“厚爱有加”。其次是感到很坦然。就是不管职位如何变化，我始终坚守着自己做人处事的原则，做到洁身自好。这些年先后有30多次包工头给我送红包，多的有几千元，我都交给组织处理。第三是感到很自豪。当初从事爆破工作虽不是我之所愿，但我一点也不后悔走上了这个与死神共舞的岗位，我甚至觉得，我的职业因此而精彩，我的人生因此而丰富。一路走来，我付出了很多，也收获了很多。组织上也给了我许多荣誉，劳动模范、先进工作者、优秀党员等证书有几十本。对此，我一直珍藏着，并引以为豪。

（陈清秀口述/覃桂平整理）

# 难忘的岁月

**麦玉坤**，男，1935年出生，广东云浮人，原云浮供电局变电检修工。1955年参军入伍。1960年从部队转业，先后在云浮县机电厂、云浮供电局等单位工作。1976年至1979年，曾被外派参与非洲的坦赞铁路建设。1990年退休。

1935年的深秋，伴随着阵阵啼哭，我来到了这个世界，来到了云浮县的一个贫苦家庭。出生在一个多灾多难的时代，仿佛注定了我日后所走的路都不会太过平坦，必须经历一些坎坷与波折。

父亲生有三个儿子，我是最小的。家里每年都是靠耕种租来的几亩地来维持生计，生活贫困。父亲很重视子女的教育，为了供我们三兄弟读书，后来又做起了卖豆腐的营生，想多挣几个钱补贴家用。他每天不到4点就起床，用石磨磨豆浆、做豆腐，天亮之后便挑到街上去卖，十分辛苦。我们几兄弟每天放学以后，都会去帮忙做些放牛、种地的活儿。两个哥哥对我都很好，什么事情都会让着我，所以在我的记忆中，那时日子虽苦，但有家人的关爱，童年还是很快乐的。后来，家里实在支撑不了三个孩子同时上学的开销了，两个哥哥选择回家务农，说我比较有天赋，就把读书的机会让给了我。

1950年，我到罗定金鸡中学去上初中。要知道在那个时候，像我们这样的小山村里，能够上学的人实在太少了。我心里很清楚父亲和两个哥哥的期盼，学习自然很努力。早上我坚持和父亲同时起床，他磨豆腐，我阅读课文，然后他去卖豆腐，我去上学。因为我学习优秀而且唱歌颇有天赋，老师有时还让我代教文化课和音乐课。毫不夸张地说，在学生时代，我一直是老师心中的得意门生、同学眼中的优秀同窗。那时候，我的梦想是一直读到大学，毕业做一名教授。

然而，这样怀着梦想读书的日子却没能维持多久。1953年，我刚读完初中，家里突然传来噩耗：二哥因病去世了，年迈的父亲身心疲惫，仿佛一夜间变老了，无法继续经营豆腐生意。我们这个一直依靠父亲支撑起来的家似乎瞬间倒了下来，很快一贫如洗、家徒四壁，再也支付不起我的学杂费了。我的读书梦、大学梦、教授梦就此破灭。

在家里务农两年后，为了减轻家庭负担，1955年我听从亲朋好友的建议，选择了离家参军，成为中国的第一批义务兵。记得我离开家的那一天，父亲专门为我准备了一顿“丰盛”的饭菜——一碗稀饭和一小碟咸菜干。你别笑，这对于当时几乎揭不开锅的家庭来说，不用吃糠咽野菜，有米下肚就算很不错了。临别之际，我坐在开往广州军区防化学部队的汽车上，看着父亲挥动苍老的双手，想起

1960年，麦玉坤在部队时留影

两年前因病去世的二哥，不禁泪流满面。

刚到部队时，首先进行的是长达3个月的新兵训练。当时部队的首长和干部都是八路军出身的，要求非常严格，训练强度特别大。训练的科目主要有队列、战术、体能三个方面，每天摸爬滚打，累得不成人样。好在我是干农活长大的，吃过苦耐过劳，身子骨还是蛮壮实的。几个月锤炼下来，我从一个学生迅速成长为一名真正的军人，那种感觉就像是“脱胎换骨”一样。

部队的生活无疑是令人难忘的。我记忆最深的是第一次参加联合大演习，时间是1956年冬天，地点是河南泌阳。演习那几天，漫天雨雪，寒风刺骨。按照上头下达的指令，我的任务就是死守阵地。这个任务看似简单，做起来却很不容易。这对自幼生活在南方的我来说，无疑是一个极大的考验。我穿着单薄的棉衣守在战壕里，一动不动，又饿又冷，不时地用邱少云、黄继光等英雄人物来激励自己，不断地给自己打气。就这样，我硬是在战壕里守了三天三夜，没有移动半步。演习结束，我浑身都是红肿的冻疮。那次演习，不仅考验着军人的身体素质，考验着军人的军事技能，更是考验着军人的精神意志。我听说有很多新兵在演习中感染了风寒被抬了下来，还有的实在扛不下去就自动申请退出了演练。

在部队，我是个活跃分子。刚解放那些

年，很多人都是因为家里贫穷才来参军的，读过书的人不多，像我这种初中毕业生就更少了，所以很快被部队看上，我被选为通讯员。日常训练之余，负责写写通讯稿、宣传稿什么的，宣传宣传多彩的连队工作和班组生活。我的文字功底还算可以，做事也比较认真、比较勤奋，所以很快就上手了。战友们都说我写得不错，很有生活的气息和军人的味道。后来，部队让我担任了营里的文化教员，负责给战士们上上文化课，还有就是教大家唱唱歌。其实唱歌我不算很在行，主要是因为我能看懂音乐简谱，而且能开腔教人。那时候，我在部队里的知名度还挺高的。偶尔我站在讲台上，想起以前的理想，忽然觉得自己其实很适合教书，要不是时运不济，说不定我还真有可能成为一名大学教授呢。

之后，我又被调去做代理文书，这个工作就有点像是现在的助理，干些抄抄写写的活儿。再后来，我还做上了班长，虽是个芝麻大的“官”，带着十个八个兵，还是觉得蛮自豪的。在我看来，像我这种从农村走出来的人，能够当上这个“兵头将尾”也算不容易了，觉得自己以前那几年的书没有白读。

1960年，我退伍转业回到家乡。当时云浮县已与新兴县合并，改称新云县（1961年又恢复云浮县建制）。由于家里经济依然拮据，贫困的状况一直没有改变，离开部队的那天，正好是大年初一，为了节省开支，我一路上只吃了几小块饼干，饥肠辘辘地饿了一整天，直到年初二回到家里。后来，我被安排到县机电厂当学徒，一个月收入只有18块，我基本上都是往家里送，帮补家用。

由于入厂之前我从未接触过机电这类东西，对其一无所知，所以一切都得从头学起。记得当时收我为徒的老师傅叫张冲，他祖籍广州，小时候举家搬迁到香港，后来从事机电安装和维修，日子过得还算富足。解放初期，响应祖国号召，回来支援国家建设。当时他是县机电厂仅有的两名电力技术工人之一，在他的培训和指导下，大家出色地完成了云浮六都铁厂、云浮六都化工厂等多个工厂的设备安装。师傅对我的要求很严格，我拜师学艺的劲头也很足，白天跟着师傅出去干活，看看他是怎么做的；晚上就去翻阅机电方面的书籍，看看书上是怎么说的。俗话说“严师出高徒”，三年下来，我从师傅那儿学到了不少东西。1963年，我顺利通过了电工考试，成为云浮供电公司的一名员工。当时，一想到我从此有了一份正式工作，可以领工资养家糊口，就激动得眼泪都流出来了。

那时的供电局不像现在这样运作，我们的工作主要是支援每个水电站、新建工厂的设备安装调试和高压线路铺设运维任务以及负责管理城区家家户户的日常用电。入职最初那几年，我跟着张冲、李泉两位师傅，东征西闯，参与了镇安、大台等云浮地区仅有的几个水电站的电气设备安装和调试，慢慢地积累了一些经验，在工作上很快就能独当一面了。1966年，我被抽调到镇安公社，带着4个机工完成了整个水电站的水轮泵、发电机组的安装和投产。

20世纪60年代末，云浮境内水电建设开始发力，先后建设了近千宗小水电站。当时云浮供电公司有正式职工20多人，其中具有电工资格的也就那么六七个，工作量骤然增多，把大家忙得团团转。我们几乎天天扑在工地上，一个人顶几个人用。那时候，人们心里比较单纯和朴素，没有太多的功利，一心只想着如何报效国家，奉献自己。这绝不是一句空话或口号，而是实实在在的行动。例如1969年建成的良洞河水电站、1970年建成的红洞水电站，还有1971年建成的白石水电站等，这些电站里所有机组、开关的安装和调试就是我们这几个人合力完成的，可以说云浮的电网就是这么一步一步搭建起来的。印象最深的是1974年，我带着几个工人从35千伏六都变电站拉一条出线到六都氮肥厂，日夜赶工，整整花了一年多才完成任务。

1976年5月1日，我刚完成支援云浮六都氮肥厂电力设备安装工作回到局里，就接到上级通知，要我作为一名电力技术人员参加对外国际援助工作——坦赞铁路建设，立即赶赴非洲。面对国家的号召，曾是一名军人的我，自然义不容辞，而且觉得无比光荣。第二天，来不及和亲朋好友一一道别，我便踏上了与家人相隔万里的援外征程。后来才知道，我是当时云浮唯一一个参加国际援助工程建设的人员，也是那一批援助赞比亚几百名工程人员里仅有的两个电工之一。

坦赞铁路，即连通坦桑尼亚和赞比亚两国的铁路，全长1 860多公里，是中国至今为止最大的对外援建项目，1970年10月开工建设，1976年7月全线竣工通车。我参与的是铁路后续的电气安装和运维工作，驻地是赞比亚卢萨卡。

赞比亚是非洲中南部的一个内陆国家，因赞比西河得名，地处高原地带，气候干旱炎热。那里的人民对中国人非常友好，我刚到国家工程队卢萨卡驻点的时候，就直接感受到了这一点。一见面，当地的土著居民便扑上来紧紧握着我的手，上下摇动，热情无比。最有意思的是，他们还一个劲“Baba、Baba”地叫着，搞得我莫名其妙：这里怎么逢人就叫“爸爸”呢？后来我才知道，“Baba”只是当地人对客人的一种尊称。

热情友好是一回事，工作的环境和条件是另一回事。援外工作和生活，我总结起来一共有三难：

一是气候难以适应。卢萨卡的天气一年到头都炎热干旱，极少雨。援外三年我几乎都穿夏天的衣服，户外作业不一会儿就满身大汗，衣衫粘在身上很不舒服。一天没注意补水，很容易就中暑，甚至会脱水晕倒。

二是饮食难以习惯。在赞比亚，很容易就能抓到一些野猪野马，肉食倒是不缺（对于刚从国内饥荒年代走出来的我，能够天天吃肉确实是件很奢侈很满足的事），缺的是蔬菜，因为当地人不怎么吃也不怎么种。没蔬菜吃一两星期还可以，时间一长可就受不了了。没办法，只有从国内带些蔬菜种子去那边自己种。这样，我们每天在工地里忙完工作后，回来还要去打理蔬菜。不过，因为天气太热，你要想把菜种好，确实不是件容易的事。

三是工作难以开展。其中最大的问题是沟通，一般在驻地有翻译的时候还好，但一去户外作业就麻烦了，没有翻译陪同，完全听不懂对方在说什么。我对着十几个黑人兄弟，要他们干什么和怎么干，只能通过自创的“手语”——连说带比画，直到他们明白为止。有时候无论我怎么比画，他们就是弄不懂。没辙，只好自己干，一个人全包了。

但这样比画下去终归不是办法，而且随着工程的推进，每天要负责管理的电力设备会越来越多。于是，我决定学学当地的语言。要学语言，除了问翻译外，最快的方法就是和黑人兄弟交朋友，去熟悉他们的生活方式，了解他们的风俗习惯。一来二去，不到半年，我就能够和他们慢慢交流了，工作也顺畅了许多。后来，我又拿出在部队时当文化教员的招数，对他们进行岗位培训，教他们掌握基本技能，然后实施“分区分岗”管理。这一招的成效可以说是立竿见影，我带着十几个黑人兄弟，把辖区内的150多台设备管理维护得井井有条，工作走上了正轨。

1979年，麦玉坤援外非洲工程建设时留影

回想起在赞比亚工作那段历程，艰苦而温暖。说到艰苦，除了我上面讲的“三难”外，还有路段地形复杂，山路曲折陡峭，施工任务艰巨。我刚来到卢萨卡没几天，我们工地就发生了一起交通事故，一辆工程车在作业时翻了车，牺牲了4个人。到1976年为止，我国派出的工程人员就有65人把年轻生命留在了非洲。那几年，我们每天天刚亮就起床工作，一直忙到天黑看不到了才收工。不管天气如何，也不分什么节日，即使是我们传统的农历春节，也没有放假休息过。除参加坦赞铁路建设外，我们还要去协助别的援外工程建设，比如卢萨卡纺织厂、卢萨卡玉米面厂，我都去那干过。说到温暖，就是结识了很多黑人朋友。朝夕相处中，他们和我患难与共，处处为我分忧解难，在遥远的异国他乡给了我家人般的温暖。其实黑人是很容易相处的，他们品格纯真，热情友好，吃苦耐劳，真诚踏实，守时守信，且助人为乐，一旦交上朋友，就会成为你最忠实的伙伴。

1979年6月17日，也就是“东方红”列车在坦赞铁路上风驰电掣地飞奔三年后，带着一路满满的回忆，带着非洲朋友的美好祝愿，我回到了朝思暮想的祖国，回到了魂牵梦萦的故乡。

援外归来，回到云浮供电局上班，我依然保留着在非洲工作时的一些工作习惯，比如天不亮就起床准备工作，一干就是一整天，而且都不觉得辛苦。那时候，云浮供电局还是只有几个技术员，也没有什么工具，只有几把梯子、几个踏板以及一些简单的器具。当时的我们没有抱怨，都是自己懂什么工作就做什么工作，从来不在硬件条件上苛求什么。而作为局里当时仅有的两个电工之一，我从输电线路的架设到变电设备的安装、检修，都带头去做。

1980年，云浮供电局迎来了第一批经过专业培训归来的电力工人，云浮的电网也一步一步得到了壮大和完善。随后的十年，我一直留在变电检修岗位，参与和见证了当时云浮电网几乎所有的变电站设备的安装、调试和检修。1987年建设110千伏稔塘变电站时，引进了不少新设备和新技术，很多原本熟悉的东西忽然变得陌生起来，这对于我们这些老员工来说，是一个大挑战。好在我对于这些新东西似乎有种天生的好奇心，总想把它弄清楚。有人说："麦师傅，你都满头白发了，费那心思干吗？这些新鲜'玩意'就让年轻人去弄吧！"但我不肯服老，通过向技术员求教、查阅相关图书，狠下了一番苦功，很快就掌握了那些新设备、新技术，赢得了大家的尊重与爱戴。

1990年4月，我从供电局退休后，一下子闲了下来，很不习惯。不久，我就到山地里开始种果树和养猪。后来，因为上了年纪，没过几年，果树也没有再种了，猪也没有养了。

现在，我的孩子们都已成家立业了，也都有了自己的儿女，他们总说我大半辈子都过得太辛劳了，希望我和妻子晚年能够享受一下天伦之乐。与儿孙们生活在一起，如今成了我最幸福的生活内容，每天看着他们出去工作和学习的身影，总会想起年轻时的自己。回望一生，无论是风华正茂的读书时光、意气风发的军旅生涯，还是挥洒汗水的供电历程、艰难困苦的援非岁月……往昔种种依然历历在目。其实我并不觉得过去的日子有多苦，那些经历，反倒成了我引以为傲的烙印和荣光。

（麦玉坤口述/陈建泉整理）

# 匆匆人生几十秋

**黎燕祥**，男，1935年出生，广东广州人，原东莞电力工业局副总工程师。年幼时经历过战乱逃难生活。1956年毕业于郑州电力工业学校，先后在湖南省长沙电业局、石龙供电公司、惠阳地区供电局、东莞电力工业局等单位工作。1996年退休。

我叫黎燕祥，1935年12月8日出生在广州的江高镇。

我父亲黎耀翰，原本是一介书生，一直相信“书中自有黄金屋”，渴望通过读书走上仕途，光耀门楣。而祖上的家境并不殷实，为了家族日后的兴旺和荣光，早年曾倾尽全力供父亲读私塾考取功名。不料，十年寒窗苦读，1905年却遇上清朝科举制度废除，父亲“金榜题名、升官发财”的梦想破灭。迫于生计，父亲只得与同乡结伴，南下到香港一家酱料厂打工谋生。每个月领取的微薄薪水，父亲除留基本生活费之外，剩下的全寄回广州给我母亲，作为家用。

然而，寄来的钱是远远不够的。只读过三年私塾的母亲，当时也算是个识字有文化的人，就在乡下开馆教书，赚点钱补贴家用，撑起了家里的“半边天”。小时候的事，我都记不清了，印象很模糊。后来母亲跟我说，不知为什么，我打小就喜爱翻书。那时候，日子过得清贫，吃不饱穿不暖的，只要我一哭闹，母亲便往我手里塞上一本什么《鬼才伦文叙》或《三国演义》之类的书，我会立马安静下来，坐在一旁若有其事地翻阅着，虽然不识字，也不知道在看些什么。母亲说我一有什么动静，她就这么打发我，省了不少事。

1937年8月31日，日军轰炸机开始轰炸广州，全城一片狼藉。炸弹炸碎了

1941年，黎燕祥（右一）与父母及弟弟在香港合影

许许多多百姓平静的生活，也炸碎了我童年的欢乐时光。

1938年10月广州沦陷前夕，母亲带着我逃到香港父亲处避难。那时我年纪虽小，但这段兵荒马乱时候的逃难片断，却深深地印在我的脑海里，终生难忘。还有一样让我记忆深刻的，是我发现香港那里有电灯，不像广州这边，晚上点的是煤油灯。

我到了六岁时，父亲就在住所附近找了一所学校，叫我上学读书。

一家人在一起的生活没有过上几年，1941年12月7日，日本发动太平洋战争，不久日寇铁蹄踏上了维多利亚港，香港也沦陷了。父母考虑再三，决定举家转移，投靠居住在当时还是国民党统治区的韶关外公家。我刚开始了几个月的读书生涯也就此中断。

记得我们举家出逃是在香港沦陷后的一个深夜。我们在三水芦苞登船，沿着北江逆流北上。当时日本鬼子在北江上设置了封锁线，两岸哨所里架满了机关枪，对准河面。军犬只要听到一点点响声，就会不停地叫。接着，机关枪就会对河面进行疯狂的扫射。

那天晚上上船前，母亲一遍遍地叮嘱我，上船后无论发生什么情况，都不能发出一丁点声音，要不然就没命了。那时我还不懂事，不知道为什么要惊慌，更不知道为什么会没命，只是看到母亲的脸从来没有这样严肃过，就不住地点头答应。那时候，我弟弟刚出生不久，还不满一岁，由我母亲怀抱着上船。船上其他人一看就急了，生怕路上弟弟会哭，引来日本兵。后来听母亲说，船上的人对我母亲提了条件，如果弟弟登船后还未过封锁线就哭的话，就必须得活活闷死。那些人说，为了保命，就算我母亲下不了手，他们也会下手，不然大家都活不了。一路上，全船的人大气都不敢喘一下，外面静悄悄的，只听得见船行在漆黑的江面上轻轻的水流声和摇桨声。好在那天晚上，我弟弟在母亲怀中睡得很沉，一直很安静。直到进入韶关时，弟弟才睡醒，“哇”的一声大哭起来，不过那时船已穿过了日军封锁线。现在想起来，真是惊险万分。

经历过战乱、经历过逃难、经历过生死的人们，都会格外珍惜和平安稳的生活，因为大家都知道战争的残酷，都尝过流离失所的滋味。刚解放那阵子，“劫后余生”的我虽然才十四岁，但也知道战火已经逐渐远离，迎接我们的将是美好的新生活，我觉得我应该好好把握。

1945年日军投降后，父亲重回香港，我和母亲也回到了故乡，我也得以继续学业。1953年7月，我初中毕业，打算考中专。读什么专业呢？当时我有两种选择：一是读中南建筑学院，因为我比较喜欢画画，曾经梦想成为一名建筑师；二是读郑州电力工业学校，因为那个时候列宁有一句话很流行——共产主义等于苏维埃政权加全国电气化。思来想去，考虑再三，我最终还是报读了郑州电力工业学校。之所以做这样的选择，除了受列宁那句话的影响外，还有一个原因就是1952年5月我在江高镇参加了中苏友好协会，“苏联”这两个字从那时起就深深印在我的脑海中。把中国建设成像苏联那样的工业化强国，是当时人们的共同目标。

在经过一场类似现在的中考后，天遂人愿，1953年9月，我顺利地入读郑州电力工业学校，学的是电网及其系统专业。

南方人到了北方，生活上有一些事情一下子很难适应。一是风沙大。一旦遇上风沙天气，刮得人都无法睁开眼睛看路，好在我从家里带来的防风沙眼镜，派上了用场。二是天气冷。到了冬季，大雪纷飞，寒风刺骨，让人难以忍受。那几年，我脚上长满了冻疮。还有，北方人冬天很少洗澡，我呢，一天不洗就浑身不自在，仍然是每天拎着水桶到浴室洗澡，雷打不动。有时候头发还没擦干我就出门，湿漉漉的头发转眼就冻成一根根冰凌。

那时候，我们读中专是完全免费的，每个月还发10元钱的生活补助。其中7元是伙食费，3元是零用钱。虽说那时候物价便宜，例如剪个头发5分钱，1毛钱4个茶叶蛋，一大碗牛肉面也只要1毛钱。但毕竟钱还是太少了，得省着花。好比理发，我们很少到外面去，都是同学之间，自己拿着推子和剪刀，你给我理，我给你剪。次数多了，个个都练就了一副好手艺。

电校专业课程设置有30多种，课本全是苏联教材。要学完全部课程，按照苏联人的教学要求，需要五年。但国家当时急需人才，就把学习时间缩短为三年。每周上课6天，每天从早到晚都安排得满满的，不是在教室听老师讲课，就是到工厂里实习，非常辛苦。那时候，我们这些学生正值青春好年华，意气风发，血气方刚，怀揣着报效国家的理想、改变命运的愿望，学得十分刻苦，十分投入。

1956年，黎燕祥在华中工学院宿舍拉小提琴

寒窗三年转眼就过去了。1956年我毕业时，正赶上国家第一个五年计划的建设高潮，摆在我面前的有两条路可走：一条是继续深造，到西安交通大学或者华中工学院读大学；另一条是服从分配，参加工作。当年，苏联的各种文学作品非常流行，像《乡村女教师》《远离莫斯科的地方》《钢铁是怎样炼成的》这些书，对我们这一代人影响非常大，恨不得像小说里的主人公那样工作和生活。我也和大家一样，生长在那个激情燃烧的火红年代，总想着能早一天毕业参加国家建设，到最艰苦的地方去锻炼，去创业，去实现心中的理想。于是，我毅然选择了参加工作。

在填写分配志愿的时候，我第一志愿是想到条件艰苦的新疆乌鲁木齐，没去成。第二志愿是想到东北大工业基地，也没去成。最后，第三志愿是想到广州。结果，国家把我安排到武汉电管局。经过再分配，1956年8月，我来到了湖南长沙电业局下属的长沙线管所工作。

跟现在所有的毕业生一样，我参加了工作才知道，书本上学的东西与实际有很大的差别。由于人才缺乏，我上岗前仅安排两个月实习，就被分派到一位叫龙祥云的工程师那里做助理，跟着学习防雷、绝缘、试验、线路运行和防冰等技术知识，这本是跟师傅学本领的好机会，不料没过几天，上级一纸调令就把他调走了，并由我直接接任他的工作——防雷绝缘专责，这对刚走出校门对业务知识还一知半解的我来说，无疑是“赶鸭子上架”。

没办法，用广东话来说，只有“顶硬上”。我相信，一个人只要有信心有毅力，没有什么克服不了的困难。那时候，我边学边干，一方面积极向老工程师和老工人虚心讨教，尽可能多地学习和吸纳他们的智慧与工作经验；一方面报读了长沙夜大学，有的放矢地多学些理论知识，巩固巩固基础，充实充实自己。此外，还想方设法抓住机会，去参加中南武汉电管局组织的一些防雷经验交流会、防雷培训班和多种专业讲座等等。经过一段时间的学习、交流、培训和实践，我的业务能力有了很大的提升，工作也逐渐走上了正轨。

三湘大地，雷雨天气非常多。我在调查研究的基础上，组织安装了一批磁钢棒和电花仪，用来测试和分析每个变电站所在区域雷电流和雷电压的强度，以采取相应的防雷措施来消除雷电威胁。同时，我还到长沙市气象台，搜集一些当地雷电日和雷电时数等资料，使防雷措施更加有的放矢，效果十分明显，

1957年，黎燕祥（左三）在湖南长沙电业局与同事合影

1962年，黎燕祥（中）在北京与全国过电压技术研讨班同学合影

可以说是立竿见影。

就这样，我在湖南长沙工作了六七年时间，一直负责防雷工作，几乎跑遍了那里的山山水水。那段经历，对我来说，是一段难忘的时光。因为长沙电业局是我职业生涯第一站，在那里我学到了很多，为日后的发展奠定了坚实的基础。更重要的是，我还结识了不少同事，结下了深厚的友谊，并成为好朋友。时至今日，我和那边几个朋友还有联系，逢年过节，都会打电话相互问候一下。彼此之间如果有机会去到对方所在的城市，肯定会小聚一下，见个面，吃个饭，喝个酒，叙叙旧，唠唠嗑，乐呵乐呵。人生在世，真情难得嘛。

不过，话得说回来，我这个人的故乡情结还是十分浓厚的。在外工作多年，心里仍然放不下对家乡的思念，对家人的牵挂。1962年，恰逢广州电网向珠三角扩展，广州电业局改称珠江电业局，下设广州、佛山、石龙、江门、肇庆、中山、韶关等地区供电公司，到处招揽人才。那时，我已和相恋多年的妻子完婚。妻子是我的初中同学，毕业后分配到武汉第一附属医院当护士，婚后我们依然分居两地。得知这一消息后，我考虑再三，便给单位打了个申请，要求调回家乡工作。

1963年，一个难忘的年份。我们的大儿子出生了，我被初为人父的幸福和

1963年，黎燕祥（左一）到广州供电局从化巡线站参加交流活动时留影

激动深深地包围着，妻子也从武汉调回茂名工作。11月，我的愿望也终于实现了，我调到珠江电业局直属的石龙供电公司，当时单位里只有100多人，负责惠阳、东莞、增城、博罗、河源5个县的供用电工作。公司根据我的工作经历，让我到生技科负责线路运行、防雷以及大修技改工程等工作。

也就是这一年，华南遭受七十年一遇的罕见旱灾，香港水源枯竭，水塘积蓄仅够43天食用，全港上下一片恐慌。

根据周总理的指示，广东省人民政府于1964年2月20日，正式动工兴建东江至深圳引水工程。首期工程，北起东莞县桥头镇东江取水口，逆石马河而上，经8级抽水泵站、6道拦河闸坝、2个蓄水调节水库，经深圳将水送至香港。我们单位接到的任务是，负责东深供水指挥部的施工供电及8级抽水泵站输电线路的设计和施工。于是，公司紧急抽调精兵强将，组成指挥部奔赴现场监督指导施工，我作为骨干也被选进了指挥部，负责设计工作并指导施工。

东深引水工程是当时广东政府主抓的头等大事，由于没有什么现代化施工机械，动用了成千上万名劳动力，最高峰时曾达到4万多人。能参加这么大工程的建设，在当时来讲是一个莫大的荣耀，我一刻也没敢懈怠，全身心地扑在了工作上。当时一同前往的还有公司党支部书记冯毅夫、惠阳线路工区主任何增胜。等输电线路选定后，冯毅夫负责指挥部协调工作，我和何增胜则边搞设计，边定位，边加工，边施工，白天到野外工作，晚上回到住处整理资料送交给材料部门。所谓住处，其实就是竹篾和黑色羊毛毡临时搭建的工棚，远远望过来，黑压压一片坐落在工地上。一人一个床位，十几人挤在一起。那时，由于长期在外忙工程，我的脑袋里就只有测量、材料、施工，头发长了都顾不上剃。有一天，不经意照了一下镜子，才发现自己头发又长又乱，满脸胡子拉碴，整个人晒得黑不溜秋像个乞丐似的。就这样连续干了将近十个月，全长64公里的8级抽水泵站输电线路（石马河至雁田水库段）终于在年底前顺利竣工通电。

回乡后的“首战告捷”，也增强了我在新单位工作的信心。后来，我还参与了惠阳平潭军用10千伏专线和深圳特区横岗变电站10千伏专线供电的设计和施工任务。1965年，石龙供电公司迁址惠州后，改为惠阳地区供电公司，我仍在生技科担任之前的工作。

1966年，“文化大革命”爆发。此后的十几年时间，我曾被多次抽调到地区农村工作队下乡搞思想宣传，与当地农民同吃、同住、同劳动，接受贫下中农的再教育。受时势的影响，1968年小女儿出生时，我为其取名“敬红”，希望女儿能沾染点“全国江山一片红”的喜庆。其间，我还参与了110千伏惠阳变电站、峡口变电站、桥头变电站等多个工程的建设，业务能力与工作经验日臻丰富，到1978年，我通过了助理工程师的技术资格认定。过了不到三年，我又拿到了工程师职称。

由于各种历史与经济原因，到20世纪70年代末，惠阳地区建设的电网十分简陋，线路都是采用木杆架，而且三线只架设了两线，抗灾能力极差，一个小小的雷电就会让电路跳闸，一场小小的台风就能刮倒一片。1980年12月，我调任惠阳地区供电局计划基建科副科长后，便把大量的精力用在了着手线路两线改三线、木杆换水泥杆工程上。那时候，为多争取点资金，我经常跑到省电力局、省计委找负责基建的领导去磨嘴皮子，门进了无数回，话说了一大堆，负责基建的领导说：我们也很穷啊，现在到处都要钱，“僧多粥少”，没办法解

1988年，黎燕祥在法国考察时留影

决。最后，在一些老同志的支持下，采用“三个一点”的办法，即省电力局多出一点，惠阳地区局增加一点，各镇多投入一点，东拼西凑，大概花了四年时间，才把残旧电网改造这个问题搞定。

同时，我还着手抓好生产用房和员工宿舍的基建工作，像现在大家还在使用的可园南路旧局大楼（现输电所）、安靖乡职工宿舍、步步高荔苑等，就是那几年建起来的，局里的办公条件和员工生活环境有了明显的改善。

改革开放头十年，我的生活和工作都发生了很大的变化。首先是我生活上的变化：千辛万苦把我们兄弟四人拉扯大，后又辞去工作尽心照顾我的三个孩子的母亲，于1981年不幸病逝。而一直在香港打工的与我们离多聚少的父亲，也于1988年端午回故乡团聚时，因意外与世长辞。现在回想起来，父母亲一生奔波劳碌，直至去世也没有享受到太多福分。其次是我工作上的变化：1984年3月，调到惠阳地区供电局调度所任副所长；1986年12月，调任东莞供电局副局长兼任办公室主任；1988年1月，东莞升级为地级市，东莞供电局从惠阳地区供电局独立出来，我转任副总工程师，将全部精力放在技术进步上。

当时，东莞输变电设备还比较残旧落后。记得曾流传过这么个笑话：有一次变电站开关跳闸，午睡中的值班员顾不上穿上衣，就跑到现场送电，不料在合闸时，少油开关的油溢出发生爆炸。值班员虽然躲避及时没有受伤，但吓得不轻。从此每次送电时，这位值班员都在胸口挂个铁牌做保护。因此，加快电网技术进步，便是摆在我面前的首要任务。

1988年，我去了一趟法国，考察调度自动化。我来到阿尔斯通公司，大开了眼界，得知他们电网约100平方公里范围才建设一个运维检修中心时，当时觉得有点儿不可思议。这次考察，颇有点儿像“刘姥姥进大观园”，给了我很大震撼和启发，套用现在常听的那句“科技改变生活”的广告词，就是必须用科技来改造企业，改变落后面貌。

如何尽快缩短与国外先进企业的差距？这个念头一直强烈地刺激着我。但我也知道，一口是吃不出一个胖子来的，必须一步一步来做，急不得也等不得。从法国回来之后，我的想法与时任局长李胜和不谋而合。李局长主管电网建设，深知当时电力高需求和电网架构、技术同步的迫切性，后来我搞调度自动化也得益于他的充分信任和“放手一搏”，这是后话。

得到支持后，我立即请来ABB厂家亲自进行技术指导，将所有少油开关更换为真空开关或六氟化硫开关，并要求日后所有在建的变电站全部采用新开关。后来，我又主导采用2T和3T的方式简化了变电站结线，减少开关数量，提高安全可靠性。将常规电磁式保护改为微机保护，线路的绝缘子则以橡胶代替瓷或玻璃。我不敢说自己做了多大贡献，但起码，能让带电班再也不用顶着太阳，晒得头崩额裂，在野外一个挨着一个地检测瓷瓶，或者一个接着一个地上杆更换七八斤重的瓷绝缘子了。

1990年，我开始探索自动化管理，提出从遥测、遥信逐步过渡到遥测、遥信、遥控、遥调项目和综合信息管理系统（MIS）。但由于当时国内技术瓶颈所限，加之全局搞“四遥”项目的只有袁炳光、谢亿安、我和女儿敬红共四个人，进展一直不算理想。1996年我退休后又返聘两年继续干，直到1998年，“四遥”项目方才大功告成。不过，这里边有点小小的遗憾，当时若能在“四遥”基础上增加事故和维修调度自动处理的智能自动化、电气设备在线监测、自动分析设备的安全状态和警示，掌握安全运行的主动权，那就更加完美了。

不知不觉间，现在我离开工作岗位已经有十几年了。回归家庭，与妻子相伴，含饴弄孙之余，做些柴米油盐事，也算是给家人一些回报吧。当初从湖南调回广东，就是希望多陪陪家人，但我做得不好。那些年我跑工程，搞技术，一门心思扑在工作上，对家人关心很少，就连每个星期天的“家庭日”，也经常被我忽略，难得有空与家人坐下来商谈“建家大业”。我很感谢家人，是他们一直以来给了我莫大的支持，放手让我在工作上轻装前行。

我家里书桌上放着两本志书：一本是《惠阳地区电力工业志》，这是我1986年在惠阳地区供电局工作时主导编写的；另一本是《东莞电力工业志》，这是我在东莞供电局退休后于1999年牵头编写的（后交由办公室主任钟亚庭去完成）。每当翻阅这两本志书时，透过字里行间，我仿佛又回到了那些过往的岁月，那些逝去的人和事，于此，再往前追溯自己一生所走过的路，那些曾经的坎坷与付出，想想现在社会的变迁、企业的发展以及生活的改变，心里就感到幸福而充实。

（黎燕祥口述/钟美玲整理）

# 爱拼才会赢

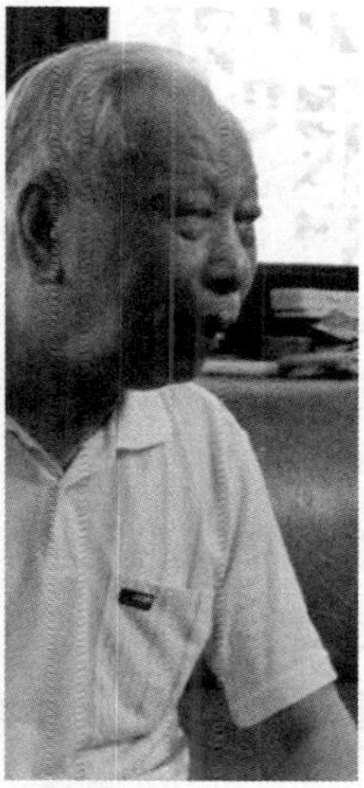

**陈钦佑**，男，1936年出生，广东普宁人，原普宁市电力工业局副局长。1963年毕业于广东工学院，分配到汕头地区建筑设计室工作，『文革』期间曾被下放到海丰劳动改造，后借调到汕头地区化肥办氮肥设计组。1979年后在普宁市电力工业局工作。1996年退休。

有首闽南歌曲叫《爱拼才会赢》，歌词是这样写的：“……人生可比是海上的波浪，有时起有时落，好运歹运，总嘛要照起工来行。三分天注定，七分靠打拼，爱拼才会赢。”我觉得写得很好，感觉就像是专门为我写的。

1936年10月，我出生于普宁县梅塘镇溪桥村，排行老二，上有一个姐姐，下有一个弟弟。那时候，家里很穷，父母常常为如何把我们兄弟姐妹几个拉扯大而发愁。小时候，我最渴望的事情，就是能吃上一顿饱饭。记忆中，为了填饱肚子，我经常跟着几个玩伴，偷偷跑到别人家的田里挖番薯来吃。

十一岁那年，拗不过我的软磨硬泡和苦苦央求，父亲将我送到镇里的学校去读书。我心里很清楚，读书，当时对一个连温饱都成问题的贫苦家庭来说，是一件多么不容易的事情。因此，打从进校门的第一天起，我便立志要发愤读书，不让父母失望。

读书期间，有一次学校组织学生到县里的碾米厂参观，我被厂里闪闪发亮的电灯给吸引住了。后来，一有时间，我就喜欢往碾米厂跑，一个人对着电灯傻傻发呆，心里很是好奇：为什么电灯一接上“方盒子”（插座）就能亮起来呢？

有一天，我偷偷跑到厂里，趁着没人，伸手去拨弄“方盒子”，想弄清楚里面究竟有什么“秘密”。谁料手指刚进去，“啪”的一声响，一股刺麻刺麻的痛感从指尖往身上传，把我“电”得全身打颤，我吓得半天没回过神来。回到家，我把触电的事告诉了父亲，缠问为什么会这样。从未上过学的父亲自然也说不清其中的道理，只是又心疼又好笑。后来，我问老师，老师仔细地给我解释了一番，我听得云里雾里，似懂非懂。不过，我从那时起，对电这个东西更加着迷了。

1956年，我考上了普宁第一中学（位于洪阳镇）。就读期间，学校经常组织学生参加劳动生产。印象最深的是，当时学校里有一台发电机，靠烧木炭发电，于是，学校安排我们一群学生到处寻找木炭。先是去揭西坪上砍树，然后将其运往南洋乡的窑里烧成炭，最后再把烧好的木炭送到学校。就这样颠来簸去地干了近3个月，虽然辛苦，但只要想到能够发电，我心里头仍是美滋滋的，乐此不疲。

1959年，我以优异的成绩考上了广东工学院，读自己梦寐以求的电气专业。我觉得这是老天爷给自己的一个机会，让我这个自小就对电着迷的人，潜下心来去叩开电力知识这个大门。因此，在大学读书期间，我对学习可以用“如饥似渴”来形容，整天扎在书堆里，生怕错过一个知识点。

临毕业那年，专业课程已经学得七七八八了，我们先后到江门造纸厂、广州造纸厂等单位去实习。通过几个月的实际操作，我对发电机线路的设计原理、运转方式等有了进一步的了解，对电有了更系统的认识，业务能力有了很大的提升，也形成了自己的想法。那一年，我写的毕业论文还被导师们评为优秀呢。

1963年8月，我被分配到汕头地区建筑设计室工作，主要负责为渔船修造厂、钟表厂等厂企的供电系统设计动力线、照明配套等。直到1965年10月，我有幸参与了梅县发电厂的设计工作，当时是既兴奋又备感压力，因为这是我第一次参加大型电厂的设计。很快我就发现，要将书本上学到的知识真正付诸图纸设计，并没有想象中那么容易。好在那时候带队的老师傅给了我很大的鼓励和帮助，让我受益匪浅。我铆足了劲，决意好好干个样子出来。当我把不知熬了多少个通宵而绘成的图纸，交给老师傅并得到肯定的时候，我激动得眼眶都湿润了。我觉得，第一次的成功对我日后工作影响很大，因为它极大树立了我的自信心。

可是好景不长，席卷全国的“文化大革命”到来了，一切都变了模样，甚至变得十分荒唐。1968年，我们整个设计室的人，几乎都被下放到海丰公平“五七”干校去劳动改造。其间，我被编入工业排，当起了排长，负责带领排里的队友们进行播种、插秧、犁田等生产劳动。这种日子一直持续到1971年，因汕头地区成立化肥办氮肥设计组，我和几名同事被选中，调去做设计组成员。在随后的几年里，我先后为投产的潮阳氮肥厂、饶平氮肥厂、揭西电解水化肥厂、陆丰氮肥厂等进行照明配套设计，总算是回归本职，干了一些专业对口的事情。

转眼到了1979年，这是我人生的一个重要转折点，组织上批准了我的调动申请，我离开工作了十六年的汕头地区建筑设计室，来到刚成立一年的普宁供电公司。说起当时回普宁工作，主要有两个想法：一是想为家乡干点力所能及的事，二是为了照顾年迈的父母和卧病在床的妻子。

回到家乡，我担任普宁供电公司的副经理，主抓生产、工程建设工作。当时普宁整个电网架构非常简单，只有新寨、杨尾山2个35千伏的简易变电站和棉湖—新寨、新寨—杨尾山、杨尾山—白沙溪3条10千伏线路。到任后，我的第一项任务就是组织设计顶三坑线路。那时候，我对当地大南山山脉的地理环境还不太熟悉，便整天带着一班同事出去，翻山越岭地勘察地形地貌。山路难走，荆棘丛生，一天下来，不是衣裤被刮破，就是手脚被划伤。我那时心里急，想早日把这事干成，所以每天野外勘察回来，无论多晚多累，都把大家叫在一起碰个头，开个会，分析分析勘察的结果，研究研究线路的布设。就这样，我们用了不到一个月的时间，就高质量地完成了顶三坑线路的图纸设计，交付施工队进行施工。

在工作过程中，经常会碰到意见不一甚至争论不休的时候或事情，作为一个领导者，你就要做好协调沟通工作。记得1982年，在35千伏平头岭变电站设计之初，我跟其他设计人员出现了分歧，偶尔还会发生激烈的争论。为什么呢？主要是我提出的一些想法和构思以及所采用的技术比较“前沿”一些，与当时传统主流的设计方法有许多不同。大家对此持怀疑态度，担心这样的设计会导致施工出现问题。为了说服大家，我把自己十几年的所思所学、积累的经验和当时国外的一些先进技术，整理成册，利用业余时间与同事进行讨论交流。经过交流，大家渐渐认可并接受了我的意见，工作效率大为提高。后来的事实证明，我提出的设计理念和方法是可行的。

大家知道，通常情况下，变电站竣工投产后，接下来最重要的问题就是如何确保设备安全、稳定、可靠地运行。20世纪80年代初期，普宁供电局没有几个是科班出身的变电专业技术人员，而普通员工的素质也跟不上来，既缺乏理论知识，更缺乏实操的技能与经验。这个问题让我很是头痛，老担心出问题、出事故。思来想去，最后我与班子成员讨论决定，采取“手把手、面对面”的方法，对变电员工进行三个月的封闭式培训，提升技能。

既然是封闭式培训，我也把自己“关”了进去，整天泡在培训基地，与员工吃住在一起。有一次，老婆给我打电话，叫我务必抽空回家看看。当时，我正一门心思地抓培训，心里老想着上课、实操、考试这些杂事，没等老婆把话说完就把电话挂了。后来，我才知道，那段时间儿子生了场大病，直到我回到家时才刚刚好转。为这事，我老婆没少埋怨我，直到现在还常挂在嘴上呢。

回想起来，人活一辈子，总会有取有舍，有得有失，毕竟鱼与熊掌不可兼得。记得大学老师曾给我们说过这么一句话："你们毕业出来后就是干实事的，不是做表面功夫的，该做到的就必须做到。"所以，每当在工作中遭遇不顺和困境之时，我就用这句话来勉励自己。

1984年的农历除夕，一场大雾造成洪阳线跳闸，这可是大年三十呀，万家团圆的日子，没电怎么行？我立即带着抢修工人，从洪阳镇一直查线到流沙镇。当天寒风刺骨，细雨绵绵，道路泥泞，加之我患有严重的股骨滑膜炎，走起路来疼痛难忍。一位师傅发觉我脸色不大对劲，走路一高一低的，知道是股骨滑膜炎发作了，就劝我别带队查了，回家等候抢修消息吧，说是看着让人心疼。我当时没有理会，一直坚持到最后，直至恢复供电为止。我就是这么个犟脾性，觉得自己大小是个领导，怎么能在关键的时候"掉链子"呢？再说，过年停电，老百姓会骂娘的，如不能尽快发现故障，抢通线路，我脸上无光。让我回家坐着，你说我这个分管生产建设的副局长还能坐得住吗？

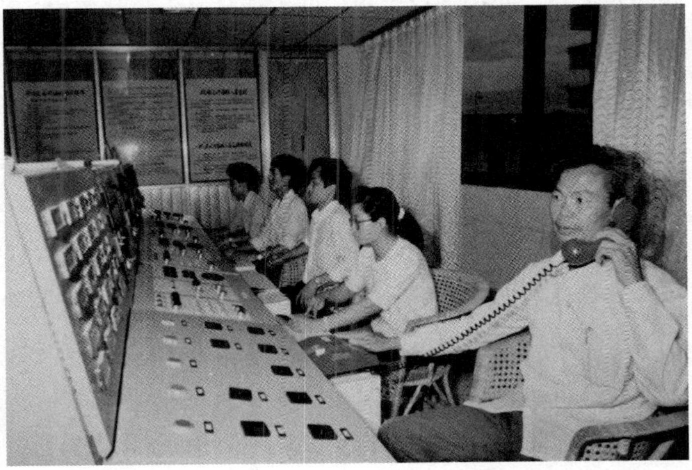

1988年，陈钦佑（右一）和值班人员在占陇变电站中控室进行操作

1988年，普宁县实行电力体制改革，原供电公司被撤销，成立普宁县电力工业局，负责全县的发供用电工作，隶属县经委领导，为科级企业单位。我仍担任副局长一职，分管安全生产和工程建设工作。

由于各种历史原因，普宁电网一直滞后于经济社会发展，十分薄弱，“卡脖子”现象十分严重。1987年，要新建占陇变电站，最初县里批下的规划设计是建35千伏站的。在一次会议上，我提出不同意见：从长远来看，建35千伏站远不能满足周边区域负荷的增长需求，要建就直接建110千伏站。当时，变更规划设计是一件挺麻烦的事，而且很多人认为，以普宁当时的经济社会发展形势和财政状况来看，建个35千伏站已经足够应付一段时间的了。我的提议没有得到大多数人的认同，但是我毫不气馁，仍然不断地向上提意见提建议，积极争取县经委的支持。结果，努力没有白费，占陇变电站由原规划设计的35千伏改为110千伏。

不过，还没有等到110千伏占陇变电站建设投产，麻烦就来了。1988年8月8日，普宁遭受7号强台风的侵袭，损失十分严重，县区全部中断供电。当晚，强风大雨还没停歇，我们就组织员工进行抢修了。但由于地区电还没有送达，而县里仅有的几个水电站、发电厂发的电供不应求，导致普宁长时间大面积停电。对此，县委、县政府大为不满，一位领导还抛出这样一句话：“你们电力局太让我们失望了。”这句话，就像一把刀插在心头，深深刺痛着我。当时我觉得很委屈，我们顶风冒雨、通宵达旦进行抢修复电，没想到换回来的竟是这样的评价，好像把我们所做的工作给全盘否定了。但难过归难过，事后想想，也觉得我们应该认认真真地反思反思，如果我们在电网规划建设上，标准再高一些，步伐再大一些，速度再快一些，或许就不会出现如此被动的局面了。

在接下来的很长一段时间，我几乎把全部的精力都投入电网的规划建设之中了，每个项目从规划设计、立项申报到施工监管，我都全程参与，恨不得一夜之间就将普宁电网变个新模样出来。就这样马不停蹄地干了几年，随着110千伏占陇、梅塘、大坝、洪阳等一批输变电工程的陆续投运，普宁的主网架构大为改观，抵御极端天气的能力逐渐增强，供电可靠性大幅度地提高，县委、县政府对电力局的工作也越来越满意。换句话说，“挨骂”也越来越少了。

1990年，陈钦佑（左五）在普宁市电力工业局参加活动时工作照

电源建设方面，我也没敢放松。当时普宁还是个趸售县，电力供应主要靠县办发电厂和水电站，不足部分向省网购买。而一到夏季，省网电力也十分紧张，到处缺电，根本没有多少用电指标卖给你。为了解决这一问题，我在局班子会上提出：对现有的发电厂进行扩容改造，增加电力自给能力。大家研究来研究去，觉得可行，认为这是解决当时电力短缺最直接有效的方法。于是，在1989年至1990年这两年间，由我牵头组织对普宁县第一电力厂进行扩建，新增装机容量4×1 000千瓦，年增发电1 500万千瓦时。1992年2月，我们又新建投产了普宁县第二火电厂，安装4台柴油发电机组共4 000千瓦，年增发电量超过1 500万千瓦时，大大提高了普宁的自发电能力，缓解了燃眉之急。

在电厂建设期间，我带领一班技术人员通过查阅资料、收集数据、实地查看等方式，对各机组的配电装置进行详细分析，完善设计图，组织技术攻关，力求精益求精。记得在建设普宁县第二火电厂时，因为安装的柴油发电机组是从英国康明斯公司进口的，说明书全是英文。它不认识我，我也不认识它。要透过这些晦涩难懂的英文说明书，去弄懂其中设备的设计和构造原理，可不是件容易的事。为此，我特地从局里挑选一些骨干精英，组团前往英国进行考察交流，让他们尽快全面掌握设备性能和操作技术。我呢，作为带头人自然不敢

1994年，陈钦佑在普宁市电力工业局大门前留影

闲着，自己给自己加码，也临阵磨枪，报了一个英语培训班，跟着老师一板一眼地念起ABCD来了。从此，每天无论工作多忙，我都要从中挤出一点时间来学英文，老花镜和英语词典更是整天不离身。英语培训班里的其他学员都比我年轻，他们年轻记性好，学得快，我遇到不懂的，就虚心地向他们请教，很有点“不耻下问”的劲头。就这样，经过一段时间高强度的训练和学习，还真有点儿成效，我先是逐渐能看那些英文说明书，摸清楚设备性能和操作技术。再后来，我还能和考察回来的同事们一起讨论研究，一起组织攻关了。

我是1996年退休的，早些行动还算方便的时候，会经常到普宁供电局里走动走动，与年轻的一辈交流，获得一些新的信息，有时也以自己多年积累的经验为他们提供技术指导，解决一些实际工作中遇到的难题。最近几年就很少到单位去了，但心里依然牵挂着局里的一点一滴，为之喜与愁。每当灯火灿烂时，我总有一种莫名的幸福，感觉我仍在为普宁的电力事业打拼、出力，这里面有我的一份辛劳；而每逢停电时，我也总有一种莫名的紧张，似乎停电也仍然与我有着千丝万缕的关系。或许，这就是我拼了一辈子，而赢得的一份电力情缘吧。

（陈钦佑口述/林熹整理）

# 做事为人『正、度、勤』

**张福堂**，男，1936年出生，辽宁营口人，原广东省电力工业局试验研究所党委书记。1954年入职营口电业局。1956年考入沈阳电力学校，毕业后分配到广州西村发电厂，后调入广东省电力工业局试验研究所工作。1997年退休。

在我的家中，挂着三幅我写的大字。客厅是“正”字，右侧是“正派公正”，左侧是“做人之本”；饭厅是“度”字，右侧是“适中准确”，左侧是“事物之规界”；书房是“勤”字，右侧是“勤劳勤俭勤奋”，左侧是“生活之要”。这三幅字，算是我的人生感悟吧。

我是1936年出生的，老家在辽宁省营口市。营口是中国东北第一个对外开埠的口岸，是中国民族金融业的起兴之地，曾是东北的经济、金融、贸易、航运和宗教文化传播中心以及各种物资的集散地，有着“东方贸易总汇”和“关外上海”的美称。

我有兄弟姐妹五个，我是老大。母亲过世得早，全家靠父亲卖菜种地维生。因为家境贫寒，没有钱读书。1947年，营口第一次解放后实行土改，我加入了儿童团。儿童团的主要任务是学习、生产、站岗放哨、送书信等。由于时局不稳，国共两党经常发生冲突，我曾经为八路军做过送饭、送水等后勤工作。1948年，营口第二次解放后，我在家乡跟我祖辈一样读私塾。读过《三字经》《弟子规》《名贤集》《朱子治家格言》《孝经》《大学》，主要是识字和背诵，直到1950年我才正式读小学三年级。

那个时候，村里只有煤油灯。我有几个叔伯在营口电业局做事。听他们说，城里用的是电灯，亮堂堂的，我可羡慕啦！

1953年，我小学毕业，叔伯们告诉我，营口电业局在招人。我立刻报名应试。算我走运，当时招人的年龄也有限制，只招十八岁（虚岁）的，大一岁的不要，小一岁的也不要。那时我正好虚岁十八，就给录用了。

从此，我终生与电力事业结下了不解之缘。

刚工作时，我被安排在营口一次变电所上班。这里离我家村子才一公里多一点。面对着一排排仪表，什么电压表呀，电流表呀，周波表呀，还有什么有功、无工、无功、周波之类的，我感到十分陌生。我暗下决心，一定要提高文化水平，成为有用之才。运转班是三班倒，我除了上班、睡觉外，埋头苦学，硬是用两年的时间，啃下了初中、高中的数理化全部课程。

知识给我插上飞翔的翅膀。我不仅很快掌握了电力运行的技能，还能够解

1955年，张福堂所在班组获营口市劳动模范先进班组时留影

决一些技术难题——当然，现在看来只是小菜一碟。有一次，设备检修完毕之后要恢复送电。那时的电气落后，油开关要用手动合闸。手一松开，电闸就跳开了。接连几次都是这样。就在这时，我想出一个办法，当时有两条66千伏线路，两线路之间有一个联络刀闸开关，我们一个人用手把油开关按住，另一个人把联络开关合上。这一招果然顶用，终于恢复了正常送电。在大家的努力下，我们的变电所运转班被评为营口市劳动模范先进班组。前几年，我回到营口探望昔日的同事，大家还说起这件事，夸我脑筋灵。

书到用时方恨少，我总觉得自己掌握的知识远远不够。于是，1955年我报考沈阳电力学校。这所学校相当于今天的技工学校，招收至少达到初中水平的人。我一考就考上了，成为在职学员，学的是电气运行专业。

那时学校实行5分制，5分是最高分。我很珍惜这难得的学习机会，狠下了一番功夫。十多门功课，我门门都得5分。我被学校评为一等优秀生，还当上了团支部委员、专门管学习的副班长。

本来，沈阳电力学校的学制是两年的。由于新中国成立不久，各地急需电力人才，我们才学习一年多时间，就提前毕业了。就在这短短的一年多时间里，我认识了老伴——翟润珠，她是天津人，我俩是同班同学，那时候毕业生

1961年，张福堂与妻子翟润珠结婚时留影

是全国统一分配的。就这样，1956年9月，我和老伴一块被分配到了广州，我进入西村发电厂。我俩于1961年结婚了。

别看当初西村发电厂只有2台1.5万千瓦的外国机组，这可是当时中南地区最大的中温中压燃煤电厂。我一踏进厂区，心中就涌起一股强烈的自豪感。1957年，西村发电厂开始扩建3号、4号、5号机组，总容量为6.45万千瓦。随着电力系统的发展，电压等级也从解放前的13.2千伏提高到35千伏、110千伏，并与流溪河水电站相联结。广东解放后的电力发展也是从这时开始的。

我先是当电气值班工，由于技术好，很快就升为值班长，过了不久又升为电气运行技术员。

从事电气运行工作期间，我提出过一些合理的建议，解决了一些生产问题。如，对厂用电源由过去的停电转换改为并列不停电转换，将发电机改为调相机的运行方式和操作试验，发电机的失磁试验，各种运行方式的操作措施和事故预想，在各种运行方式下使用的特殊的并列方法，等等。我负责执笔编写了《电气运行规程》和《安全工作规程》。那时，西村发电厂已经拥有5台机组。虽然每台机组都有厂家提供的使用说明书，但是它们只讲设备本身的基本情况，是电气运行的一个组成部分。我以原有的规程为基础，以使用说明书为依据，加上大量的现场操作方法，写出了完整的《电气运行规程》。《电气运行规程》将每一件设备的操作步骤、运行维护都讲得清清楚楚，它是运行人员操作、维护设备必须严格遵守的规章制度，否则就会发生事故。另外，我还编写了《电工原理》《电机学讲义》等书，作为给新上岗人员讲课的教材。

后来，我担任了值长。那时整个西村发电厂一共有四个值长。值长也称值班工程师，在值班期间代表总工程师管理全厂的锅炉、化学、汽轮机电气设备的安全经济运行。每当值班，特别注意做好事故预想。电厂最怕天气不好，遇到大风大雨大雾雷电，容易出事。值班多年遇到一些事故，我都能当机立断，迅速正确处置。

有一次，发现主变压器的中性点避雷器有一个裂纹。按以往做法，遇上这种情况必须首先停电，然后更换避雷器。可是，当时生产用电不能停止。怎么办？我提议在不停电的情况下更换避雷器。为了保证安全，我提出调整电气系统运行方式，将主变压器中性点接地，不用停电，更换了避雷器。

我由于工作出色，成绩突出，得到领导和同事的认可。1958年，我加入中国共产党。1960年，我被评为广东省电业局先进生产者。

在西村发电厂干了十四年之后，1970年，我被调到五仙门发电厂当车间主任兼党支部书记。

五仙门位于海珠广场西侧。传说仙人骑羊降临广州，就是在这里进出的。1901年，英商旗昌洋行看中这块风水宝地，开办粤垣电灯公司，装有发电机4台，发电容量546千瓦，人们习惯称之为五仙门发电厂。后来，它被官商合股收购，征用附近店铺扩充厂房。1933年，它的电力增加至2.4万千瓦。五仙门发电厂是广州最早的发电厂，也是使用时间最长的发电厂，一直到20世纪70年代才停机。

老牛拉旧车，毛病自然多。自20世纪70年代开始对老设备进行技术改造。至今印象最深的有三件事：

一是在小机组采用双水内冷技术。过去的汽轮发电机利用空气作为冷却介质来进行冷却。当时我们从科学刊物上看到上海开始生产的双水内冷发电机，通过改变冷却系统，可以提高容量，就把这一新技术运用于厂里的旧机组。双水内冷发电机的定子和转子都用水来冷却，提高了机组出力。我们在老旧的小机组采用双水内冷技术，在全国还是第一次。这在当时轰动一时，连陈郁省长都来五仙门发电厂视察，大加赞赏。

二是将烧煤改为烧油。烧油比烧煤相对地减少了环境污染，这对处于闹市区的五仙门发电厂来说意义非同小可。

三是更换变电站。当时五仙门地势低洼，雨天容易被水浸，变电站的电缆经常泡在水里，经过改造以后，消除了这个安全隐患。

1973年，我被调到广东省水利电力局科学试验研究所，也就是今天的广东电网公司电力科学研究院。我起初是当电气室负责人，1975年开始担任所长兼党总支书记。

这个一把手不好当。电力试验研究所在“文化大革命”期间干部全部下放劳动，一直到1972年才重新恢复。百废待举，居无定所，电力试验研究所连续搬了九次家，还没有固定的办公场所。

1975年，五仙门发电厂停止发电，改为调相车间。电力试验研究所搬进五仙门发电厂的老厂房。

在老厂房里，我们进行装修调整，抓紧开展工作，各个专业从机构设置、人才引进，到设备添置、规章制度的建立，都做了大量工作。人员也从几十人增加到200多人。在系统技术服务和科研方面都做了大量工作，取得了很大成绩。

这样一晃在五仙门待了七八年，但始终没有一个像样的基地。1980年，我们终于决定在五仙门建设基地。报建手续也办得七七八八了，施工队伍就要进场的时候，一封匿名信送到了广州市政府，市里说电力试验研究所永久设在五仙门不合适，让我们叫停。眼看两三年花费的心血付诸东流，就在这紧急的情况下，我鼓起勇气，给广东省委第一书记习仲勋、广州市委书记杨尚昆写信，陈述电力试验研究所的重要作用以及选址的原委与艰辛。两位书记迅速将我的信批复给广州市分管城建的副市长林西。城市规划局很快派人来五仙门，对我们说：“五仙门地处城市中轴线上，不适于建造电力试验研究所的试验大楼，但是，可以在东风路与梅花路交接处划一块地皮给你们。”峰回路转。尽管那

1979年，张福堂（左一）同省港电力联网工作人员在香港粉岭变电站合影

块地皮当初全是菜地，可偏僻了，我们还是高兴得不得了。

我把那块地皮量了又量，觉得面积不够大，只能建试验大楼主体，不能建高压试验大厅。于是，我又给上头打报告要求增加地皮。上头批准了。后来，在施工进程中感到还是不够用，又再次申请增加地皮，同样获得了批准。

1985年，盼望多年的电力试验研究所的基地终于建成。而今，广东电网的办公大楼，正是当年电力试验研究所的基地，原先的高压试验大厅改建成了体育设施。

基地建好后，我们就全力以赴地开展科研工作，自行研制了冲击电压发生器、高压发生器等关键设备，开展500千伏、220千伏的部分试验。

在建设基地的同时，我们“招兵买马”。电力试验研究所人员从刚恢复时期的70多人到1985年增加到近300人。他们当中，既有科班出身的，也有来自基层的技术骨干——这是试验、调试和科研的需要。当时很多人找我，想进电力试验研究所。我一直坚持专业对口、岗位需要的原则，挡了不少人，使所里形成了合理的人才结构。

有了基地，有了人才，就能不断出成果。我们搞的“CAT辅助解决大型电站锅炉结焦问题的试验研究”，获得1995年国家科技进步三等奖。带电测试这种新技术，当初只有东北、北京、上海、武汉的几个大所能搞，我们通过技术交流，在广东也搞了起来。飞机巡线，我们在全国率先运用，用的是从日本引进的红外线热像仪，最初是巡视广州到新丰江的线路，效果也很好。

从1983年起，电力试验研究所实行党政分开，我不再任所长，专职担任党总支书记，由党政一肩挑改为专做党务工作。1984年，党总支改建为党委，我被选为党委书记。在这个岗位上，我一直干到退休，足足二十三年。

在别人看来，党委书记是所里的主要领导，很有实权。我却觉得这是一副重担子。那时候，开展工作是以党委为“核心”呢，还是以法定代表人为“中心”，争论得很是“热闹”。有的企业党政之间关系还弄得很紧张，互不相让。而我认为，党政关系不好，其实多源于权力之争，只要领导者之间不计较权力，和谐融洽的关系就很容易建立起来。我同与我搭档过的前后两任所长——1983年到1993年的卢家煊所长、1994年到1997年的周良才所长——都合作得很好。我在工作中把自己定位为：思想政治工作的领导者、企业重大决策的参与者、行政领导工作的支持者、生产管理活动的监督者，尽可能做到不揽权、不失权、不乱用权，还有不忘责、不失责、不推责。当然，其中还有一条最重要的原因，就是我们对权力都看得很淡，相互补台。因为无论是所长还是党委书记，都是上级派来为企业服务的，是来带队伍的，是来把企业做大做强的，如果把企业搞得一团糟，党政之间争权还有什么意义呢？

举两个事例吧！卢家煊所长清华大学毕业之后，在浙江大学教热机，一直搞理论。我由于实践经验比较多，当了书记之后能协助所长抓所里的行政管理、生产管理。卢所长不仅不埋怨我“越界”，反而感谢我帮了他的大忙。周良才所长学的是高压专业，实践经验也比较丰富，他来了之后，我便不再抓所里的生产管理。1995年，上级规定动用30万元以上资金要经班子研究决定。周所长在我外出之际，花40多万元买了一辆进口奥迪车。我马上跟周所长交换意见，说不能违反上级规定。周所长接受了我的意见。从此，所里再也没有出现类似问题。

一个单位风气的好坏，跟领导班子的作风有莫大的关系，所谓上梁不正下梁歪，说的就是这个道理。“正人先正己”，我是书记，必须以身作则，从自己做起。为此，我很注意平日里的言行举止。比如外出开会，能步行就步行，能骑车就骑车，能坐公共汽车就坐公共汽车，尽量不用所里的汽车。有一年，我到党校学习一个月，天天乘公共汽车来回。到省局培训楼开会，如果只是我一个人去，我不要求派车接送，自己步行来回。

所里规定私人用车要付钱。有一次，我买家具，用了所里的车，我照章付钱时，办事人说，钱不多，就算了。我说，这是所里的规定，领导应带头执行。如果不执行，规定不就成了一纸空文吗？

老实说，那些年送礼上门求我办事的人不少，送的礼品几十元的、一两百元的、上千元的都有。每次，我都要说服对方收回礼品，说不能办的事，送礼也不能办；能办的事，不送礼也能办。我收了你的礼品，能办的事也不好办。送礼人听得心服口服。对于那些当面不好退回的贵重礼品，我就登门退回去。1995年初，在对外交往中，我收到外单位送的红包和有价证券共计900元。我想，无功不受禄，收了不合适，就如数将这笔钱交给监察室处理。其他人员知道后也都如数上缴。

从1997年3月离开自己的岗位正式退休到现在，一晃眼又十几年过去，我已是七十八岁的老人了。回想一生所走过的路，从辽宁营口到南方的广州，从西村发电厂到电力试验研究所，从普通员工到领导干部，我感到自己基本上都能够按照“正、度、勤”这三个字去做，堂堂正正做人，认认真真工作，坦坦荡荡生活，每一步都走得踏实和坦然。我有一儿一女，他们都已成家立业，但经常来看望我们。闲聊期间，我也经常给他们讲讲做人的道理，他们在自己的工作岗位上都能够踏踏实实，干好本职工作。现在，我身体健康状况还算不错，担任着电科院离退休党支部书记，定期组织老党员活动、开会，谈一谈国内外形势，议一议企业发展状况，说一说老人养生之道。我每天基本上是上午出门参加各种文体活动，下午在家看书报，修剪栽培花草。《广州日报》《秋光》是我必看的读物。我每个星期都跟夫人翟润珠到广东电视台的紫薇宫去跳国标舞。我喜欢唱歌唱戏。2014年，所里举行退休人员春节联欢晚会，我登台演唱现代京剧《智取威虎山》《沙家浜》的唱段，跳拉丁舞。我有时也练练书法，写写东西，最近我将自己的退休生活写成一篇文章，刊登在所里的刊物上。可以说，我退休之后，日子也过得挺充实的。

（张福堂口述/王德鸿整理）

# 我这一辈子

**陈良生**，男，1937年出生，广东汕头人，原广东省电力物资总公司副总经理。1956年高中毕业后，先后在武汉电力基建局43工程处、国家水利电力部成套设备局（借调）、广东省电力工业局、广东省电力物资总公司等单位工作。1997年退休。

人这一辈子，就像一趟旅程，沿途有看不完的春花秋月，也有数不尽的坎坷泥泞。虽然每个人的人生际遇不尽相同，但命运对每个人是公平的，它会为你提供很多种可能，很多种希望，我认为，这当中选择固然重要，但更为重要的是你选择后做出过一番怎样的努力，因为它将直接决定你的人生结局。

我的人生旅程是在七七卢沟桥事件的枪声打响两个多月后开始的，1937年10月1日，我出生在岭南滨海小城——汕头市福平路的一户普通人家。

当年父亲在一家商会里担任顾问，母亲是传统的家庭妇女，一家人有吃有穿，生活虽不算宽裕，却也不至于拮据。1939年6月，日寇攻占汕头，烽火连天，家人带着我逃到澄海县一个叫冠山村的小村庄避难，生活开始步入艰辛。那时，我两岁左右，很多细节已经记不清楚，依稀记得的是我母亲背着我淘米做饭的情景。前年，我重游故地，回到那个给我的童年留下了难忘记忆的小村庄。以前的老房子还在，可周围早就没有了我孩提时代生活过的印记，真是时过境迁，物是人非了。

后来，我回到了汕头上小学、初中。我初中是在汕头华侨中学就读的，同学中有很多印尼、马来西亚等东南亚华侨、华人子女。跟拘谨的国内学生不一样，他们大多性格开朗，能歌善舞，周末经常组织唱歌跳舞、乐器演奏等文艺活动。我也跟着他们一起边玩边学，在台上弹手风琴，还学着唱一些南洋民歌，这样小打小闹竟也学会了弹钢琴。到我参加工作后，我在公司里唱歌也是小有名气的，20世纪70年代末，我在广州市职工业余歌唱比赛中还拿过奖，得了一块大镜子，放到了基建公司的广播室。我的性格比较外向，也喜欢在台上“露两手”，可能就是当年在华侨中学练出来的胆量和特长。到现在，我家客厅里还摆着一台钢琴，我时常自弹自唱，给生活增添了无限乐趣。

在学期间，除了课余活动之外，我读书算得上用功，成绩处于中上游，能拿一些奖学金，贴补贴补生活。

到了1954年，我考上了高中，读的还是那所华侨中学。当时，考上高中就如同今日考上大学一样，是一个值得庆贺的事情。可惜福兮祸之所伏，那一年，我父亲因病去世，我们一家就此陷入一片愁云惨雾之中。我家有兄弟姐妹

5人，父亲是家里的顶梁柱，母亲只是一个家庭妇女。父亲溘然长逝后，家里断了经济来源，生活每况愈下。

天无绝人之路。父亲去世之后，我家幸亏有一些旅居新加坡、泰国等东南亚的亲戚，如舅舅、姨妈等，他们知道我们一家妇孺生活无以为继，便时常接济我们。而我的二姐当年刚参加了工作，也能帮补家用。这样，家里的日子才算勉强过得下去。特别是20世纪60年代的三年经济困难时期，也亏得有海外亲戚托人带回些面粉、虾米、白糖、猪油等食物，否则，我们恐怕真的熬不过去。

1956年7月，我高中毕业，考上了东北石油学院，由于路途遥远及经济等原因，没有去就读。恰好这时电力部门在汕头招工，我便报名应试，结果分配到位于广州的武汉电力基建局43工程处。记得我们当时录用的有几十个人，凡是高中毕业生都分配去搞技术，于是，我做了火电厂管道安装技术员。

从粤东到省城在当时来讲，算是远行了。跟先锋派作家余华的小说《十八岁出门远行》的主人公一样，我十九岁就只身出门，由地处韩江三角洲的汕头，来到珠江三角洲的省城广州谋生，其间跋涉四五百公里。不过，我比余华书中的主人公早出生三十年，在那个青春时代，年轻的心一样明快，但是社会环境却有天壤之别。

经过一段时间培训之后，我便在广州发电厂正式上岗了。当时厂里正在扩建一台民主德国（东德）V.E.B制造的1.25万千瓦发电机组，我跟随东德专家一边学习一边工作。1958年，中国从苏联进口了一批高温高压电站机组，其中有2台计划安装在茂名热电厂。茂名热电厂是苏联援建我国156项工程中的一项，也是列入了国家“一五”计划的重点工程。那时，我被安排跟随苏联专家负责茂名热电厂管道的安装工作。

谁料国际政治风云变幻，1960年中苏关系破裂，苏联撤走了在中国援建的所有专家，并停止向我国供应援建工程的设备和零件。当时，包括茂名热电厂在内的一批火电站，由于缺少必要的管件、阀门而无法继续建设。为此，水利电力部相关部门专门成立了管件阀门工作小组，程传涛、姚学行和我为核心成员，专门研究解决高温高压管件的生产和供应问题。于是，我从广东借调到北京的电力部上班，不过，工作关系仍留在原单位广东省电力基建公司。

那段时间，我满腔热情投入工作中，为搜集资料、反复实验，常在北京、上海、哈尔滨等地来回奔波。当时的哈尔滨锅炉厂，有全国唯一可对管件进行1 000多摄氏度高温热处理的锅炉，所以经常要去那里做实验。作为南方人，在冬天的时候去哈尔滨，第一次感受零下三四十摄氏度的气温，那真的是冷到骨头里去了。不过好在那时候年轻，身强体健，慢慢也就习惯了。经过一段日子的研究，凭着对专业技术不断钻研的一股劲头，我们最终攻克了技术难关，茂名热电厂1号机组也得以在1961年3月27日正式竣工投产。那时，水利电力部还专门发函到我的单位，特地对我为电厂建设所做的工作进行了表扬。由于当时电力系统中掌握管件、阀门技术的专业人才不多，我和几位同事因此被戏称为“权威人士”。那年我才二十出头，这个事情对我而言，是极大的鼓励。

此后，我一直被借调到北京的国家水利电力部成套设备局工作。刚开始是跟着部里的老专家做高压管件的相关试验，后来试验成功，高压管件开始量产。由于我对高压管件生产的工艺、技术比较了解，所以被留在部里的成套设备局，专门负责审核各地高温高压电站建设单位提交上来的设计图纸。换句话说，建设单位提交的资料，必须经我审核通过之后，才能到各地物管处领取物资。

这一干就是十多年。说实话，借调到国家水利电力部工作这段时间，让我学到了很多，受益匪浅，不但拓展了视野，提升了能力，而且为我日后从事物资采购工作积累了丰富的人脉。不过，那时候工作很忙，忙得我把自己的婚事也耽误了，直到1972年我才结婚，当时已经三十五岁了。我的妻子叫肖宝琴，与我结婚时在汕头工作，后来调至广东电力工业局物资总公司工作直到退休。

新婚燕尔没几天，我又返回北京上班。当时，水利电力部里相关领导很关心我，借了一套房子给我住，让我的妻子休假时可以来京团聚，我的儿子就是在那段时间怀上的。1974年儿子出生后，我给他取名带个“京”字，就是为了纪念那段岁月。

1976年“文化大革命”结束后，我回到省电力基建公司上班。1978年，广东省水利电力机构再次分设，我被调到省电力局物资处，不久后，便担任副科长，主要负责电厂送变电工程所需的设备、材料的采购、催交和调配，之所以这样分工安排，据说是因为我有在水利电力部工作十几年的经历，在北京认识的人比较多，办事方便。

改革开放初期，电力设备材料十分匮乏，且由国家统一调配，分配指标与实际需求相差很大，根本无法满足生产建设需要，这导致各地物资公司四处到厂家“抢”物资。这时候，我在水利电力部待了十多年所积累的人脉的作用发挥出来了，很管用，别人经常碰到的“门难进、脸难看、事难办”的情况，在我这里却少有发生，几乎没有。相对而言，在抢购物资时，有了方方面面的关系和各路好友的照看，我通常都处于相对有利的位置，事情好办多了。

那段时间，我一年到头大部分时间在外出差，都是到北京、四川、上海、哈尔滨等地四处奔走。妻子说我一年有三分之二的时间都不在家，家对我来讲就像是旅店。说的也是，家里的柴米油盐和儿子的吃喝拉撒，我几乎都没管过，全由妻子“承包”了。

1986年，国家水利电力部计划在广州成立水利电力部华南物资管理处，准

20世纪80年代末，陈良生（右）在哈尔滨与核动力专家彭士禄合影

备调我到该处负责，但省电力局领导不同意放人，就破格把我提拔为副处级干部，任省电力物资公司副经理。再后来，省电力物资公司改革为省电力物资总公司，我担任副总经理，分管物资业务工作。

1987年7月，发生了一件我至今记得一清二楚的事，这是由于自己疏忽大意造成的。有一天，公司的一名同事拿着一张拨款单要我签字。他说，有个供货商要坐飞机去外地了，我们公司要给他结算一笔数额不小的货款，还拿着机票给我看。这个事情，本来需要公司的经理签字的，而不归我负责。因为经理不在公司，所以同事便找我代签。当时，我也没有多想就签了字。结果，货没到，款却已经付了，而那个供货商从外地回来之后说自己没有钱，没办法供货了。没多久上级追查起这个事情，我详细说明了情况，尽管没有受到处罚，但教训十分深刻，令我终身难忘。

众所周知，那时候国家对物资管理实行价格“双轨制”，即对同值的标的物实行两种不同的定价机制，一种是计划的垄断性定价，另一种是市场定价。当时，有权力的官员和有关系的商人将计划内商品卖给黑市，从中赚取差价，“官倒”和“倒爷”正是这种背景下产生的。说实话，那时我认识不少政府官员，人脉较广，有能力有关系弄到一些计划定价的物资。但我知道，这种“本事”只能用在正途上，违法乱纪干不得，这是我给自己划下的一道“红线”。记得1989年，我老家汕头建一条电力线路急需一批导线，当时尽管市场上并不缺货，但售价高达20 000元/吨，而国家计划定价为5 000元/吨，两者价格相差3倍。该市供电局的领导找到了我，让我想办法解决。后来，公司派我到电力部相关部门协调，结果近千吨导线以计划定价成交，为他们节省了一大笔资金。

进入20世纪90年代，电力物资供应形势发生了很大的变化，一方面随着国家物资管理体制的改革，统部管物资品种逐渐减少，到1990年，仅有钢材、汽车、电站三大主机、导线、电缆等少部分物资，须经省电力局物资公司向省计委和电力部申请订货，其余均由各单位自行通过市场采购解决。另一方面由于市场经济的深入推进，电力设备、材料生产厂家逐渐增多，物资由供不应求变成供过于求。过去，采购电力设备、材料，都是我们到处“求爷爷告奶奶”，有求于厂家。后来，机电产品变成了买方市场，一些厂家还会主动找上门来推销他们的产品。1991年，沈阳变压器厂的党委书记亲自率队到广东召开产品推介会，与我见面时，出乎意料地客气，“希望支持”“多谢关照”之类的好话说了一大堆。而在此之前，像他们这类人物，我们这些级别比他低很多的人，要想见他一面，门都摸不着。真是“三十年河东，四十年河西”“风水轮流转”，我想，凡是做过采购的人，都会感慨万千。

1992年，邓小平发表南方谈话之后，改革开放进程加快，经济建设提速，市场竞争更加激烈，供求关系变化之快前所未有。在此期间，电力物资供应体制管理改革在“摸着石头过河”中出现了一些混乱。有的单位把物资部门取消，划归多种企业，出现了加价把物资卖给主业的现象；有的则把物资采购权层层下放，车间采购，班组也采购，谁有权谁采购，失去了规范和监督，造成质次、价高、周转慢等问题。我从省电力局了解到，广东一些大中型单位千瓦工程综合造价，1988年是2 131元，而1994年已上升到4 159元，几乎翻了一番。其中物资设备占了工程建设资金的70%，是造成许多电建工程概算严重超支的“罪魁祸首”。而省电力物资总公司的利润也直线下滑，由盈变亏，1994年亏损达到137万元，这是历史上从未有过的事情。

1995年，陈良生（右一）与单位领导班子成员在一起研究问题

1997年，陈良生到日本三菱公司本部考察时留影

这种管理混乱的现象，引起了上级部门和领导的高度重视。1995年4月，省电力局为此专门召开了全省电力系统物资工作会议，分管基建物资的刘仲云副局长也多次找省电力局物资总公司总经理罗晋金和我谈话，他说“目前非主渠道比重太大，中间层次多，价格失控，库存上升，缺乏监察和审计，这是当前电力物资管理比较突出的问题”，又说“改革的目的是搞好，不是搞乱，必须尽快规范采购”，要求我们负起责任来，采用切实有效措施，尽快扭转局面。

此后的几年间，根据上级的要求，我和我的团队，在省外跑，跨长江过黄河，联系厂家洽谈业务，充分发挥电力物资总公司的主渠道作用，集中规模优势，维护企业利益；在省内跑，从珠三角到粤东西北，加强对省电力系统直属单位物资供应和管理的组织、协调、监督和指导，很快就取得了成效。1995年，省电力局物资总公司为湛江电厂二期工程的钢材供应3 598吨，金额1 100多万元，合金管830吨，金额2 800多万元，有力地支持工程的建设。1996年至1997年，我们与省电力局有关处室和电力建设单位，联合对湛江电厂二期、韶关电厂10号机组、连州电厂一期等工程设备和大宗材料进行招（议）标采购，订货总金额68 510万元，合同订货价与投标报价相比节省6 483万元，降价幅度为9.4%。同时，省电力物资总公司也实现了扭亏为盈的目标，并逐年走上良性循环之轨道。

1997年11月，我退休后不久又被公司返聘回去，做的仍是物资业务这一摊工作。返聘结束后，我和老伴就赋闲在家，日子一直过得轻松舒坦，有时弹弹钢琴，唱唱歌，听听轻音乐，有时出去旅游一下，或者回汕头老家走走，看看风景散散心。

如今，我已是一个白发苍苍、腿脚无力的老人。去年，我做了一个心脏手术，现在恢复得还可以。生病做手术期间，看到儿子一个人为我的事忙前忙后，我心里忽然觉得有些许遗憾：自己只生了一个孩子，太少了。因为我儿子出生那时候，国家还没有实行严格的计划生育政策，一般家庭都生有好几个子女。我们夫妻俩没有选择再生育，为此母亲不知埋怨过多少回。说实话，以前我倒没觉得有什么不好，现在看来，如果当时再生多一两个孩子，现在儿子就不会那么孤单，有什么事情，兄弟姐妹之间可以在一起商量商量，一起分担分担。

我们这一代人，工作大多很稳定。回望我的职业生涯，前半节在电力技术领域忙活，后半节在电力物资领域打拼，一直都在与“电”字打交道，就像输电铁塔上的一颗螺丝钉，一经拧上就咬合了四十多年。总结自己的一生，我没有取得过什么大的成就，只是扎扎实实做好分内事而已。有时候我在想，如果

2013年，陈良生与妻子、孙女在广州文化公园合影

当初我选择去东北石油学院读大学，自己的一生又将会是一番怎样的际遇、怎样的风景呢？不过，人生没有假设，时至今日，我可以肯定地说一句，一辈子这样走过来，有风有雨，有喜有悲，但无悔。

（陈良生口述/朱浩整理）

# 行走山水间

**吴昌宏**，男，1938年出生，广东丰顺人，原汕尾电力工业局副总工程师。1964年毕业于天津大学，先后在广东新丰江水电厂、南水水电厂、泉水水电厂、汕尾电力工业局等单位工作，长期从事发供电生产技术和企业管理。2000年退休。

我的家乡在现在的梅州市丰顺县黄金镇。那是一个偏僻的山区小镇，交通很不方便，当时全丰顺除县城有一条从揭阳到兴宁的过境公路外，其余各乡镇都是些羊肠小道，走乡过镇靠的是两条腿，运点货物靠的是手拉肩挑。

路不通财也难通，山里人家大都很穷，我家也一样，过着食不果腹的日子。我出生于1938年2月，在家里排行老大。随后几年，三个妹妹和一个弟弟相继出生，连同祖母一共八个人，一家的生活重担压在了父母亲的肩上。当时，父亲做的是贩卖猪崽的生意，就是从这个村买些小猪崽挑到那个村去卖，赚点差价。如果卖得顺利，还能赚到一些买米的钱，每天每餐只能放一斤米去煮稀饭，不然，全家人就只能饿肚子。即便这样，生活仍难以维系，经常是有一顿没一顿的。有时候，母亲煮稀饭时发现米缸里又没米时，就叫我到邻居家去借，因为她不好意思再去了。

客家人向来比较重视教育，再穷也要千方百计让孩子读书，而我又是当时家里唯一的男孩，八岁时便被父母送到乡村小学去念书识字。学校离家很近，学费也不贵。小学毕业后，我以为读书就到此为止了，因为初中只有远在大山外40公里的县城才有。在家里待了一年后，镇工商联合会的秘书曹里香知道我成绩好，就劝我去考初中。碰巧在1952年丰顺县第一中学（即现在的丰良中学）进行全县统考招生，并有史以来第一次在黄金镇设考场，得到这个消息后我喜出望外，当即报考并顺利考上该校初中部。读初中时，贫困家庭的孩子可从学校领到助学金，一等8元，二等6元，三等4元。我的家庭成分是小贩，拿到了三等助学金。

匆匆过了三年，我初中毕业报考高中时，却意外落榜了。我心有不甘，复读一年再考，终于如愿。后面几年，我发愤读书，狠下了一番功夫，成绩一直名列前茅。1959年，我以优异的成绩考上了天津大学。当时和我一同考上大学的还有三个人：刘羽辉、刘兴艳和彭惠清。他们分别考上了北京钢铁学院、华南师范学院和广东师范学院。

我是黄金镇有史以来第一个考上大学的孩子，亲朋好友纷纷跑到我家来祝喜道贺，家人更是高兴得合不拢嘴。那时我父母都已被安排到镇里的合作饭店工作，父亲每月工资23元，母亲24元，刨去一家六口人的生活费，哪里还有剩的！为凑足我北上的费用，父亲还向镇供销社的陈海钦主任借了90元公款。记得临走的那个晚上，父亲把我喊到身边，一遍遍嘱咐我，一定要珍惜机会，好好读书。母亲则一边为我准备到北方穿的冬衣，一边叮嘱我要经常给家里写信。

那时候读大学，一般来自农村的孩子都是不需要交纳学费的。到天津大学入学的第一天，系里的一位领导——姓名我现在都记不得了，他知道我是从广东农村来的，就给我开了一张每天可以免费到学生食堂吃饭的证明。后来，在评定贫困助学金等级时，又给了我一个“甲级助学金”。于是，我每月有伙食补助费22元，生活补助费4元，春夏秋冬学校发四季的衣服和鞋帽。这些，让我的大学生活有了保障。说实话，来之前我连做梦都不敢想。

天津大学前身为北洋大学，始建于1895年，是中国第一所现代大学，素以“实事求是”的校训、“严谨治学”的校风和“爱国奉献”的传统享誉海内外。“花堤蔼蔼，北运滔滔，巍巍学府北洋高”，张太雷、马寅初、徐志摩等无数先贤，“两弹一星”功臣吴自良、姚树人，香港实业家荣智健等均是从这里走出去的。能在这所名校求学，秉烛夜读，我备感幸运，十分珍惜。在校五年，我读的是电机工程系电力系统自动化专业，执教的都是些知识渊博、治学严谨、生活简朴的老师，我至今记得的就是孙雅明老师，他讲课条理清楚，深入浅出，而且对我们言传身教，倾注了许多心血。他总是说，希望学生青出于蓝而胜于蓝。他们的一言一行，让我由衷敬佩，也让我受益终身。

1964年7月，从天津大学毕业后，我又回到了广东，被分配到新丰江水电厂工作。

新丰江水电厂位于珠江水系东江支流新丰江下游亚婆山峡谷出口处。1960年10月25日竣工投产。我去的时候，水电站装有2台机组共14.5万千瓦，正在计划建第三台机组。留给我印象最深的是新丰江水库，大坝上“新丰江水电站”几个大字是当时的省委书记陶铸题写的。站在大坝上，向前可眺望不远处的河源县城，后面则是宽阔的水库，碧波万顷，满眼青翠。现在改称万绿湖了，成了旅游区。

入职后，我被安排到运行车间实习。那时候，实行“师带徒”制度，负责带我的老师傅叫张恕。然而，没干多久，我就有点儿不耐烦了，觉得自己好歹是名校出身，读了五年大学，现在却在这里做些运行记录，或者监视表盘和发电机运行情况之类的活，无疑是大材小用。而且是四班倒，昼夜不分，让人很不爽。有一天，我碰到厂里的生产技术科科长孙均，我就跟他说在运行车间值班没什么意思，又问能否调到他那里去工作。科长拍拍我的肩膀说：“年轻人，不要怕苦，在基层班组锻炼锻炼对你有好处，如果你现在就到生技科，对下面情况不了解、不清楚，譬如我们厂房的水轮发电机组、继电保护、变压器的名牌、参数都不知道，甚至一些常用的生产设备放置在什么地方都一无所知，你怎么能解决生产中出现的问题？”我仔细想了想，觉得也是，做任何事都必须理论联系实际，没有吃过梨子，你怎么会知道是酸是甜？自己太浮躁了！

说实话，科长的教导对我的影响还是挺大的，此后，我便沉下心来，踏踏实实地学点东西，认认真真地琢磨点事情。第二年，实习结束我转为运行值班长后，有一次值班时，突然“嘭”的一声巨响，把我们吓了一大跳，发电机跳闸了。我和同事立即跑去检查，发现是机组的过压、过速保护动作。好在我们平时训练有素，做过事故演练，立马根据发电机甩负荷的运行规程做出处理，很快就恢复了发电。这是我参加工作后第一次单独处理运行故障。

1966年，“文化大革命”的浪潮也席卷到新丰江水电厂。当时厂里的群众分为两派，一个叫“红旗派”，另一个叫“东风派”，由于对问题的看法不同，往往互不相让，争论不休。有些事情现在回想起来都是很可笑的。例如，有一次全厂开大会，要两派都派代表发言。但哪派先发言却成了问题，因为有人说谁是革命派谁就先发言。可谁会认为自己不是革命派呢，谁又能做这个裁判呢？结果你说你是革命派，我说我才是真正的革命派，双方争得不可开交，最终大会无法召开，干脆取消。后来，为了保证机组正常运行发电，上面就派军队进驻新丰江水电厂，实行军事管制，不允许任何造成电厂停止生产的事情发生，甚至规定上班时间两派的人均不准谈论与生产无关的问题。谁违反了这些规定，就会被严肃处理，这样秩序才逐渐恢复，生产才得以正常进行。我是学工科的，政治思想水平有限，分不清谁是谁非，搞不懂谁好谁坏。有人劝我说，你不懂就不要参加了。于是，我两派都没有参加，做了一个“逍遥派”。

1969年9月，广东省电力工业公司将我调到位于韶关乳源的南水水电厂，做了五年的运行值班长。如果你问我在这段时间有什么长进的话，我只能说在工作方面更为成熟老练，掌握了不少操作技能。比如发电机开机后与电网并列运行的手动并列操作，这项操作有一定难度，要求油开关的合闸脉冲发出的导前时间（或导前角）与油开关的合闸时间相等，只有这样，才会使合闸时其冲击电流等于零，才能保护发电机不受冲击损害。而这发电机又是电厂最核心、最贵重的设备，为确保可靠安全，当时规定只有电气班长和运行值班长才能进行操作。所以那几年，我多次执行过这项操作，从未出现过差错。

1974年9月，我离开了南水水电厂，调到泉水水电厂担任安全监察员，说是为了加强那里的技术力量。

这一年，我结婚了，三十六岁，有了一个属于自己的家。为什么那么晚才结婚呢？这里我给你说一下：我的家庭成分是小贩，自己又是属于被称为“臭老九”的知识分子，条件好的女同志都不愿嫁给我。而我呢，也不敢娶比自己出身还差的人做老婆，在那个“以阶级斗争为纲”的年代，两个出身不好的人结合在一起会有很多麻烦的。再就是农村户口的我也不敢要，因为户口牵涉到粮食指标、住房分配、子女上学等一系列问题。就这样，我的婚事便一拖再拖，给耽搁下来了。直到我调到泉水水电厂工作不久，才有老乡帮我介绍认识了曲江县马坝镇学校的老师邱新英，经互相了解后结成了夫妻。一开始是夫妻分居，生活颇有不便。待我儿子出生后，家庭更是难以照料。后来，还是领导重视照顾，把邱新英也调进了泉水水电厂。

泉水水电厂建于20世纪70年代初，在水电站高压输水管道的设计施工中存在严重质量问题，1974年4月，泉水水电厂停止发电。经检查，发现高压输水管道大范围严重屈折破坏，总长204.2米，并有3处钢管断裂。后经修复加固，同时更换了质量不合格的4台发电机组，分别于1980年2月、3月、4月和11月投产。

这4台更换后的单机容量为6 000千瓦的发电机组，在运行过程中，还是经常会出现厂用电源停电、烧坏水轮机组轴瓦（往往都是4台发电机轴瓦同时烧掉），从而导致水轮发电机停运的重大事故。这对水电厂来讲可以说是致命的，不但需要耗时耗力地停机检修，而且水库水位会因此不断上涨，不得不开闸放水，造成发电损失。

1983年，水轮发电机再次出现故障，问题到了非解决不可的程度。为此，领导要求我这个本科毕业的安全监察员研究解决方案。我首先针对电气方面的问题，采取对厂用电源进行改进的办法，即将强油泵的马达电源改由独立电源供电，避免因厂用其他负荷短路引发连锁反应，而影响强油泵马达的正常供电，使机组轴瓦正常运行。其次，针对机械方面的问题，我又配合机械设计员谭宋旧在地下厂房离发电机层5米左右高的地方，加装2个重力油箱储油，确保一旦遇上故障停电时，机组轴承仍能继续保持冷却润滑，不会烧坏轴瓦。

由于泉水水电厂建在南水河上游支流汤盆水上，离乳源县城较远，有20多公里，在这里工作的200多名职工加家属共计600余人，生活十分艰苦，去县城买米买菜买日常用品也没有车，交通很不方便。还有子女上学问题，一直没有得到很好的解决，职工大多都不安心工作，千方百计找门路要调走。当时流行这么一句话，叫作“先生产，后生活”，我觉得这种做法虽然有它特定的历史背景，但问题不能久拖不决，员工没有生活的基本保障，时间一长必然会人心涣散，队伍不稳。1985年，我被任命为泉水水电厂副厂长兼总工程师后，特别跑了几趟广州，到省电力局找有关领导和部门，向他们说明情况，争取支持。后来，省电力局同意厂里购置一辆客车用于家属往返县城购买日用品，同意在县城购置一万平方米地皮用于建设住宅楼，让有家有孩子的职工可以住在县城，这样，职工交通不便和孩子上学难的问题迎刃而解。

1993年，吴昌宏（后排右三）参加汕尾新地水厂电力技术验收鉴定会时，与参会人员合影

1988年9月，省电力局将泉水水电厂下放给乳源县政府管理，我便向上级申请留在省电力系统内工作。适逢汕尾成立地级市，省电力局便把我安排到汕尾供电局工作。

刚到汕尾供电局那会儿，单位正处在筹建时期，人员少，机构设置不健全，生活生产环境都很差，但大家都怀着一股干事创业的劲来工作。大约过了半年，才开始设立科室。我被安排到生产技术科任副科长，负责管理变电设备和输电线路检修、运行方面的工作。

汕尾这里原来是个海边小镇，电网结构薄弱。建市后，电网建设开始加速。当时，110千伏输变电工程的设计、施工均由惠州供电局负责，而启动验收则由我们局负责。于是，凡有110千伏变电站的启动、验收，我都会到现场指挥。1996年1月，我担任110千伏吉水门变电站启动投产的现场总指挥，做到一次启动成功。当然，这并不是什么高深莫测的技术，关键在于你是不是遵循电力系统的"家规"（即安全规程、运行规程等），是不是了解现场的具体情况，是不是做了细致的准备工作，做到了这些，我认为就不会出现太大的错误。

1996年，吴昌宏（后排右二）与同事到井冈山参观学习时留影

1996年6月9日，惠州至汕尾桂竹的220千伏线路跳闸，造成汕尾市区全部停电。主管生产的副局长便下令派人沿线逐一检查，但查了88个小时，仍未发现问题，连续三天没电用的群众怨声载道。鉴于此，我主动提出：向省电力调度中心申请将惠州至汕尾的220千伏线路进行摇绝缘。结果测量的绝缘电阻值低于规定的标准值（但其电阻值不会等于零）。根据多年的学习积累和工作经验，我认为该线路可以尝试进行一次送电。当时，汕尾供电局调度所要我在工作票上签字，我觉得自己一是有科学的依据和多年的经验做保证，二是作为管生产技术的负责人，不能逃避责任，就毫不犹豫地在工作票上签上“同意送电”。结果，线路开关合闸成功，送电正常，为陷入“黑暗”的汕尾市民送上了明亮的灯火。

进入20世纪90年代，全省电力系统逐步推行全面质量管理（简称TQC），各地市供电局也陆续建立了TQC小组。1997年，我参加了省电力企协在广州举办的TQC骨干培训班。通过学习，我认为，这可是个好东西，如能推广开来，对电网的安全生产乃至企业生存发展，都大有好处。回到汕尾后，我担任主讲，经常到基层去授课，向员工宣传，不遗余力地推进这项活动。但可惜的是，由于各种原因，这项活动直到我退休那年也一直没有热起来，效果也不明显。

2000年1月，我正式退休了。有道是：夕阳无限好，只是近黄昏。大自然的规律是无法逃避的，就算豪情仍在，我也不得不离开做了三十六年的工作岗位，放下肩上一直扛着的职责。现在，我每月领着4 000多元的退休金，两个儿子一个女儿都已参加工作，我也做爷爷和外公了。前两年，我回了一趟家乡，听说当年和我一起考上大学的刘羽辉，毕业后留在北京钢铁学院，“文革”结束不久就患肝癌去世了。还有考上华南师范学院的刘兴艳，五年前患上了老年痴呆症，也于2012年离世了。听后令人不禁唏嘘。值得庆幸的是，我现在的身体还算不错。有人说，只有保持心态平衡，多运动，注意饮食，人才会活得更长寿。如今我子孙三代，日子越过越好，我希望能健康活到百岁，多享享天伦之乐。

2000年，吴昌宏在汕尾电力工业局办公室留影

我已是年入古稀之人，但一直还有一个愿望。我的家乡梅州市丰顺县，有条韩江，1958年在做电力规划时，我就听水电勘察设计的专家说这条江可建一个大水电厂，因为韩江的水量比新丰江大多了，三层的客轮都能在江中行走。但不知什么原因，至今未建成。记得我九岁时，有一次水灾泛滥，我和父亲爬上屋顶躲避，亲眼目睹了洪水把邻居的房子连人一起卷走的惨象。现在到了雨季，韩江流域依然经常

发生洪涝灾害，老百姓依然深受其害，政府每年也要花大力气救灾。如果能在韩江修建水电站，既能控制韩江水患，又能发电造福百姓，那是多好的事啊。但愿这个愿望能早日实现！

（吴昌宏口述/彭玉勇、肖元整理）

# 春华秋实

**李定忠**，男，1939年出生，广东连州人，原连州市供电局副局长。1956年入职连县公私合营人民商场。1961年起，先后在连县人民电厂、连县机电安装公司、连县电机厂、连县供电所、连县石材公司、连州市供电局等单位工作。1999年退休。

连县，即现在的连州市，是我的家乡，是我生于斯、长于斯的地方。

我是在养父母家长大的。养父叫李克胜，毕业于陆军学校，之前是孙中山府邸的勤务兵，负责照料一代伟人和其家人的起居饮食。养母叫黄宝珠，是一个普通家庭主妇。孙中山逝世后，养父为躲避各派系斗争和内战，带着养母和两个女儿从广州逃难到连县，在县城租赁了一间15平方米的房子，开了个杂货铺维持生计。由于养父大养母十九岁，加上长期疾病缠身，养家的重担大部分便落到了养母身上。每天凌晨四五点钟天蒙蒙亮的时候，养母就会摸黑起床做糍粑、芝麻糊等，6点多就会出门卖生活杂货，从早到晚都在为家庭忙碌着。在我的印象中，养母是一个任劳任怨的女人，是一个尽心尽职的母亲。

在养父母家中，我排行第三，大姐李慧贤长我十岁，二姐李慧兰长我八岁。两个姐姐分别于1945年和1947年毕业于广东省女子师范学校。

关于我的身世，养父母只告诉过我一丁点零碎的信息：我是1939年出生的，原本姓张，父亲是个郎中，因为生活艰难，亲生父母在我还在牙牙学语的时候，就把我送给他们抚养。三岁的时候，我改姓李，取名定忠，寓意定要忠诚。除此之外，没有更详细的信息。养父母在世时一直没说，我也一直没问。因为我觉得，时世维艰，家境贫寒，养父母养大我不易，我没有必要节外生枝，徒添是非。

1946年我七岁时，家里送我到连县小学读书。说实话，我这个人脑子还算灵光，课本上的知识还有老师讲的东西，很快就学会了。没两年，一、二年级教材上的内容已不能满足我的求知欲了，加上认识了不少字，于是四处找书来看。恰好我家斜对面开有一间书店，我放学后便经常去那里左翻翻右翻翻，感兴趣的就席地而坐，抱着一本书看上老半天。我的读书习惯就是在那时候养成的。

我家旁边有条绕城而过的江叫连江，为北江支流，人称小北江。俗话说："靠山吃山，靠水吃水"，不少人就靠着这条可直通珠江的水路，做一些货物运输工作养家糊口，当地称之为"船家佬"。住在我家隔壁靠江边的就是这样一户人家，他家有六个孩子，最小的儿子叫小六子，跟我同龄，我俩特别要好。那年头，船运是连县比较吃香的行当，"船家佬"相对来讲手头也比较宽松，经常会从外面带一些“稀奇古怪”的东西回来。记得我九岁那年，有一天我放学后到江边小六子家里去玩，突然听到一阵美妙的歌声从船头传来，我循声望去，发现歌声竟是从一个类似机器的小方盒里发出来的，不禁大感新奇，呆呆地站在那里足足盯了十几分钟。后来我才知道，这个会唱歌的小方盒就是收音机，是小六子他爸从广州带回来的新“宝贝”。

我的两个姐姐毕业后都做了教师，1948年转到广州定居，仍然从事教育工作，并先后结婚生子。大姐经媒人介绍，嫁为填房，生了三个女儿，加上男方原有一个儿子，共有四个小孩。到了1949年，大姐李慧贤就读广东省南方大学，忙于学业，那时候，她已经生了两个女儿，连同大姐夫带来的那个男孩一同交给我养母来管带（大姐的小女儿出生后也是由我养母亲手带大的）。养母忙不过来，便要我中止学业，回来帮忙料理家务。那时候刚读了没几年书的我，心里纵有一百个不愿意，却也改变不了辍学的命运。因此到今天为止，我的学历也只是三年级，小学未毕业。

辍学在家的我，每天帮着养母挑水、砍柴、种菜，有时候还到镇上做一些搬运等体力活。那时候，我最大的生活乐趣，就是做完家务活后到书店里去蹭书看，尤其爱看与电有关的书。还有就是到小六子家去听收音机，其实当时我感兴趣的不是它的歌声，而是它为什么会唱歌。有一天，趁着主人出去，我禁不住好奇心，便“指挥”小六子拆装收音机，仔细查看其中的结构与零部件，不明白的地方就跑到书店去找书来看，一来二去，终于弄明白了其中的“奥秘”。养父母对我热衷于拆装收音机十分敏感，因为在解放初期摆弄无线电很容易惹上麻烦，极易被人扣上“通敌”的帽子。为这事，我没少挨过养父的“竹笋炒肉丝”。

然而，养父的“竹笋炒肉丝”也没能阻挡住我对无线电强烈的好奇心，除了看书自学一些无线电知识外，我还经常到修理铺买些废旧的灯座、灯泡等材料回家自己来摆弄。记得有一次，我在做直流电动机模型时，由于没有漆包线，我就拿塑胶软线来替代，结果当然是“以失败而告终”。我就是在这反反复复的尝试中，逐渐叩开无线电知识大门的，而且摸出了一些门道来。到了十五岁的时候，我已经可以把坏的电筒、电灯、收音机修理好了。慢慢地，我的"大名"逐渐传遍了小小的县城，连远在几十里路乡下的亲戚，也把家里的坏电器送来让我修。

1956年10月，国家推行社会主义改造，对我家的杂货铺统一按年息五厘进行赎买，并增加公股，成立了连县公私合营人民商场，主营销售柴米油盐酱醋茶之类的生活必需品，养父和我顺理成章成了商场的员工。原本店里将我定岗为售货员，后来发现我懂得电器维修，脑子也好使，又把我转为办公室通信员，负责电力维修、机器维修等其他杂务。

上班了，有了份正经职业，生活稳定下来了，在业余时间我便一头扎在书堆里，看书看得可以说到了废寝忘食的地步。最主要的是手头有了自己挣来的工资，钱虽不多，每月才18元，扣除生活费之外，我还挤出一两元订购《无线电》《电世界》《电子世界》等杂志来看。我给你说啊，这三本杂志从第一期至最后一期，我家里至今依然保存着。

记得十九岁那年，我在《无线电》杂志中首次接触到了"晶体管"这个名词，这种电压低、寿命长、耗电少、远远优于之前电子管的新型电子元器件，立即引起了我浓厚的兴趣。但当时大部分晶体管的型号都是日本制造的，在连县无法买到。我便想方设法托亲戚从香港买了6粒晶体管回来，3粒高频3粒低频，每粒要1元5毛钱。本以为花了9元就可以买下，没想到过海关时，还要按价100%打税，结果花了我足足一个月的工资，养父连骂我"不知所谓"。那段时间，我时常将家里的收音机电子管拆下，换上晶体管进行调试，乐此不疲。

在商场工作期间，我认识了日后的妻子劳艳华。她是和我同一年进入连县人民商场的，一直从事售货员工作。由于工种不同，我俩在工作上没什么交往，见面也就寒暄几句。机缘巧合，1960年，我和她都被抽调到照相馆门市部，我负责照明等技术管理，她则做些收费开票工作。朝见口晚见面的，交流多了，逐渐有了感情，我们就自然而然走到了一起。同年，我们登记结婚，组成一个小家庭。第二年，便有了我们的第一个儿子李明。又过了两年，我的二儿子李耀也出生了。

1961年，机缘巧合，有人得知我有电工方面的知识与技能，便把我介绍到连县人民电厂上班。这正合我的心意，一来可以真真正正地做一个电工，二来在电厂工作工资要高一点，可以帮补家庭。转到电厂工作后，我直接被定为电力一级工，负责低压线路等配电线路的配、修、装等工作，当时称之为“内线工”，每月31元工资。1962年，连县发电厂更名为连县机电安装公司，1964年又改称机电修配厂，我继续从事低压线路的维修安装工作。当时的连县电工很少，是个稀缺工种，加上工作量很大，那几年，我每天都是早出晚归，没日没夜地工作。

20世纪60年代中期，根据毛主席提出的关于“农业机械化”指示精神，全国加快了农机具制造业的发展。连县也不例外，机电修配厂抽调一批骨干，组织筹建连县电机厂，目标是靠自己的力量生产电动机、发动机等，以改变过去靠分配的被动局面。我是筹建小组成员之一，负责“跑设备”，换言之就是向上级申请刨床、钻床等生产农具的大设备。1965年底，连县电机厂成立后，我转向做电焊机生产工作，以及负责刨床、钻床等大型生产设备的日常维护工作，还要经常下乡进村，确保做到“农机修理不出大队”。

连县位于广东西北部、骑田岭之南，水资源十分充沛，加上地势高，特别适合建小水电站，但由于各种原因，水电资源一直没有得到有效利用。1970年，有一次省水电厅领导在县革委会主任夏龙池的陪同下，到连县来考察，见此情形，就批评道：“有水不会用，那流出去的水不仅是钱，更是人民群众可以用的电力资源。”连县人民政府连忙动员各方力量，开展小水电建设大会战，积极开发水电资源。

1971年5月，县政府一纸红文把我从电机厂调离，与从县水利局调来的何世光一起，“一个老爷一个兵”，成立连县供电所，隶属县水电局，何世光任主任。刚开始时，供电所可谓是一无所有，没有办公场所，没有办公桌，就连供电所的牌子，也是挂在水电局隶下的预制厂的门口，十分简陋与寒碜。

刚去供电所一个月，我就接到了第一项任务——负责完成双车水电站的并网投运工作。

双车水电站属于附城公社的集体电站，装机容量75千瓦。我下去一了解，得知电站基础建设已经完成，只是欠发电机组和线路把电力送出去。由于资金不足，购买发电机以后，根本没钱架设线路，加上当时物资匮乏，像电杆、钢材、导线这类物资也很难购买齐全。于是，我大胆地采用受电线路反向输出电源，利用食品厂的两条10千伏受电线路作为输电线路，反送电到食品厂的变压器，食品厂用电后再把多余的电力送上网。因为是首次采用这种方式输送电力，还闹出了一个小笑话：抄表员到食品厂的变压器台区抄表时，发现电流表倒转，计量出现负数。我们一听大惑不解，连忙请来了一帮专家研究，方知是由于双车水电站采用反送电模式，经食品厂变压器输出的电量多于本身使用的电量，故而才出现上述情况。

接下来是抓马面滩水电站的并网投运工作。我仍然采用反送电方式，把马面滩水电站发出的电力资源从水泥厂的线路送上网，使之于1971年9月顺利投产。由于之前所采购的电压互感器都是380/100伏的，不符合工程要求。那个年代物资供应十分紧张，重新采购显然来不及了，我们只好自己想办法解决。那一段时间，我就带着一班人没日没夜地加班加点，吃住全在工地上，绕线阻，绕线圈，把不符合工程要求的电压互感器绕成符合变比要求的380/220伏。有一天，我口渴时，没有去几公里外的食堂里取水，而是就近拧开水龙头张嘴就喝。结果没多久，我突然感到肚子一阵剧痛，接着眼前一片漆黑，不省人事。醒过来的时候，我已经躺在连县人民医院的病床上了。据医生诊断，我得的是一种细菌感染的急性肝炎，病因初步确定为喝了受污染的水。当时身边除了家人外，连县工业部部长齐国顺也在旁边。他握着我的手说："小李，你啊，是累倒在工作岗位上的，是工伤，首先我代表组织感谢你的辛勤付出。这次住院的费用组织包了，你安心养病。另外，我们每日提供5毛钱的肉票，让家里人买些肉来给你补补身子。"说完，还对医生说，如果用药有困难，一定要想方设法从广州买过来，治好我的病。听了这番话，我觉得齐部长已经把我这个半路出家的电工按照知识分子来对待，心里十分感动。

1972年8月，连县供电所接管连阳发电厂移交的10千伏及以下线路，结束了水电站反送电并网发电历史。随后几年，我还陆陆续续地参与了红旗、坑仔口、大龙、水口等一批水电站的建设。其间，印象比较深的是罗村洞水电站。

为什么说印象比较深呢？因为这里头有一段小插曲、小折腾，我说给你听听：1978年，连县开工建设一个引水式水电站——罗村洞水电站，计划装机4台，容量为3 100千瓦。起初，县里指定我为水电站工程总负责人，而且还印发了文件。正当我挽起袖子准备大干一场的时候，不料，县里却绕开我去找潭岭水电站的工程师过来帮忙，并私底下把我的岗位转为工作副队长。原因据说是连县首次建设这样的引水式水电站，技术复杂，怕我不能胜任。我得知消息后心里觉得很不是滋味，认为这是对我工作能力的不信任，当场表示不想担任这项工程的任何职务，遂告假回家休息。不过，邀请潭岭水电站工程师过来援建一事最终还是泡汤了。原因是他们提了三个条件：一是不能保证水电站10月1日发电；二是县里要落实100元工程奖金；三是工程结束后，要解决参建技术人员的户口“农转非”问题。三个条件缺一不可。县里答应了前两个条件，但第三个条件没有谈拢，因为连县政府没有户籍变更的权限。此事绕了一圈，又回到了原点。三天后，曾在我大病之时帮过我的县工业部齐部长找上门来，希望我重新“出山”，并让我“官复原职”，解开了我心里那个疙瘩。于是，我带着黄建松、李华生等徒弟五人，全身心地扑在工地上，日

1978年，李定忠在连县与家人及亲戚合影

1985年，李定忠（后排右二）在连县和徒弟合影

夜赶工。罗村洞水电站最终在9月27日正式并网发电，比计划提前了3天。经此一役，县里对我们更是刮目相看，并将原许诺给潭岭水电站技术人员的100元工程奖金奖给了我们。此外，我还拿到了每天4毛钱的外勤补贴和4毛钱的带班费。这在当时来说可是一笔不小的收入。

1985年，在养父李克胜去世十年后，养母黄宝珠也因患乳腺癌医治无效离开了我们，享年七十六岁。说实在话，我从内心里还是很感激养父养母的，感激他们在苦难的岁月中抱养了我，把我拉扯大，给了我一个家，尽管生活艰难，一路坎坷。我觉得，无论如何，没有他们，就不可能有我的今天；没有他们，我都不敢想象自己会有一个怎样的人生。愿养父养母在天上永乐无忧。

同年，我调到了县供电所下属的电力工程队工作，担任队长一职，主要负责连县各类工厂、住宅电力安装业务。当时有两个难题摆在我面前：一是职工队伍素质低下。当时整个工程队共有51人，大部分都是“文化大革命”期间耽误了学业的职工子弟，对电力知识知之甚少。二是工作效率不高。由于缺乏奖勤罚懒制度，吃“大锅饭”，大家干多干少一个样，因此职工出工不出力的现象十分普遍。

为此，我首先是抓员工业务技能的培训。这项工作前后花了三年时间，我和外线班的班长黎书文两人充当“教练”，每个工作日都带着这些职工子弟“边学边做”，手把手教授爬杆、紧线。那时候，时兴“师带徒”，我也收了蔡和、陈展文等几个徒弟，倾囊相授。我收的徒弟后来都发展得不错，蔡和当了连州供电局局长，陈展文在深圳搞电力研发。现在每年春节，徒弟们都会来看我，谈起以前的事，说最怕的就是我在工余闲聊时，会突然提问题要求他们作答。他们常常被问得哑口无言，心里总是很紧张。同时又说，也许正因为如此，他们才能在电力这条路上越走越好。其次是抓员工工作效率的提升。为了激励员工，我每月从工程队盈利中拿出40%，按照个人的岗位等级和外出工作情况，进行公开评比和奖励。我四处宣扬说，所有人都是管理者，员工的每一份努力都会在月度奖励中体现。这样，员工除基本工资外，还能拿到一笔奖金，工作积极性迅速提升，工作效率大大提高。半年下来，工程队盈利达到10多万元。

1988年，因工作需要，我被抽调到连县石材公司工作了六年，主要负责维修一些国外引进的石材压制电力设备。其间，我有幸被派到意大利去参观考察。在国外走了一趟，打开了我的眼界，使我对电气自动化设备有了更深的认识，这对我日后推动电力技术进步也产生了很大的影响。

1994年，连县撤县设市，连县供电局改为连州市供电局。我调回供电局担任副局长一职，分管安全生产业务。回来后，我发现供电局在推动科技进步上像个“蜗牛”，行动非常缓慢：一方面是客户端电压低，故障停电频繁；一方面却是将行之有效的一些新设备、新材料、新技术、新工艺束之高阁。例如氧化锌式避雷器，这在周边地区早已广泛应用，但是我们仍然沿用老式避雷器。记得当时我对生技股大发雷霆，训斥他们年纪轻、脑袋老。于是，我要求他们重新去学，大胆去干，着力推进设备和技术改造。同时，还对职能部门进行改革，把生技股拆分为输电部、农网配电部和生产技术股，明确分工，优化资源配置，实现专业化管理。在大家的努力下，连州市电网科学化水平有了明显的提升。

1999年3月，也就是在我退休前两个月，我和孙子一起玩放烟花，不料被有质量问题的烟花射伤左眼，造成左眼永久失明。现在随着年岁增高，我的右眼视力越来越差，行动也越来越不方便了。好在有家人的悉心照料，我的退休

2012年，李定忠在家里的“电子工作室”留影

生活倒还过得有滋有味。大儿子李明在连州供电局从事电力计量工作，育有一个儿子，现在清远电创集团工作。小儿子李耀在佛山自己开机械加工厂，育有一个女儿，也会经常回来看望我们老两口。还有我的两个姐姐：大姐李慧贤在广东省南方大学毕业后做了公务员，已于1995年谢世；二姐李慧兰一直在广州从事教育工作直到退休，仍然健在。只是我们现在都已年迈，行动不便，两家不常走动，平时仅是通通电话聊聊家常而已。

我家是一幢三层高的楼房，我把第一层整理成自己的“电子工作室”，每天拿起万用表、电烙铁、镊子等工具，帮老朋友旧同事和街坊邻里修修这个，整整那个，大家都夸我热心肠。老伴很支持我，说有点事情做也好，有个寄托，人就没那么无聊。其实，我之所以愿做这些事，除了让自己的退休生活充实一些之外，还有就是，在维修旧家电的时候，以往的点点滴滴，总会再度浮现在我的眼前，我仿佛又回到了过去，回到了曾经的岁月。我喜欢这种感觉。

（李定忠口述/梁锐园、邓文胜、陈碧梅整理）

# 生有涯，学无疆

**林运瑞**，男，1940年出生，广东揭西人，原中山电力工业局变电检修班班长。1959年毕业于佛山市职工业余中专学校，先后在韶关坪石矿物局机修厂、佛山供电公司、韶关发电厂、中山电力工业局等单位工作，一直从事发供电检修方面的工作。2000年退休。

我于1940年出生于广东揭西，童年是在抗日战争、解放战争中度过的。新中国成立后，我才有机会上学。当时农村条件差，家里兄弟姐妹多，负担重，我只能断断续续地读书，直到1956年十六岁时才念完初中，并考上了佛山市职工业余中专学校。中专毕业后，我被分配到韶关坪石矿物局机修厂当电工，也就是从1959年开始，我跟“电”打上了交道。

那个年代，电还不是很普及，懂电的人更不多，想深入掌握电工知识，我得继续读书充电才行。当时我的工资不高，每月大概只有20多元，家里也穷，没有能力帮我，只能靠自己存钱。记得有差不多3个月的时间，自己除了吃饭以外几乎没花过一分钱。存够钱之后，我报读了夜校，开始系统学习电力知识。那段时间，我白天上班，晚上读夜校，基本上没有什么空闲，生活辛苦而充实。令我欣慰的是，夜校学的东西比以前中专学的知识更系统、更专业，与实际工作联系得更紧密。三年坚持下来，我打下了较好的电工知识和技能基础。

1963年，国家刚度过三年经济困难时期，电力建设逐步恢复，佛山供电公司急需人才，并到韶关招聘。就这样，我来到了佛山，开始从事变电检修工作。做变电检修可跟以前做电工不同，它不仅要求熟悉各种一次设备的性能，还要具备更高的专业技术能力。我这个“小电工”的水平自然跟不上来。怎么

1962年，林运瑞（左一）在韶关坪石矿物局机修厂工作时与同事合影

办？再学习呗。我又一次把大量的时间花在学习上，碰到问题就翻资料研究，或是和大家讨论，然后到现场验证。在那段时间，我的自学能力大幅提升，并逐渐形成了爱自学、好钻研的习惯，这让我终身受益。

1967年，国家开始推进三线建设，广东的韶关是重点。韶关发电厂作为粤北最大的能源基地，前一年刚建成投产3号发电机组，正准备扩建4号发电机组，急需人才。于是，我萌发了调到韶关发电厂去的想法，觉得这是间省级大电厂，到那里可以接触更多的新设备、新技术。我递交了申请并很快获批，全家搬到了这间坐落在曲江县乌石镇北江边的电厂。当时电厂有六七百人，3台机组，电压等级是220千伏的，还有不少进口设备。与同时期只有110千伏等级电网的佛山相比，显然不是同一层次，我深感幸运。“尽快熟悉新设备”，是我当时一门心思的想法，看说明书，翻资料，下现场，查故障……自学的习惯让我很快掌握了220千伏开关的性能，也逐渐积累了很多故障查找和处理的方法。没过多久，也就是1968年，我当上了班长。

当班长，压力自然大，不仅要会指挥别人干活，自己更要有能力去带领大家，尤其是在技术方面，光有理论知识还不行，一定要会现场实操。为了带好班，不落伍，我又一次放弃了休息时间，全身心地钻入到学习与实践当中。那时候，恰逢“文化大革命”，社会比较动荡，到处乱哄哄的。好在韶关发电厂比较偏远，没受太大的影响，这为我静下心来学点东西创造了条件，让我学到了终身受益的技能。

改革开放以后，广东经济社会蓬勃发展，尤甚是珠三角，发展得更为迅速。当时韶关发电厂很多技术人才都举家南下，调到新建的发电厂去了。几年间，我的几个老同事先后去了珠海、江门等地，我也一直处于犹豫之中。就在这时，中山供电局正在建第一座220千伏站——中山变电站，迫切需要懂220千伏设备的人才，而我对中山的印象也不错，双方一联系，一拍即合。记得当时和我联系的是郭如觉局长，他说他很希望我去，但无法给我班长的职务，因为中山供电局的变检班已经有了班长。当时我对郭局长说：“我是来干活的，班不班长的无所谓！”于是，1987年春节一过，我便带着妻子、儿女一家四口迁

1985年，林运瑞与妻子洪素兰在湖北出差时留影

到了中山。

刚来的时候，环境比较艰苦，单位宿舍还没建好，我们一家只能住在中山局旧局旁边的一栋由仓库改造的临时屋里，四个人20多平方米，吃饭睡觉都在里面，这样一住就是一年。

当然，比起工作的压力和难度来，生活的艰苦不算什么。当时中山供电局的变检班只有四个人，除了我之外，没有人接触过220千伏设备。这样，我除了要担起“传、帮、带”之责，在短时间内教会其他几个同事相关的技能外，更要命的是，还要负责中山变电站一次设备验收、调试、投产等一系列工作以及其他5个110千伏站和6个35千伏站的检修和维护，工作量相当大，压力更不用说了。如果哪一天的工作没做完，没做好，我心里就特不踏实，睡不着觉。昨天少吃了一顿饭啦，今天多干了一个通宵啦，那是常有的事。就这样，过了几个月的“苦日子”，好不容易熬到1987年5月，中山变电站终于建成投产了，大伙儿紧悬的心方才松弛了下来。不过经此一役，检修班的同事对220千伏设备的认识和技能水平都上了一个档次。

一项工作，做完容易，做好难。怎么才叫好？我认为，作为变检工，要熟悉每一种设备的性能、构造，遇到故障能立刻分析出原因，有针对性地抢修，能以最短的时间恢复用户供电，这才算好。20世纪80年代以前，开关大都是油性开关，经常漏油，故障率高，最多的时候一个月有五六次半夜抢修。由于当时的电网是单母线结构，一停电抢修基本上就是整个片区甚至整个镇都没电，对社会影响很大。为加快抢修速度，缩短停电时间，我狠下功夫，熟背各种开关的说明书，牢记它们的性能，对开关的各种故障进行分析、归纳，希望通过提高技能水平弥补设备的不足。我的努力没有白费，业务技能日臻娴熟。到后来，我已练出本事：只要你告诉我哪里漏油，怎么个漏法，我就基本上能准确判断出故障原因，知道需要带什么材料和工具去抢修，大大节省了抢修的时间。在这期间，我也通过了技师考试，成为当时中山供电局里为数不多的几个技师之一。

到了20世纪90年代，中山社会经济发展很快，电力的需求越来越大，变电站增多了，开关也在不断地更新换代。1992年，中山供电局引进了大量的SF6高压开关设备，有ABB公司的、M&C公司的，还有东芝公司的等，结构复杂，型号性能各异。以前使用的油性开关逐渐退出运行，被淘汰了。于是，我又一门心思地琢磨起这个新“玩意”来了。有人劝我说，我都是年过半百的人了，还学什么呀，让年轻人去学就行了，自己轻松点。我说那怎么行，现在技术发展那么快，一两年不学，就跟不上时代了。再说，我离退休还有好几年呢，不但要学，还要学好！好在我底子还算扎实，很快，我又熟练地掌握了这些新设备、新技术。

搞好检修工作，团队的讨论和研究是必不可少的。我们依靠的是QC活动，针对设备的实际问题，大家提出改进、创新方法，把所学的用到实际。1996年5月，有一次在110千伏城南站进行一次设备预试时，我发现110千伏中南线开关三项接触电阻都不合格，这是一个大问题，必须立即退出运行，由旁路开关代路。但受旁路开关负荷能力所限，代路要减负荷运行，检修时会造成部分地区被迫停电。用传统的检修方法，大概要七天才能完成，耗时耗力不说，更重要的是工厂不能开工，群众的家用电器不能用，对生活影响很大。

有没有办法能缩短开关检修时间呢？我和几个同事一商量，立马在现场成

1990年，林运瑞（左三）在中山供电局与班员开展QC活动

立了以我为组长的QC小组，专题攻关。我根据长期积累的知识，结合实际，提出不起吊开关灭弧室套管的新的检修方法。大家经过现场分析对比，反复论证，认为这个方法可行。方案一确定，我马上对在场人员进行培训。当时年轻人比较多，接受能力强，经过我现场的详细解说，他们很快就明白了。我再进行了详细分工，准备材料、与外单位联系、查找资料，都一一安排好，并定好碰头时间。

时间紧迫。当天晚上，我们没有休息，通宵制作专用工具。当时大家感觉就像打仗一样，心里只有一个念头：争分夺秒，快点完成检修任务，让群众早一分钟用上电。第二天凌晨开始抢修，新方法果然好使，比传统方法提前两天完成了所有检修任务，较原来多供电300多万千瓦时，减少直接经济损失192万元。这项QC成果，很快被纳入了《变电工区SWa系列高压少油断路器现场检修规范》中，还荣获1997年度全省电力系统QC成果发布会的一等奖。

后来，变检班陆续来了很多人，人数最多的时候有20个，除了我和4个老师傅外，其他都是年轻人，年龄最小的也就十七八岁。和这些青年人在一起，我觉得自己也变得年轻了。我时常鼓励他们多学习、多实践。俗话说：“家有千金，不如一技傍身。”学好一门技术，是做好工作、取得进步、获得认可的根本。我常跟这些小年轻说：学习最终还是要靠自己，尤其是我们这种技能活儿，一定要靠自己不断地动手练习，动脑思考，用心积累，才会提高。“熟能生巧”嘛，光说不做是没有用的。尤其是故障处理，对综合能力的要求很高，对技术能力的提升也很快，多处理几次故障，就容易摸到规律，掌握方法。所以在工作过程中，一遇到故障，只要不是非常紧急的，我都会叫年轻人先去处理，我在旁边指点，让他们尽快上手。

变电一次设备种类多，各种设备都要掌握，这是基本。在此基础上，每个人可根据自己的兴趣，再去深钻某一种设备。比如我自己，一直以来就比较喜欢研究开关，也花了不少功夫，而且小有成绩，那时大家都管我叫“开关专家”。我经常鼓励年轻人专攻某个领域，因为人的精力毕竟有限，不可能样样精通。如果每人都吃透一项，我精通开关，你擅长刀闸，他熟悉变压器，那么整个班组处理问题的能力就会提升一大截。还有，因我喜欢看书的缘故，变检班里头技术书籍、设备资料堆得特别多，班员有时间都会去翻一翻、看一看。有看不懂的来问我时，我都会很乐意给他点拨点拨。遇上连自己都搞不清楚的，我就会把它记在心里，待研究弄明白后再跟他讲解。现在，我当时带出来的那批人都已步入中年，很多都成了局里变检岗位的行家里手，有的做了班长，有的做了主管，有的做了主任，有的还做了总工，当真是“长江后浪推前浪”，挺有出息的。

说了那么多工作，也说说我的家庭。由于常年在一线工作，对于家庭我是欠缺照顾的，心里一直很愧疚。记得我在韶关发电厂工作的时候，有一次，我加完班8点多钟刚回到家，妻子也跟着脚后跟进了门。相互一问，顿时吓得跳了起来：上幼儿园的儿子还没有接回来！因为当时没有电话，我和妻子一般都是谁先回家谁去接儿子。那天我们刚好都加班，以为对方先回家去接儿子了，结果摆了一回“乌龙”。待我急忙赶到幼儿园，老远就看到一个小小的身影坐在幼儿园门口石凳上时，顿时觉得心酸极了。幸好当时社会没那么复杂，没出什么大事。不过，由于我们夫妻俩都忙于工作，我的儿子、女儿很早就学会独立了。上小学时，经常都是他们放学回来给我们煮好饭、洗好菜，等大人回来炒炒菜就开饭。那时候生活条件差，煮饭都要烧柴生火，两个小家伙捣鼓了半天，才能煮熟一锅饭。

可能是从小耳濡目染吧，我儿子林顺祥从小也对电感兴趣，长大后和我一样，进了供电局，搞继电保护。他上班的第一天，我就告诫他两点：一是安全。做这一行，一定要很注意安全，除了人身安全，还包括设备安全。工作的时候一定要小心仔细，一个不小心跳错了线，就有可能导致全站失压，造成整个片区断电，影响严重。二是学习。继保专业对技术的要求很高，一定要坚持不懈地学习，学好了才能胜任工作。他选择了这行，就要对得起自己的岗位。

我和儿子都从事变电工作，但专业不一样，他的是继电保护。我虽然不是这方面的专家，但经年长月久的积累，还是懂一些的。有时候我会拿着二次方面的书去向儿子请教，遇到有争议的地方，我会跟儿子一起争论。因为我能将二次设备原理说得头头是道，儿子也挺佩服我。遇到大的停电检修或故障抢修，我俩常常一起“参战”，颇有点儿“上阵父子兵”的味道。工作时，有时候想到儿子就在旁边看着，我就会更加卖力。儿子说我虽然精力充沛，但还是悠着点吧。我说我是老子，不能输给他这儿子啊，那多没面子。

2000年12月，我离开了我所热爱的工作岗位，正式退休了。回想起来，在长达四十一年的职业生涯中，我只干了一样工作：就是和“开关”打交道。直到现在，我还时不时去翻看翻看一些开关方面的书，向儿子打听打听一些开关方面的事。对于我这个“子承父业”的儿子，我只希望他能够静下心来，多看看书，多动动手，真正做到干一行，爱一行，钻一行，专一行。尤其令我感到欣慰的是，儿子很争气，工作很认真，在继电保护方面取得了不错的成绩，还获得过广东省工人先锋号、五一劳动奖章等荣誉。有一次吃饭时，他超自信地跟我说：“老爸，我现在拿的奖没有你多，但我以后肯定超过你。”我说：“好啊好啊，不要让我等太久就好了。”

（林运瑞口述/刘晔琳整理）

# 无悔今生

**卢碧庄**，男，1940年出生，广东怀集人，原怀集县供电局副局长。1960年参军入伍，曾参加过援越抗美及大西北核试验任务。1975年从部队转业后，先后在怀集县农电管理总站、怀集县供电局等单位工作。2000年退休。

我是1940年出生的，老家在肇庆怀集县的冷坑镇水口村，家中兄弟姐妹五人，我排行第三。

我八岁时，父母把我送到镇中心小学读书。记得第一次去学校时，我问母亲："上课要怎样上？"母亲从来没有上过学，斗大的字不认得一个，一下不知如何回答，沉默一会儿后说："我犁田的时候，从来不会想着顺便捉一桶黄鳝。"平日里寡言少语的母亲，突然间说出这么一句"牛头不对马嘴"的话来，我觉得有点诧异，虽然不知道是什么意思，但这句话深深地印在了我的脑海里。

在农村读书与城里有很大的不同，乡下的小孩子放学回来后，还得帮家人干些家务，干点农活，或是挑水煮饭，或是放牛砍柴，甚至插秧收割，样样都要干。我也一样，一回到家便要帮父母干活，从来不会因为要读书就获得免除家务活的权利。所以，那时候老师布置的作业，我基本上都是在学校里完成的。多年以后，我才慢慢明白母亲那话所表达的意思：学要专注，不能一心两用。

遵照母亲的教诲，我在学习上还是挺用功的，成绩很不错。1955年，我顺利地考上了县城怀集一中，从初中一直读到了高中二年级。1960年，国家空军部队来到我们县城征兵。那时候，参军入伍是件十分光荣的事情，也是每个年轻人的理想。我和班里很多同学一样，立即填报了志愿申请，希望从此投笔从戎，保家卫国。

征兵体检、审查十分严格，不仅对每个人的身体素质、思想觉悟、学习能力都有很高的要求，还会调查每个人的家庭成分。当时不少同学就是因为家庭历史不清白而被刷了下来。最后，全班52个报名参军的同学，只有8个通过甄选，我是其中之一。记得接到入伍通知书的那一晚，我兴奋得一夜没睡。

那年7月，带着父母、兄弟姐妹还有老师同学的冀望和嘱托，在县里组织欢迎队伍的锣鼓声中，我们这批新兵先是坐车来到广州，然后搭乘专列向山东济南出发，开始了我的军旅生活。

我在济南军区第6军司令部通信连当通信员，属于空军。因为是和平时代，最初那三年，每天基本都是一些枪械、体能的训练，没有什么特别的任务要执行。1964年9月，我有幸被组织选中，到西安空军通信工程学院参与国家无线电技师培训，边服役边学习。或许是从小养成的习惯，在校期间，我学得很用功、很专注，仅用了三年时间就学完了四年的课程，提前一年毕业。1967年7月，我被分配到了天津空军高炮18师（属北京军区），担任2925部队二连副政治指导员兼无线电技师。

我们这支高炮师的主要任务是北京的防空战备。可我去了没几个月，军区就传达了毛主席签署的“调高炮部队入越轮战”的军令，全师即时开赴援越抗美前线。

关于援越抗美，现在很多人都不太清楚，在这里我给大家简要介绍一下：1964年8月，美国借口第七舰队“马多克斯”号驱逐舰，在越南北部湾沿海遭遇北越鱼雷艇的袭击，从而发动侵略战争（即大家后来听说的所谓北部湾事件），出动空军轰炸越南北方义安、鸿基、清化等地区，直接威胁我国边境安全。1965年，毛泽东接受越南的请求，全面无私援越抗美，其间轮流派兵入越作战。这仗前前后后打了十年左右，直到1973年才结束。

入越轮战前夕，师长把全体指战员召集在一起，进行战前动员，并给每人分发了一个袋子，要求大家把写好的遗书或珍爱的东西装进袋子里。他说：日后要是阵亡了，这个袋子就作为遗物送给最亲的人。大家见师长的表情异常严肃，不像是开玩笑，知道我们即将开赴战场，当即就有人心理崩溃失控，有的惊慌失措，有的失声痛哭，有的跪地请求留守，甚至在搭上去往广西的火车后，还有人试图跳车逃跑。现在想来，那时候，我们都是些二十岁出头的年轻小伙，突然之间就要我们直面死亡，没有足够坚强的意志和心理准备，难免扛不住。当然，跪地求情的遭到了师长的严厉呵斥和拒绝，逃跑的最后都被逮了回来接受军纪处罚。见此情景，老实说，我当时心里也很不好受，思想也有波动，我能做的就是不让自己去多想。

这年冬天，我们经过友谊关到达越南，开赴一线。记得1968年初，美军出动了数百架次的飞机，对我部驻地进行狂轰滥炸，炸弹如同雨点般地落在阵地上。我们奋起反击，集中了数十门高炮，把火力汇成一点，逐一还击进入射程的敌机，击落了美军数架战机，取得了辉煌的战绩。

我是炮兵师的无线电技术人员，属于后勤兵种，负责通信指挥工作，留在了隐蔽在山沟里的司令部。越南北部地处热带，山高林密，雨水丰沛，蚊虫鼠蚁很厉害，条件十分艰苦。虽然不在最前线，但我还是能直接感受到战争的残酷。随时面对着死亡，加上离乡背井的落寞，我心里经常会生出一阵阵的恐惧感。每次作战之前，师长要求我们在衣服、帽子等各种随处可见的地方写上战斗宣言、宣誓词，冲锋时高喊“为国争光，为军队争光”。到了战场上，全师群情激昂，英勇作战，特别是在一线的指战员，更是将生死置于脑后。

入越轮战期倏忽而过，1970年初，我们部队接令班师回国。我和战友们再次经过友谊关的时候，纷纷驻足留影，以纪念这一段血色青春和战斗友谊。同时，不禁感慨万千，一年前与我们一同出关援越抗美的战士，不少人已血洒疆场，把年轻的生命留在了北越的崇山峻岭之中。

回国以后，我们驻军上海。经家乡媒人介绍，我认识了怀集县下帅乡妇联主席黄文芳，她是洽水镇白米坪村人。不久，我就与她结婚了。那年，我刚好是而立之年。

结婚后，我就被选派到内蒙古的阿拉善右旗西北试验基地雷达36团，执行国家核试验通信雷达指挥任务，因为这是一项秘密任务，所以很多细节，在这里我不便多讲。我想跟你说的是，阿拉善右旗位于大西北，那里的条件异常艰苦，风沙翻滚，黄烟飞腾，十分干旱，我在那里待了五年，只见过下过一次雨，弄得我几乎都忘记了雨的声音。到了冬天，又是极度的寒冷，经常是零下20多摄氏度甚至30多摄氏度。白天大雪飞舞，寒风刺骨，冻得你四肢僵硬，不听使唤，耳朵鼻子像是随时都会掉下来一般；夜间你即使裹着几层棉被，都会觉得像躺在冰窖里一样，冷冰冰的，没有一丝暖气，难以入眠。不过，那时候大家都知道，我们身上肩负的是国家核试任务，责任重大，使命光荣，因此，大家精神激昂，干劲十足。在我们每个人的心里，只要党和国家需要，即使付出自己的一切，也在所不惜。

1975年5月，我退役回到了家乡。当时，受“文化大革命”的影响，军队干部转业政策不是很正常，营级以下干部，只能复员回地方工作。于是，我转业到了怀集县农电管理总站，成为一名电力工人。同年，我妻子黄文芳调到怀集县物资局工作，我们便在县城安下家，先后生育了三个小孩，两男一女。十年后，组织上特别关照，将我妻子调进电力系统，和我在同一个单位工作。

由于以前学过电的知识，有这方面的基础，所以投入新工作后，我很快就上手了。工作中，我经常与工友们一同分享自己学到的知识，一起交流变电设备的技术和经验，工作能力很快便得到大家的认可。1976年，单位有了一个升四级工的指标，大家一致推荐我。要知道，这个名额，在当时来说是十分宝贵的，因为它和工资直接挂钩。不久，单位同事却发现劳动部门定下的名单里没有我的名字，很是替我不平，自发到劳动部门要说法，最终帮我争取下来。当时，我正在肇庆参加培训并不知道这件事，回来得知同事自发为我“请愿”，很是感动。谁知到了第二年，也就是1977年，邓小平复出开始主持工作，恢复了原来干部转业的政策，我又得以享受连级干部待遇。大伙都说四级工这个名额被我“浪费”了，有同事打趣地说“唉，早知道你这么走运，这个名额当时就不给你了”。

1982年3月，怀集县35千伏栏马变电站动工建设，这是我亲力亲为建设的一个变电站，在这里我多说几句。过去建设一个变电站和现在可大不一样，由于技术条件和资金的限制，无论设备采购还是设备安装，什么都得自己干，不像现在，全部委托给工程公司、监理单位去做，自己只管出钱就行了。跟你说啊，不是我吹牛，栏马站的全部重要设备，几乎都是我亲手安装的，那里的每个部件甚至一颗螺丝钉，我闭着眼睛都能找到它，熟悉得不得了。在对该站设备进行耐压试验时，由于全县没有一人干过这活，那时，我是县农电管理总站生产组副组长，没办法，只好由我顶上。于是，我主动请教各地专家，一项一项地问明白、弄清楚，做足了知识积累，做好了可行性分析，最后，我独自一人在操作室里，逐项完成了设备的耐压试验。当看到自己一手一脚参与建造的变电站如期顺利投入运行时，不瞒你说，我心里美了好几天。

1983年，卢碧庄（左一）与同事在检测计量装置

1983年5月，为了加强用电管理工作，县农电管理总站决定成立用电管理小组，我被任命为用电组的组长。当时，用电管理小组负责管理业务包括生产、调度、安监和营销等，工作量很大，我带着组里的同志，风里来雨里去，下农村，赴厂矿，去机关，从发供电的调度指挥到计量抄表及安全用电等，样样活儿都干。在这个岗位上，我做了将近五年，有两件事，我认为是抓得比较有成效的。

第一件事是抓安全用电，解决“电老虎吃人”的问题。

20世纪80年代初期，由于农村用电设备简陋，技术落后，农民用电知识贫乏，怀集县安全用电方面存在不少问题。就以我刚当上用电组长那一年为例，全县触电死亡的共有18个人。老实说，当我看到这个统计数据时，着实吓了一跳。十几二十条生命啊，就这样被这个看不见、摸不得的“电老虎”给“吃掉”了。每次发生触电死亡事故，我都会组织人员主动去慰问死者家属，适当送去一些慰问金。虽然大多数事故企业无须承担任何责任，但我心里还是有些内疚与自责。难过之余，更是感到责任在肩。

俗话说：“没有调查就没有发言权。”我首先对所有的触电死亡事故原因一一进行核查分析，发现事故多是死者下雨天时攀爬设备或者乱拉电线所导致，换句话说，主要原因就是群众用电安全意识淡薄，安全用电知识缺乏。找到了问题所在，我便对症下药，组织一支安全用电宣传队，定期到街道、乡镇、学校去，采用讲座、广播、墙报、幻灯、图片等通俗易懂、群众喜闻乐见的方式，普及安全用电知识和触电急救方法。同时，为扩大宣传活动范围，使之更有可持续性，我还在单位内部先后组织了几十期安全用电知识培训班，培训电工上千人，要求与本职工作结合起来，适时向群众讲解安全用电常识，教育群众下雨天出门要穿胶鞋，要远离高压线，不要去捡拾落地电线等等，收到了良好的效果，触电死亡事故逐年减少，到我退休时，已基本上听不到有触电死亡事故发生了，形势大为改观。

第二件事是抓降低线损，解决“电老虎被吃”的问题。

“电老虎被吃”，指的是电力线路损耗。1983年之前，怀集县农电管理总站综合线损率高达59.1%，企业亏损严重，也就是说，你销售出去的电，只能收回四成的钱，有近六成是收不回来的。哪去了？都给损耗掉了，不见了。这很可怕，但这是当时的实情。

当时，我带着用电组的同志深入各乡镇、厂矿企业，一家一家地检查比对、分析检测，其中辛苦就不多说了，总之费尽心力。最后发现，线损居高不下的三大原因是：偷、漏、损。找到了症结所在，接下来我就对症下药。第一步是治偷：安装340多个具有防偷功能的新计量箱，让偷电者难下手，当年电度回收率从原来的40.3%上升到70.3%。第二步是治漏：改造更新残旧线路，医治漏电这个“杂症”。过去电网布局不合理，部分线路线径小，里程长，加上变压器容量过大，造成大量漏电的现象。针对这种情况，我和同事先后对怀城、冷坑、马宁、岗坪、大岗、连麦等乡镇的低压线路进行改造更新，加大供电线径，缩小供电半径，并对容量过大的变压器进行调整，使电网布局渐趋合理，电能利用率大大提高。第三步是治损：当时我和很多同事一起，千方百计多方筹措资金，通过增添新设备，减少技术性损耗。而1983年6月，35千伏栏马变电站的投产，对降损节能发挥了十分重要的作用，促使当年线损率下降到了11.4%，可谓是立竿见影。

整治偷、漏、损，这三招下来，嘿，你别说，还真管用。我给你讲一组数据：1984年，怀集县农电管理总站的线损率大幅下降至13.25%，从原来的亏损3万元，扭亏为盈利93万元；1985年，线损率又下降到11.4%，首次达到了国家规定的线损率≤12%的要求。总算是劳有所获。为此，我还获得了1984年的“全国水利电力系统劳动模范”和1985年的“广东省职工劳动模范”等荣誉称号。

1988年3月，我被任命为怀集县供电局副局长，走上领导岗位，分管生产、基建、用电，三项工作一肩挑，工作量大增。

上任伊始，摆在我面前的首要任务是：如何尽快改变怀集县电网残旧落后的面貌，全面提高城乡供电可靠性。我首先从改造县南区电网抓起，每天带着工程人员去勘测、选址、设计、征地、施工、安装，像打了鸡血似的忙个不停，走遍了南区的诗洞、永固、桥头三个重镇的每个角落。在大家的辛苦努力下，1992年11月，建成投产了35千伏桥头变电站，1995年5月和7月，又建成投产了35千伏诗洞、永固两个变电站，基本解决了当地的用电难问题，被当地人称赞为“第二次解放”。

改造县南区电网那段时间，十分辛苦。记得1993年底建设永固变电站时，

1993年，卢碧庄（右）在怀集县怀城镇苍龙村农村电网改造施工现场的工作照

1995年，卢碧庄（右二）参加怀集县中洲镇供电所挂牌仪式

我负责组织变电设备的运输工作。那天下着雨，又冷又湿，我们一吃完中午饭就出发了。出发前我们得知，去永固镇的公路正在修路，便决定绕道桥头镇前往，路程大约多了50公里。不料开到半途，遇上了一段烂路，路面全是淤泥，车轮陷入泥坑，一个劲地打滑，动弹不得，大家心急如焚。我仔细查看了路况，当即叫人分头找工具、木头，组织人力推车，待一辆车过去了，就用这辆车再拉动下一辆车。大伙儿在泥地摸爬滚打，一个个像个泥猴似的。直忙到晚上8点多才把设备运到目的地。

由于各种历史原因，至1996年，怀集县还有12个偏远贫困的管理区没有通电。鉴此，我大力推进“村村通电”工程，1997年，在省市电力部门和县财政出资260万元，尚缺2000多万元资金的情况下，我们一是通过科学设计、精打细算和严密施工，节约工程资金，二是通过群众集资或用集体山林做抵押向银行贷款，供电部门帮助赊购原材料的办法，使工程顺利完成。同年11月5日，12个管理区全部通电，并与省电网联网运行，结束无电历史。

2000年10月，我离开工作岗位正式退休了。一下子闲下来，觉得很不习惯，在家里待了没多久，我又返聘回来在基建口干了好几年，先后参加了白水河水电站和110千伏白水河变电站、怀四输电线路新建工程，参加了110千伏飞云变电站、栏马至飞云输电线路改造工程建设，算是发挥一点余热吧。

然而，生活的路总是有一些坎坷，不会是一帆风顺的。2002年，我得了中风，行动不便，连话都讲不清，直至现在还要经常到广州市中山大学第三附属医院就医。而我的家庭，也不尽如人意，女儿小时候走失，至今没有找回，成了家人心中永远的痛。两个儿子身体也不好，长期在家养病。不过，随着岁月的流逝，我逐渐地也看开了，已能坦然面对，特别是看着孙子一天一天健康成长，心里甚觉安慰。现在，我和老伴都赋闲在家，平时就在家附近散步、晨运、买菜、做饭和带孙子，生活平淡而充实。

回忆我这大半生，总觉得自己是个挺平凡的人，没有什么轰轰烈烈的事迹。所做的事，也只是尽本分而已。无论是在军队，还是在供电局，我所能做的，只是兢兢业业，勤勤恳恳，无愧于国家栽培，无愧于业界良心。

（卢碧庄口述/罗海梅整理）

# 逐梦前行

**林志强**，男，1941年出生，广东阳江人，原阳江供电分公司副总工程师。1965年毕业于武汉水利电力学院，先后在四川省渡口电力建设指挥部、渡口发电厂、河门口发电厂、攀枝花供电局等单位工作。1989年，调到阳江供电分公司工作。2002年退休。

1941年，我出生于阳江一个书香世家。从祖父辈到我这里就有七个教书匠，有的当教员，有的当教导主任，也有的当校长。祖母彭思幹是阳江最早的女校长。1944年4月，日寇残部经过阳江，在一口四边长满芦苇，叫作“九眼塘”的池塘边，枪杀了我们七八个躲避不及的老百姓，这是阳江的“九眼塘事件”。而当时我的祖母、父母和我，就藏在附近。三岁，我就亲眼目睹了日寇的杀戮。

1948年2月，我开始读小学。一直到中学，几乎都在父亲任教的学校就读。在父亲的监督下，我学习从不敢怠慢，成绩在班上一直数一数二。高中时边工边读，下乡割过稻谷播过种，修过水渠筑过坝，挑过砖头砌过炉，还参加过大炼钢铁，干过不少活儿。至今，我依然感念求学阶段参加农场劳动那段艰苦岁月，我和同学们一起干农活，割麦，插秧，栽甘蔗，种花生，身背农药箱为水稻喷洒农药，还要徒步到5里以外的地方去放水淹田。尽管这样，也觉得幸福，因为能有书读就已经谢天谢地了，这点辛苦算得了什么？有时我也想，为什么我们这一代人特别能吃苦，就是因为我们吃的苦太多了，对吃苦都免疫了。

1960年我高中毕业。上大学时，面临人生的第一次选择。是继承衣钵，报读师范专业，还是选择我所喜欢的专业？我和父辈们的意见第一次有了分歧。他们希望我读师范日后教书育人，但我更喜欢电力。好说歹说之下，父辈终于同意我报考武汉水利电力学院（武水于1959年从武汉大学分校独立出来，当时也是全国重点大学之一，今又合并回武汉大学）。当年，我被顺利录取。

对于我这样一个平民家的孩子来说，我太知道这个学习的机会当真是来之不易的，太难得了。因此，在校那几年我玩命地学。为了能在图书馆占到一个座位，能借到心仪的参考书，我经常周日摸黑起床，占了位置再回食堂吃饭，然后就整天泡在图书馆里，有时连中午饭都忘了吃。我很少到武汉市里逛街，到公园里玩，连学校旁边风景迷人的东湖也没多瞅几眼，用现在的话说就是很“宅”。寒窗苦读的结果，就是我不仅获得了助学金，甚至连书本费也被免除了大部分。在读书期间，我还当上了我们电力系和学院学生会体育部的副部

1963年，林志强在武汉水利电力学院读书时留影

长，和体育老师一起带队参与各项体育比赛。东湖帆船赛是我经常参赛的项目，我大二时就成了院帆船队长及舵手，在武汉市级比赛中还得过第三名呢！体育运动磨炼了我的意志，也锻炼了我的身体，我现在有如此硬朗的身体都得益于此。

1965年5月，毕业前夕，我们在礼堂听取了周恩来总理关于毕业生到祖国最需要的地方去的录音报告。听完报告，我激情澎湃，在填写分配志愿时，毅然写上了“党的需要就是我的志愿”。后来，班上指导员（当时每个班都配有一名指导员）找我谈话，暗示我可以挑广州、上海、北京、武汉等最愿意去的单位。为了让我有充分的思考，还让我回去慎重考虑好再回复她。

那时的我，一腔青春热血，内心充满了一种报效国家的朴素情怀。我很坚决地和指导员说：“我已经考虑好了，服从学院的分配。如确实需要我到大三线工作，那我就选502地区吧！”（大三线是毛主席最关心的地方，502地区是三线建设在四川地区电力建设部门的编号。）

到了7月22日，接到通知书，我被分配到502地区，当时的我兴奋得眼泪都流了出来。同被分配到那里的还有11名同学，都是家庭出身好、品学兼优的学生干部。

半个月后，我告别了亲人，直奔单位指定的报到地点——云南省昆明电业局的一个接待点。从接待点到工作单位四川渡口（后改为攀枝花）还有600多公里的山路。时隔半个世纪，我至今还清晰地记得当时赶往渡口的情景：搭载我们的是一辆敞篷大卡车，走的是一条盘山修筑的沙土飞扬的单行公路。卡车沿着蜿蜒的公路一会儿爬上山顶，一会儿又转到山脚，越过了一座又一座山。越往山里走，人烟就越稀少，开始一两天还能看见成片的房子和零星的马帮，到了第三天则一整天都见不到一间房子了，连茅草房也见不着。我们的汽车足足走了3个白天，终于在1965年8月10日下午，有惊无险地来到了目的地——四川渡口六号信箱（以信箱代码作为单位名称是大三线保密的需要。渡口地区凡需要保密的单位都用信箱代码）。

渡口是一个综合性钢铁基地，六号信箱是负责渡口地区电力建设，发供配电的综合企业单位，由指挥部机关、发电厂、供电局及输电工区组成。一同分来的12名同学中，我和林养高被分配到指挥部机关建设办公室，其余10名均分到属下的基层单位。

我们办公的地方是用泥巴、沙土垒起来做墙，用稻草和野茅草盖顶的“干打垒”的土房子，十几个人挤在这间土房子里，两三个人合用一张办公桌。睡

1965年，林志强在渡口市河门口发电厂前留影

的是用木头钉制的上下铺的架子床。

环视四周，办公室前面是弯弯曲曲、水流湍急的金沙江，背面是崇山峻岭，到处都是齐人高的茅草丛。正前方一两千米处可见一大片坡地（后用机械推平称“弄弄坪”）是规划中的综合钢铁基地所在地。此外再无其他建筑，只有一望无际的重峦叠嶂。大部分地区没有电，没有自来水，用水只得从金沙江抽来，在雨季、洪水季节抽来的水，都是黄泥巴水，浑浊不堪。那时候也没有什么净化设备，我们就用明矾搅拌几下，待泥巴沉淀后，直接饮用。

面对如此艰难恶劣的工作与生活环境，个别大学毕业生忍受不住做了逃兵溜走了。当时人们议论纷纷。我和林养高等三四个人搬来了几箩筐白色花岗岩碎石，在办公室前面的空地上，摆写了一句大标语“红在渡口，专在渡口，誓做革命渡口人！”以表决心，立志扎根渡口，干一番事业。

我在建设办公室负责发电厂、变电站的基建管理工作，经常要翻山越岭，上山巡线。那里山高路陡，林深草密，毒蛇横行，野兽出没，稍有不慎，生命就可能受到威胁。为做好调查研究工作，我成年累月风餐露宿，晴天一身汗，雨天一身泥，冬天吹裂嘴，夏天晒脱皮。一开始累得不行，只能咬牙坚持。但时间长了，熬过去了，慢慢也就不觉得辛苦了。有一次，为了核实501发电厂的接地电阻值，我亲自和本办公室的技术员岳元槐到工地进行实测。发现数值不合格，提前做了补打接地极的工作，避免了工程返工损失，得到了指挥长的赞赏。

1967年3月，我被抽调到渡口市委宣传部，搞各种宣传展览及宣传活动。不久又因为我在民兵训练实弹射击中成绩优异，被派到民兵武器库校验枪支，在那里干了4个月。

1969年5月，我和东北女子戴莲凤结为伉俪，后育有一女一子，取名林岚、林嵩，都与山有关。

在渡口的那些年，我的工作岗位经常变来变去。1972年9月，我调到渡口发电厂搞电机检修；1978年，在渡口供电局规划设计室搞规划设计及输电线路设计；1982年，在生技科从事变电技术管理工作；1987年7月，我被提拔为攀枝花供电局（即渡口供电局）劳动服务公司副经理，负责公司生产经营、电气设备安装管理等。

在渡口工作期间，组织把我放在哪里，我就在哪里发光发热，从没有计较得失，只管埋头苦干。在同事和群众眼里，我是信得过的好干部、好同事，是大家的贴心人。但对家人我却是一个“不孝之子”和“不合格的父亲”！

一个人离开家乡，到千里之外的四川工作，很多年都没有回家看望过年迈的老母亲，连母亲去世的那一天，我也不在身边。那时候孩子小，单位又没有托儿所，只能把两岁的儿子一个人反锁在家里，家里没有卫生间，只能用一个洗脸盆装点水供其方便。好在孩子乖，一整天反锁在家里，也没出过什么意外。不过有一天，因为家里没人照看，儿子在外面玩耍的时候，从高处坠落，致使头骨破裂而被同事送往医院了。当我得知后从工地赶回去，见此情景，霎时感到天旋地转，差点晕倒。幸好儿子经医治后，没什么大碍。不然，我将愧疚终生。

几十年异地工作，我早已把我工作的地方当作自己的故乡，但随着年龄的增长，我思乡的情绪越来越浓，因为那里有我的父老乡亲，有我的兄弟姐妹，有我的童年回忆，还有我一辈子忘不了的好时光。在攀枝花供电局及阳江供电局的支持下，1989年8月，我调回到阳江供电局工作，在变电工区担任副主任，不久又晋升为主任。临走的时候，四川攀枝花的工友们都自发地为我搬东西。回到阳江，亲戚朋友知道我回来了，没地方住，主动腾出地方来帮助我安家落户。我非常感谢两边的工友及亲人。

回到阔别了二十四年的阳江，来到新的工作单位，一时间还有点不太适应。为了尽快工作上手，我用最短的时间了解并熟悉局内各职能部门的设置，各部门、工区的人员组成情况，并深入各变电站查阅了大量资料。不查不知道，一查还真发现了不少问题。比如很多变电站，特别是35千伏变电站，岗位职责不清，各类规章制度不健全，各种运行规程配备不全，有的站甚至没有配备；变电运行必备的各种记录，有的没记，有的记得十分潦草、马虎；有的变电站图实不符，设备残旧落后；违章操作十分普遍，存在不少安全隐患。就在我调研期间，大概是1990年2月吧，阳江变电站发生了一起人为误操作的恶性事故。看到这种情况，我心里非常着急，马上协助各变电站制定了典型操作票，在全局举办了八期“两票实施细则”学习班。经过一轮整治，包括制度建立和后续管理工作，特别是狠抓了“两票制度”，全局安全局面方才稳定了下来。

1989年，林志强在阳江供电局变电工区办公室留影

1993年，阳江新建110千伏东城变电站。这个工程非常重要，因为它不仅能解决阳江东部电网架构薄弱问题，也关系到阳东县用电需求的问题。5月上旬，为使变电站按期投产，我和副主任莫介卓及几个班长，日夜加班加点审核图纸，到现场核实设备以及准备安装用的器具和材料。我一辈子也无法忘记那热火朝天的施工现场：当时一位年轻的焊工师傅站在大板梁侧施焊，空中飘落的焊花滴在身上钻心地痛，可他纹丝不动，一连坚持了7个小时，最终因为天气炎热而中暑。当我们走近时，他迷迷糊糊躺在另一位师傅怀里，解开他的上衣，胸口上全是星星点点的痱子和痊愈的疤痕。当他苏醒过来，没有片刻停留，又径自走向了另一个施工点。这个情景令我十分感动。工程图纸就在这帮可敬的电建人手中变成了现实。7月初，安装调试工作全部结束。7月12日，110千伏东城变电站一次启动成功，正式投入运行。

东城变电站的成功运行大大提振了我的信

心，我又带领全工区员工完成了110千伏城西变电站一、二次设备的安装调试工作，并于同年11月26日一次启动成功，正式投入运行。随后，我还协助谭忠仁副局长进行了500千伏蝶岭变电站以及110千伏闸坡、赤潭、马水等变电站的选址工作。随后几年，我又亲自指挥和参与这几个110千伏变电站的工程建设。

1994年5月，广东省电力系统实施劳动、人事、分配三项制度改革，阳江供电局成立总工室，我被任命为副总工程师，负责电力生产技术方面的工作，兼管安全监察工作。

当时，阳江供电局的安全生产和技术管理有许多“先天不足”：安全方面，电网架构依然薄弱，输变电站设备残旧、落后，安全管理制度工作不健全，基础不牢靠。技术方面，机构设置不太合理，局里撤销了生技科，各有关技术专责相应分散于各部门中。技术队伍青黄不接，全局多年没有接收过一个大学毕业生，生产人员业务素质不高。

如何破解这道难题？我把健全、理顺规程作为突破口，亲自编写或组织有关人员编写并亲自审定了局各种技术管理制度、规程、工作条例等。编写这些规程、条例、制度，是一件非常费时费力费神的艰苦工作，非常棘手。当时，我全副身心扑了进去，一边收集有关的国标、部标和行标，一边组织技术人员学习和编写，分配各种杂七杂八的任务，忙得几乎到了废寝忘食的地步。往往一个规程都要反复推敲，几易其稿。有时在睡梦中醒来，想到一句话或一段文字不确切，都会立即翻身下床修改，生怕事后会遗忘了。就这样，忙活了一年多的时间才全部搞定，建立了一套全新的技术管理制度、规程和标准。

除此之外，在随后的几年里，我还着重抓了几件事：一是协助局长开好每月安全生产例会，在自己的职责范围内，积极建言献策；二是狠抓变电运行安全，例如制定各个变电站典型操作票，开展“千次操作无差错”竞赛活动，定期和不定期举行事故演习等；三是组织抢修及有关人员进行技术培训、技术大练兵，我还亲自上台授课，嘿嘿，也算是做了一回“教书匠”，还了一下父亲的遗愿；四是实行“施工危险点分析及预控措施”制度，防患于未然；五是加强基建施工及外包工程管理，最大限度地控制了发生施工安全事故的风险。

在工作过程中，我还加强了安全动态检查，经常到各变电站查岗，查各种记录的填写，查“两票”的执行，查安全措施的落实，等等，每次下去都发现不少问题。对于查出的违规违纪问题，我是该批评的批评，该处罚的处罚，该停职的停职，该停工的停工，绝不姑息。不过，这查处工作还真是件“伤感情”的事情，我跟基层的干部、一线的员工挺熟络的，大家平时勾肩搭背，有说有笑，关系还是蛮好的。所以一有什么事情，处理起来确实有点于心不忍，甚至自己都觉得有点“翻脸不认人”的味道。但没办法，安全生产重于泰山，这人命关天的事，来不得半点心慈手软，你说是不是？

都说有付出就会有收获，让我感到欣慰的是，在我任职期间，阳江供电局主业没发生过人身伤亡、重大设备损坏、电网大面积停电、重大变电及火灾事故，到2001年底，实现了连续安全生产1 052天，创出了历史最好成绩！

2002年1月，我正式退休。工作了几十年，我觉得自己就是一块砖，哪里需要哪里搬，到哪里我都不计较得失，只管埋头苦干，脚踏实地地做些事情，而且干得还算不错，获得了企业和员工的认同。每每回想起来，我内心深处颇有一番成就感。

2014年春节，林志强（右一）与家人在东北长白山旅游时合影

退休后，我经常参加体育活动以增强体质，有机会便参加旅游团到国内外旅游，扩大视野，增长知识。2010年9月，我参加阳江市书画函授学院国画班，2012年7月毕业后，又报名参加了书法班。我的国画及书法作品经常参加市里组织的各种展览，有不少作品还获了奖，后成为阳江市美术家协会会员。

我曾经工作过的渡口，也就是攀枝花，现在交通四通八达，到处高楼林立，灯火辉煌，已经成为四川的第四大城市。作为昔日的“开荒牛”，我感到无比自豪和欣慰。

（林志强口述/林岚、万炜整理）

# 平生总啃硬骨头

**吴希荣**，男，1941年出生，河南南阳人，原广东省电力工业局局长、党组书记。1968年毕业于广东工学院，先后在韶关发电厂、沙角发电厂、广东省电力工业局工作。2002年任广东电力行业协会名誉会长、广东省人大常委。2006年退休。

我的祖籍是素有“南都”“帝乡”之称的河南南阳。1941年2月，正是抗日烽火连天的时候，我就出生在这座古城。

我于1955年进了南阳市第二中学。初中、高中都在那里读。那时校址邻近诸葛亮故居。记得胡耀邦参观诸葛亮故居时，针对有人说湖北襄阳的诸葛亮故居才算正宗，说了一句：“千古人龙，何必分襄阳南阳。”诸葛亮以天下为怀、知难而进、鞠躬尽瘁的精神，一直为我所敬仰。

1961年，我考上中南科技学院物理系。第二年，中南科技学院与广东水电学院合并，成立广东工学院，我进了发配电专业。从此，我跟电力工业结缘，再也没有离开过。

我因为身体原因，休学两年之后才复学。1968年，我大学毕业后被直接分配到韶关发电厂工作。

韶关发电厂位于曲江县乌石镇，北江河畔，京广铁路边，离韶关市区有40公里。这个厂始建于1958年，听说是由两名少将挂帅督办的。我去的那一年，电厂装有2台5万千瓦和2台1.2万千瓦机组，总容量为12.4万千瓦，是当时全省最大的火力发电厂。

我们这届大学毕业生分配的时候正值“文革”高潮时期，怎么也想不到，

1968年，吴希荣（后排右一）大学毕业时与同学在广东工学院门口合影

我们几十个学电力的大学生，来到电厂后，有的被安排去当炊事员，有的当卸煤工，有的当运煤工。我呢，则被安排在棚木班当棚工、木工。

在韶关发电厂当家的军代表召集大学生开座谈会。大家满腹牢骚，百般困惑，却都不敢说出声。我壮起胆子问："我们是党和人民培养的大学生，为何不让我们结合专业参加劳动？"

军代表说："你是来接受再教育的，只能当临时工性质的棚工、木工。"

我说："电试工、电修工是产业工人，我们跟他们在一起，才能真正接受到工人阶级的教育，提高思想觉悟。"

"大学生呀，应该像胡椒面那样，撒到哪里就是哪里……"军代表不点名地批评我，不肯答应我们的请求。

过了不久，快过节了，军代表又召集大学生开座谈会。会场鸦雀无声。会场离小学校不远。一个小学生从我们跟前走过去，望着我们，嘴里喊："臭老九！"大家顿时哄堂大笑。笑声是苦涩的。连小学生都知道我们这些知识分子是"臭老九"，还装模作样开什么座谈会呀？

工人们为我们打抱不平："国家花那些多钱培养一个学电力的大学生，偏偏连个'电'字都沾不上，真可惜！"

我当了八九个月的棚工、木工，才赶上落实知识分子政策，进了电修车间。

电修工实践经验丰富，只是看见没有遇到的故障就无从下手；刚毕业的大学生拥有理论知识，却没有经过实践检验。理论和实践结合，取长补短，工作才能顺利完成。我进电修车间不久，就遇到一台1.2万千瓦的发电机出故障。我写出技术方案，跟工人们一起把这台发电机修好了。修好之后，我又写了技术总结。过了一些日子，我跟工人们一起，把一台旧的发电机改造成调相机。当时，这算是技术改造。在那个认为知识无用的荒唐年代，我更加明白了知识的价值，懂得了理论联系实际的可贵。

1972年，我与周景华登记结婚。周景华比我小六岁，是我的老乡，在河南泸阳县医院工作，我们两人的老家距离不超过十里地。后来，我们一共生育两个男孩。

1972年，吴希荣与妻子周景华结婚时留影

同年，我被调进厂部搞计划统计，后来当办公室的秘书，再后来当运行技术员。

那几年，有一件事给我留下比较深的印象：1975年，电厂兴建7号机组——130吨/时烧煤矸石的沸腾炉，由上海锅炉厂制造。设计煤种为广东曲仁煤矸石，发热量1639千卡（6.86兆焦）/公斤。1976年8月建成试运转。此后的五六年间，先后试烧了82次，经不断改进，试运行时间最长的一次为10小时10分，带负荷75—105吨/时，原煤发热量3206千卡（13.42兆焦）/公斤。最终由于出渣系统易堵，以及辅机和其他原因而停止试烧，并拆迁至阳山发电厂另作他用。这项由国家计委、广东省计委决定的耗资达1154万元工业性试验的工程宣告失败，算是打了个“水漂”听个响。

1978年，幸有组织上关心，我的妻子被调到了韶关发电厂工作，而我也调任电修车间党支部副书记兼车间副主任。刚上任不久，就碰上大事：1号机组烧坏了。如果20天内不能修好，就要算严重的安全事故。安全第一呀！厂领导们可急坏了！我带领工人们，夜以继日地抢修。我每天忙到凌晨2点钟才回家睡觉，第二天一早就上班，一天只休息4个小时。那时，我才三十多岁，身体顶得住。这样忙碌了18天，终于把1号机组修好了。

两年后，我回到厂部，当技术负责人。

1983年，中央提出干部队伍革命化、年轻化、知识化、专业化的“四化”建设。我走上了副厂长的岗位。虽说我分管生产、技术，却全部是“啃硬骨头”的。韶关发电厂是全省最大的发电厂，担负向广州送电的重大任务。本来，保证电厂的安全运行，就不知有多少事了。连全厂2 000多人的吃喝拉撒，有时我也得管。那时，韶关发电厂没有自来水，全靠自己打水井。有一回，北江发大水，眼看洪水快漫进工厂的水井了，工人向我告急。原本员工生活这一摊子由另一位副厂长管，但既然工人找到我，事情又十万火急，我就立即组织施工队伍采取措施，避免井水受到污染。

1979年，吴希荣（左一）在韶关发电厂与同事合影

1984年，我担任韶关发电厂党委书记。那时候，企业实行的是党委领导下的厂长负责制，即企业由党委集体领导，生产经营决策由党委讨论决定。换句话来说，我是电厂的一把手，负责全面工作。

韶关发电厂8号机是广东第一台20万千瓦超高压机组，自1985年7月投运以后，汽轮发电机组一直存在着不稳定振动，2个三油楔轴瓦（6、7号瓦）很容易产生油膜振荡。我召集一班工程技术专家，与省电力试验研究所一起进行深入研究，采取措施降低振荡发生率，以后又将它们更换为椭圆瓦，使振荡问题彻底解决。该机2、3号瓦振动，亦通过做高速动平衡得到解决。

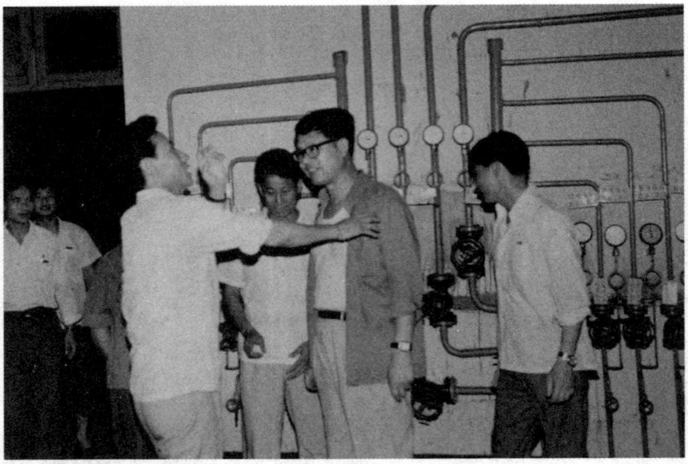

1983年，吴希荣（右二）在韶关发电厂化学处理车间与工人讨论问题

1986年，我离开工作了十八年的韶关发电厂，来到东莞市虎门镇，在沙角A电厂当厂长。

沙角A电厂地处珠江三角洲中心地带，是国家“七五”“八五”计划的重点项目之一，于1978年选址筹建的。我来到这里，又是“啃硬骨头”。沙角A电厂是新建的港口电厂，仅从外表看，比韶关发电厂多了卸船机，只是卸船机老是坏，几天卸不了一船煤。其实，无论是设备、管理，还是队伍建设，都面临许多困难。

有一次，邹家华来视察沙角A电厂。他当时担任国家机械工业委员会主任、党组书记，后来当了国务院副总理。他问我：“老吴，为什么旁边的沙角B电厂的人比你这里少得多？”

我说：“B厂已经建好，只管电厂的安全运行，而且设备质量好，自动化程度高，只需配少量运行人员，加上更少量的检修、后勤人员就行了。我们A厂还没有建好，要‘填平补齐’，要进行技术改造。设备不过关，必须经常检修，检修人员比B厂多；而检修人员要有后勤人员做保障，后勤人员也就比B厂多。”

邹家华鼓励我：“越是有困难，越是要努力创新。”

我们进口德国的卸船机，换掉旧的卸船机，决心在沙角A电厂闯出一条新路子。

开好头，起好步，关键在制度。有这么一件事：一名职工缺钱用，直接到财务科签个名，就领走了300元。那时300元不是小数目，万元户是上报纸的大富翁哩！由此可见，当初沙角A电厂可谓“无法无天”！我马上组织人制定制度，制定了以达到安全运行为目标的母制度，以及各个系统的子制度。各种制度定下来了，我马上组织全体职工认真学习，严格考试，认真落实。从此，沙角A电厂的管理走上了正轨。

精简机构，是我闹出来的一个大动静。

一般发电厂的组织架构是厂长—副厂长—车间。我们沙角A电厂的组织架构是厂长—部长—主管（相当于科长），连副厂长都不设。副厂长的职能由4个部长承担，分别是经营部长、运行部长、检修部长、行政部长。当然，党委书记、工会主席不能少。

如此设置组织架构，也出于培养年轻人的需要。一般年轻人不愿意干运行，因为要上夜班，哪怕多发点夜班补贴也没有多大的吸引力。运行的关键在值长。值长是代表厂长行使调度权的。我从这个关键入手，将四个值长的待遇由原来的一般干部提升到副科级，一个值长组组长的待遇提升到正科级。要知道，沙角A电厂厂长才是正处级哩！这一来，愿意挑值长这副担子的年轻人就多了。

一连串全新的探索，激发了大家的积极性，大大加快了沙角A电厂的建设进度。沙角A电厂Ⅰ期的3台20万千瓦（增容改造后达21万千瓦）国产机组，于1984年10月动工兴建，分别于1987年4月、1988年7月、1989年8月建成投产。也就是说，在我离开沙角A电厂不久，沙角A电厂Ⅰ期的建设任务全部完成。

1989年初，我调到广东省电力工业局工作，先是当总工程师，再当副局长。1992年12月至2001年6月，我担任广东省电力工业局局长、党委书记，广东省电力集团公司总经理、董事长、党委书记。记得和我搭班子的是罗绍基、詹新泉、赵甘泉、余福敏、刘仲云、李文岳、张毓麟、三野平八位同志。陈岗原是董事长，但1993年就退休了，由我接上。

1987年，吴希荣（左一）在沙角发电厂与工人一同处理事故

当上了一把手，我照样要“啃硬骨头”。

这一次要啃的“硬骨头”就是缺电，缺得厉害。有一个故事：汕头很多地方缺电。有位北京的领导坐飞机去汕头，望见下边一片黑，就向陪同的市长说：“你可别当这个‘黑市长’哟！”

要想不缺电，就得加快电力建设步伐。加快建设需要大量资金。我千方百计筹措资金：一是争取省政府继续实行以电养电、税收返还、集资办电等政策，例如收取电力建设附加费；二是进行股份制改造，发行A、B股到资本市场直接融资，上市的股票就叫粤电力；三是大量利用外资，与外商合作办电，例如，沙角C电厂先后与港商胡应湘和美国南方公司合作，珠海电厂与港商李嘉诚合作；四是盘活资产，进行资产重组；五是向银行贷款。

粤电力是1994年上市的，第一届至第三届的董事长，都是我担任。早在1992年开始筹备粤电力上市的时候，我就主持筹备小组的工作。国有企业到资本市场直接融资，当时是新鲜事物。粤电力从职工持股的法人股成为在深交所挂牌的流通股，经过十分繁杂的过程：资产评估呀、设备评估呀、上报审批呀，主要是把沙角A电厂“装进去”，工作量大得很！我这个原本搞技术的人，当厂长之后积累了一些经营管理经验，为了粤电力上市又狠下功夫去学习财经知识。有一次，香港证监会主席在北京讲课，我专程从广州坐飞机去听。当然，我主要是发挥专业财经人员的作用。粤电力顺利上市，成为当时的常青股、蓝筹股。

在加快电源建设的同时，我们重点抓电网建设，特别是抓“卡脖子”项目。电网建设，规划在先。韶关的电网规划是重点。当时有两种意见：一些同志主张新建一条500千伏的，说是容量大；一些同志主张再建一条220千伏的，说是原来已经有一条220千伏的，安全性有保障，而500千伏的我们从来没有建过，要冒风险。我把他们召来开会，分析两种方案的利弊。我说，如果小打小闹，就再建一条220千伏的；如果着眼于长远，就必须新建一条500千伏的，至于风险的避免，我们可以向上海学习。结果，大家取得共识，一致同意新建一条500千伏的。这件事，对整个广东电网的建设布局影响很大。

从1992年底至2001年7月，省电力局直接投入电网建设资金217.75亿元，建成投产110千伏及以上线路12 260公里，变电容量6 225万千伏安。广东电网成为全国最大的省级电网，共有500千伏变电站10座、220千伏变电站113座，形成以珠江三角洲地区500千伏主干环网为中心，向东西北三翼辐射，并与香港、澳门，与广西、贵州、云南，与湘南、赣南电网互联的现代化大电网。从1995年起，长期困扰广东的严重缺电局面得到了有效缓解。广东由一个缺电大省发展为电力大省。

农村电网建设，也是一个重点。1994年，我提出将无电村通电列为全省各级电力部门“一把手工程”，落实人力物力和资金投入。当时到处在说“要想富，快修路”，我对基层干部说，还应该加一句：“要想变，先有电。”经过三年奋斗，1997年11月，全省行政村村村通电的目标终于实现。

电价高，让农民最烦心。有的地方一度电3元多，农民用不起，只好把买来的新洗衣机当米缸用。从1999年开始，全省开展农电“两改一同价”，进行农网改造，又搞“一户一表”，减少偷电现象。农村每度电平均到户价1998年是1.32元，1999年是1.00元，2000年是0.89元。农村居民住宅用电量比1998年增长了50%，增幅远远大于其他行业的用电量。

与此同时，我还大力推进技术进步，提高企业管理水平。

我在外国考察，发现无人值班比有人值班还安全，回国之后，我在黄埔电

1994年，吴希荣（中）到变电站调研工作

厂召集各个下属企业的头开会，要求推广无人值班，说："万一出了事，由我负责！"有人立刻提醒我："无人值班是明显违反安全规章的。"我说："正好有部领导来广东，我建议上面改一改安全规章就行了。"幸好部领导开明，接受了我的建议，上面很快修改了安全规章。广东的无人值班，由水电站逐步推广到电网。到2001年底，省、市两级电网调度全部实现遥测、遥信，部分实现遥调、遥控。

经过十年的快速发展，我们的家底越来越厚实。到我离任的2001年7月，广东电力工业局总资产达1 861亿元，比1992年增长11倍。企业经济效益越来越好，对国家所做的贡献也越来越大。

回顾往事，我觉得自己总是在"啃硬骨头"，累是累一些，可值得！我在客厅摆放着一台大地球仪，不时提醒自己记住诸葛亮"以天下为怀"的精神。每当发生世界大事，我就从地球仪上找一找具体位置。

（吴希荣口述/丁帆整理）

# 苦乐年华

**邝炳才**，男，1941年出生，广东开平人，原开平电力工业局输变电工区主任。1958年回乡务农。1959年招入开平县三埠人民发电厂，后转入开平电力工业局工作。2000年退休。2008年曾应邀赴粤北参与抗冰抢修复电工作。

我是一个出生于战乱年代的人。1941年抗日战争期间，日寇两次攻占开平县，烧杀抢掠，无恶不作。也就是在人们四处躲避日寇铁蹄和刺刀的那一年7月，我来到了人世间，来到了开平县水口镇的一个贫苦农民家里。

我的祖辈是地地道道的农民，父母育有三个子女，我是最小的一个，是名副其实的“长尾仔”，哥哥和姐姐都大我十多岁。母亲长年守着租耕的六亩薄田，那时耕作落后，产量低，往往稻谷收成再减去需交缴的田租谷后，余下的口粮谷已所剩无几，遇到不好的年份，更是颗粒无收。父亲除了农忙帮上母亲一把外，大部分时间都是出去做点泥水手工活来挣钱养家，收入微薄，家徒四壁，苦不堪言。

在那个兵匪横行、民不聊生的年代，食不果腹、忍饥挨饿是常有的事。为填饱肚子，母亲时常到山间田野边采挖些野菜回来充饥。印象最深的是一种我们本地人叫“黄狗头”的野菜，这种蕨类草本植物，虽然谈不上有多可口，但至少可以充饥。不过，由于采挖者众，“黄狗头”一般很难采挖得到。遇上灾年大饥荒，甚至连芭蕉和木瓜的树桩都被挖来充饥。还有，每当我家附近的潭江河退潮时分，哥哥总是拽上我当帮手，提着鱼篓子到江边泥地里，捉些诸如螃蟹、小鱼、小虾之类的回家煮着吃，这算是解嘴馋、打牙祭的唯一方法了。

解放后，搞土改，分田地，家庭生活稍有改善，但日子仍然过得艰辛。我读书比较晚，1952年我十一岁时才在村里上小学，这也是我平生仅有的读书生活。我学习非常勤奋，在全班近50名同学里，就数我和与我一同玩到大的本村兄弟邝根源两人的成绩最好。升初中考试时，我俩同时被开平县开侨中学录取，这可是我们县里的一所名校。一时间，村里人都投来羡慕的眼光，父母感到十分有面子。

我到现在还记得家人为我开学报名注册奔波忙碌的场景。那天，母亲兴冲冲地到公社信用社贷了27.5元，把钱放在我的口袋时，又不放心地用针线把袋口缝上。临行前，还一再叮嘱我要看管好钱物，千万别弄丢了。在到城里办理入学注册手续的路上，我和邝根源几乎是唱着歌去的，从来没有这样开心过。

然而，没想到的是，我的读书生涯却到此戛然而止。当我回家告诉母亲，上学还需要一笔钱购置棉被、蚊帐、草席等生活用品时，本来还满心喜悦的母亲忽然眉头紧锁，哀叹了一声，最后含着泪对我说："阿仔！爸妈也很想你能有出息，但咱家穷，连饭都吃不饱，哪有这个能力啊！咱就放弃吧。"母亲的话，令我心如针扎，但面对当时捉襟见肘的家境，哪有别的选择？

邝根源的情况跟我一样，也没逃脱辍学的命运。当开侨中学陈家驹校长得知我俩因家庭经济拮据而要中断学业时，无奈地摸摸我俩的脑袋，不停地叹息。从学校领回注册费的那一刹那，我知道，我心底里一直怀揣着的那个通过升学走出贫困，改变自己人生的念头，就此破灭了。

正当我以为自己将像父辈一样终生荷锄耕田时，命运却为我开启了另一扇门。我辍学的第二年，即1959年秋天，开平县三埠人民发电厂因为在"大跃进"期间扩建了一台240马力柴油发电机组，供电范围扩大，便向农村招收一批工人。机缘巧合，我被公社领导选送进厂，当起了一名学徒工，走上了另外一条虽然与当初设想不同却永不后悔的路。

与我一同进厂的有司徒金培、余照明、方庚业、周贤等30多人。我被安排跟着八级工朱简师傅学艺。八级工在当时是最高技能等级了，每月工资高达108元，令人十分羡慕。所谓学徒工，说白了就是给师傅打下手，做些搬运施工材料和传递工具等体力活。在工作过程中，师傅向徒弟传授一些相关的电力知识和操作技能。我非常珍惜这个学习机会，悟性好，又从不吝惜体力，很受师傅的喜爱。

随着时间的推移，加上高强度的劳动，学徒们刚入厂时的那份热情和积极性逐渐消退。尤其是学徒费少得可怜，每月只有12.5元，无论你怎么省着用，也不够基本的伙食开销。我们都是些十八九岁的年轻人，正是长身体的时候，胃口好，饭量大，不够吃时，只好回家带些番薯、木薯等粗粮回来充饥。最终，大部分人都熬不下去，另谋活路去了。当初一同进厂的学徒工，剩下的包括我在内不到十个人了。

看着同伴纷纷离开，我心里也打起了退堂鼓，便想"解甲"归田。母亲得知我的想法后，开导我说："阿仔！想求得一条活路就要经得起磨炼，世上哪有尽享清福的闲活？咱们这些穷苦人家，还怕什么苦呢！”我的这点“小九九”，也没能逃过我师傅的眼睛。他把我叫了过去，大道理、小道理讲了一大堆，并拿“破茧成蝶”的成语和他如何成为八级工的经历，一再地鼓励我，说无论什么时候都不要把困难看得比天大，要我坚持下去。他说：“要记住，任何事情不经过努力，老天爷是绝对不会白送给你的！”

母亲和师傅的话深深地触动了我，我慢慢地打消了退工返农的念头。1962年夏，我结束了三年的学徒生涯，转为正式工。现在想起来，我十分感激在自己人生低潮或迷惘时，给我教诲、给我鼓励的母亲和师傅。没有他们，我的人生可能是另一种模样。

1963年3月，开平电网与珠江电网联网，三埠人民电力厂停止发电，我随全厂员工一同转入开平县供电局，从事线路运维工作。也就在那年春天，在母亲的撮合下，我娶了邻村一位农家女孩为妻。那个时候，城里的女孩大都想找有华侨背景或有体面工作的人家，哪里会看得上我们这些整天爬杆竖塔，被太阳晒得黑不溜秋的人？因此，我们这一代的电力线路工，绝大部分娶的都是农家女孩，组成了这种当时叫作“亦工亦农”的家庭。

我妻子是一个勤俭本分的农家女，自结婚第二年起，先后为我生育了两男一女，大儿子叫邝伟棠，二儿子叫邝成东，小女儿叫邝巧连。在20世纪60年代，柔弱的妻子除了抚养孩子、照顾年迈父母外，还得起早摸黑地去生产队挣工分。由于我家人口多，劳动力又少，每到年终时，妻子总是无法挣到当年的工分值，还得倒贴钱给生产队换口粮。家境的贫困依然如故。

1970年冬，当时我任线路排长，有一天随同公司革委会主任何耀忠到水口察看线路规划。任务结束后，他突然说要顺道到我家去看看。我拗他不过，只得硬着头皮把他领进了家门。何耀忠主任见我一家七口仍旧蜗居在低矮潮湿的祖屋里，很是关心，与我父母一起拉家常，嘘寒问暖的，还拿出饼干分发给我的三个小孩吃。临别时，他又从口袋里掏出了十多斤粮票交到我手里，嘱咐我别忘了给老人和小孩增加点营养。此后，何耀忠主任仍然时时惦念着我家的困难，并不时地给我一些接济。这件事，现在回想起来，我心底里仍然备感温暖，对他充满了感激。

1974年秋，组织上安排我担任水口供电站站长一职，当时站里有职工近40人。在“站管所”的管理模式下，工作范围除了担负110千伏水口红花变电站的设备巡视、检修、维护任务外，还涵盖了对水口、月山、水井等公社农电所的管理。

1976年，邝炳才工作照

20世纪70年代中后期，开平水口的农田水利设施还不够完善，农民极为盼望能有个排灌站，以确保粮食旱涝保收。因此，我们的工作重心主要放在配网建设上。那些年，我带着张焯民、张耀光、罗付发、罗甜发等一班员工，长年奔走在田间地头，从线路的规划到施工，哪一个环节都没落下。当时没有什么机械化的运输工具，搬运施工材料和施工设备，几乎全靠人力手拉肩扛。为加快工程进度，节省往返时间，我们几乎长年居住在农户家，没日没夜地忙碌着。几年下来，辖区内每个大队都通上了电，建立了30多个排灌站。有人开玩笑地说，我们几年流的汗都可以用来抽水排灌了。

改革开放后，我们这些“亦工亦农”家庭的生活境况慢慢地得到了改善。1979年末，在组织关怀下，我的妻子也“洗脚上田”，进城当了一名农电抄表工。从此，日子越过越好。

在水口供电站做了近十一年的站长后，我上调到公司生技股任线路管理员。不久，公司领导指定我履行线路工段副主任的职责，具体

1980年，邝炳才（后排左三）参加220千伏江门北街变电站扩建工程时留影

负责组织实施110千伏会长线15号跨河派杆的专项技改施工工作。没想到，这次施工却给我带来了一生的痛楚。

这项技改工作地点是新会汾水江畔，要求将过江派杆从原设计高度36米提升至42米，施工难度和安全风险都比较大。为此，公司除任命我为负责人外，还任命骆仍荫为技术负责人，大家都习惯称他为“骆工”。骆工是当时公司少数几个拥有大专学历的人，专业能力强，工作严谨，为人也很谦和，深受同事们的喜爱。我与他同住在一个院子里，交往颇深，工作起来也很默契。

由于组织得当，措施到位，而且开工前我与骆工还进行了实地察看和施工方案讨论，做了大量准备工作，原本计划两天的跨河派杆专项技改工作我们一天半就完成了。1982年6月13日中午时分，我们带着愉悦的心情收拾行当返程，当行驶至新会七堡路段时，一辆载满河沙的手扶拖拉机突然横窜出来，我与骆工乘坐的由余柱民驾驶的侧边式三轮摩托车避让不及，直接撞了上去。坐在侧边车斗里的骆工当场遇难，我则被甩到路边不省人事。苏醒后，我的腰椎钻心地疼，根本无法站立，后经多方治疗才逐渐康复。

人生就是这样无常。一直与我亲如手足的骆工，转眼间便与我们阴阳相隔，令人唏嘘，让人痛惜。为了缅怀骆工，也为了警醒自己，我将他生命中最

1981年，邝炳才工作照

后签署的工作票一直保存至今。

1984年6月，我担任输变电工区副主任。主任黄定权是开平电力的“拓荒牛”之一，在职工中享有很高的声誉，我很敬重他。和他搭档四年，在他身上学了不少东西，尤其是管理方面的经验。1988年3月，我转做主任，开始主持全面工作。

怎样才能带好全工区30多号人，带他们去拉线竖塔、抢修复电，这是必须首先考虑的问题。我知道，作为一个管理者，必须做到知人善用，这一点很重要。20世纪80年代后期，工区新来了一批大学生，为我们增添了新生力量，也增添了活力。印象比较深的是方永康，他毕业于华南工学院。工作中，我觉得他理论基础好，又肯学，是个好苗子，便着意培养他。我除了帮助他积累些实际工作经验外，还提醒他要沉下身子与大伙打成一片。不出几年，他被组织上提拔为副主任，现在已经是江门蓬江供电局局长了。还有，工区里有个员工叫梁河沃，是个退伍兵，他在爆破方面很有一手，基础知识很扎实。我得知他有这一特长之后，就安排他专门负责导线爆破熔接工作。不出所料，他的爆破熔接技术高，质量好，动作规范又安全，很快就打出了名堂，成了行内公认的高手。

1989年末，110千伏台开线Ⅱ回跨河铁塔的组立施工，该施工点位于如今开平市区切片

2008年，邝炳才参与抗冰归来，接受当地媒体采访

厂附近和潭江对岸的三埠办事处石海管理区，将建设跨度为560米、高度为76.5米的两座过江耐张铁塔。这是我们首次承担如此高难度的施工任务。

施工过程正值梅雨季节，寒风雪雨给我们的施工增添了不少困难。第一基铁塔施工时，我们采用的是“搭巢式”施工法。在塔上工作的劳焕权、劳锦波、余锦华等工友，一个个被冻得脸发紫，手僵硬，实在挺不住时，就匆匆地喝上一碗红糖热姜汤，暖和暖和身子后接着再开工，我看了觉得很感动。我想，必须另辟蹊径，改变施工方法，减轻工友们的劳动强度，提高工效。经过观察和权衡，我独创了一种“组合式”施工法，即由地面人员将塔材预先组合并固定成块后，再起吊给塔上施工人员拼接安装。这种方法果然见效，按此法施工的第二基铁塔仅用了7天，比第一基铁塔节省了近一半的时间。

2000年3月，我提前一年退休了。离开干了几十年的工作岗位，在家过起了含饴弄孙、植树养花的日子，本以为再也不会重返干了一辈子的线路岗位了。没想到2008年春粤北的一场冰冻灾害，又把我拉回电力抢修一线。2月15日傍晚，在开平供电局输电一班当班长的儿子邝伟棠打电话给我，说欧郁强局长想请我随队赴粤北参加抗冰抢修工作，问我有啥意见。我说：“只要组织需要，我义不容辞！”翌日，我便随徐健雄副局长一行，先期奔赴韶关察看现场，研究施工方案。

记得队伍集结韶关的当天晚上，我们在坪石监狱的板房里宿营，尽管我盖了一床厚厚的棉被，还加穿了四条裤子，仍感到寒气透心彻骨。第二天一大早起来，厨房大嫂见到我，感到有点不可思议，因为这支抢修队伍多数是年轻人，就忍不住问我多大年纪，我比画了一下说："快六十七岁了！"她先是惊讶，后是感动，一再叮嘱我要多吃点东西，保重好身体。

说实话，那年冰雪灾害的严重程度和电网损毁程度，超出了我们所有人的想象，电杆电线横七竖八地倒了一地，触目惊心。在这冰天雪地、崇山峻岭中立杆架线，难如登天。比如搬运水泥电杆，尽管开出每人每天500元的高价，也无民工愿干。见此，我提议以绞磨牵引的老办法组织施工，并在经验丰富的线路班副班长劳锦波的组织实施下，安全、顺利地把电杆全部牵引到山上各施工点。接着，我又提出了采取"等张力法"拆除受损的电杆和线路的建议，均被带队领导采纳。就这样，我们爬冰卧雪连续在韶关坪石奋战了14天，直到2月29日才凯旋归来。

日月如梭，光阴似箭。一晃之间，如今我已是一个过了古稀之年的老者。回望逝去的岁月，我从一个农家娃到一个学徒工，从一个线路工再到一个管理

2014年，邝炳才向青年员工讲述开平电力发展历史

者，一路走来，虽说不上是历尽了坎坷，却也尝遍了生活的甘苦，其中滋味，不是过来人是很难体会得到的。可以这么说，年轻的时候，做梦也想不到会有今天这样的幸福日子，画图也画不出今天这样的现代化电网。想想过去，看看现在，当真有一种恍如隔世的感觉。经历过贫穷、经历过艰辛，甚至还经历过生死的我，能过上衣食无忧的晚年生活，我非常知足。

（邝炳才口述/梁锦明整理）

# 情系粤北

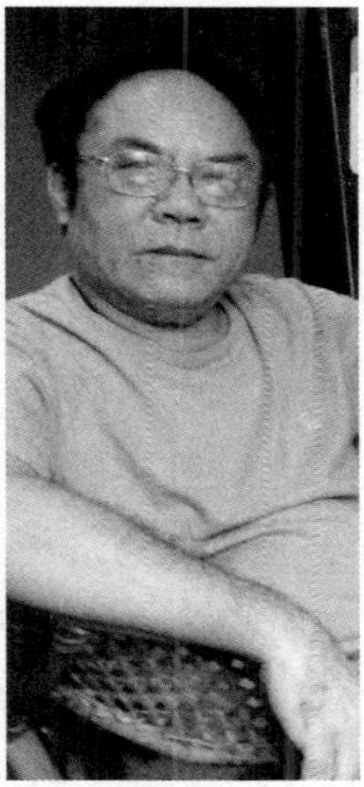

**徐海山**，男，1941年出生，广东丰顺人，原韶关电力工业局局长、党委书记。1966年毕业于广东工学院，先后在韶关发电厂供电公司、韶关电力工业局等单位工作。1995年荣获『全国劳动模范』称号。2001年退休。

我是客家人，祖籍在梅州，但我常对人说：我家在韶关。因为在这里生活工作了整整四十六年，过了大半辈子，熟悉这里的山山水水，我早把这个“粤北重镇”当作自己的第二个故乡。

1941年8月， 我出生在丰顺县埔河乡埔头村的一户贫苦农家。我很小的时候，母亲就去世了，没有兄弟姐妹。后来，因为生活所逼，在我四岁的时候，父亲被“卖猪仔”去了南洋，剩下我跟着奶奶一起生活，相依为命。

农村的小孩读书一般比较晚，我也一样，九岁才入学，就读当地的东海小学。学校离家有点儿远，六七里路吧，每天步行来回得花上三四个小时。不知为什么，当时小学一、二年级只读一个学期，而不是一学年。小时候家里很穷，没有钟表，奶奶每天早上早早起床，以看星星来确定时间，天蒙蒙亮就催促我上学。我经常是一个人到校后，学校连门都还没有开。学校旁边的空地便成了我学习的场所。每天放学后，我就得帮家里放牛，边放牛边利用空闲时间做算术。记得小时候，我家与邻居另外三家共用一头耕牛，平均下来“一家一条牛腿”。晚上，我和同村的几个同学，围在一盏煤油灯下写作业。点灯用的煤油，由每家轮流出点儿。总之读书时生活条件和学习环境都很差，但那时年少，有书读就是一件高兴的事，一点儿也不觉得苦。

1955年，我考上了丰顺县第三中学，在那里，我上完初中上高中，先后待了六年时间。学校离家有5里路，同学大多住在学校。而我家里经济困难，没钱让我住校，我仍像以往一样——走读，每天一个人步行上课。好在从小走惯了，早上去晚上回，一天两趟也没觉得有什么累的。午饭就在学校吃。每天一早我将从家里带来的米或其他杂粮，交到学校饭堂里，统一蒸好，下了课自己去取。

在学校里，我一心一意读书，那个时候比较单纯，也没有什么玩的，便把心思都放在学习上了，所以各门课的成绩都挺不错的。读初二那年，我参加学校组织的作文、数学竞赛，均获得了第三名。特别是作文，还受到老师的表扬。记得当时我写的作文题目是《我做了一件有意义的事》，写的内容大体是：有一天我在放学的路上，跳下河去救了一个失足落水的小孩。这是一件真实的事，可不是随手乱写或特意编造的。

1961年，高中毕业填志愿时，我也没多想，凭直觉就填报了广东工学院，选择了发配电专业。不久，录取通知书下来了，我如愿考上了心仪的大学和专业，心情特别地激动，因为终于可以走出大山了。以前，考上大学就意味着可以“农转非”（即由农业户口转为城镇户口），从此吃上“皇粮”了，这对每个农村人来说，都是梦寐以求的事情。

1966年，徐海山在广东工学院读书时留影

当时从老家丰顺坐车到省城广州有两条路：一是从汕头到广州，二是从梅县到广州。入学时，我先选择经汕头去省城的客车，因为这条路较近。我现在还清楚地记得，客车是早上5点20分开出的，到广州时已是晚上9点了，走了近16个钟头。从早到晚颠簸了一路，我全身都几乎散了架，但心里却是按捺不住的兴奋。因为这是我第一次出远门，第一次坐长途客车，一切都感到新奇。

那时候的大学本科生学制大多是五年制，我选读的这个专业也是一样。我深知读大学对自己意味着什么，因此十分珍惜这五年的时光，在学习上不敢有丝毫的懈怠，确实狠下了一番功夫，成绩在班里一直名列前茅，每学期都能拿到二等以上的奖学金，虽然只有16元，但当时也算是一笔“巨款”了，为我解决了不少生活上的问题。要知道，当时一般干部工人每个月工资才40—50元。

1966年7月，我大学毕业时，恰逢“文化大革命”，我们这一届毕业生留在广东工学院搞“革命”，学校还发生活费。直至1968年，我才从广州来到了粤北，进入韶关发电厂供电公司工作。

我上班的第一个岗位是输电施工，那时的机器设备落后，生活条件艰苦，过惯了学校集体生活的我，刚来的时候还真不太适应，好在师傅们在生活和工作上都对我关怀有加，我很快就融入其中了。我跟着师傅们挖穴、架线、立杆，到处奔忙。那种七八米长的木电线杆，我和工友抬起来就走；10多米高的电线杆，我也照样爬上爬下。师傅们都说：“小徐，你真不像是一位大学生。”

白天和工人师傅一起出工流汗，吃粗茶淡饭，晚上我回到宿舍就看书，主要是业务技术方面的书；有时间就给女友写信。说起我的女友，也就是我现在的妻子邱碧英，我们还真有缘，当时我和她一起在梅州丰顺县读书，后来一起考入广东工学院，又是同年的毕业生。1968年9月，我刚分配到韶关工作时，邱碧英在距离韶关市区几十公里的韶关发电厂工作。于是，每个星期天，我就买一张五角钱的火车票，坐上火车到她所在的厂里，一起度过快乐的休息日。妻子至今还珍藏着厚厚的一摞火车票，她说这是我们感情的见证。说来这是快五十年前的事情了，现在偶尔翻看这些发黄的火车票，回想年轻时的那份浪漫，仍觉得非常甜蜜和美好。

一年以后，我调到了韶关发电厂供电公司电力调度室工作。当时韶关用电量不多，大概7亿千瓦时吧，系统也并不复杂。刚到调度室，师傅就说：“小徐，你是大学生，调度工作你可要多担待点，我们相信你。”我也是“初生牛犊不怕虎”，一到调度室就上岗操作，现在回想起来还挺后怕的，虽然我是专业科班出身，但当时我几乎没有一点实践经验，确实胆大。

韶关调度是由1965年5月成立的韶关发电厂调度所发展而来的，下设调度室和通信班，所址设在韶关市熏风路30号。1967年初，迁至西河武江南路新盖的调度楼内。1969年，也就是我去的那一年，调度所与韶关供电公司合并，电力调度室归生技股管，继保通信归输电工区管。当时调度采用的是电力载波通信，即利用高压输电线作为传输通道，通过载波机和各种辅助设备传送信息。我记得调度室里的台面上摆放着13部磁石电话机。工作时间长了，我练出了一门“拿手绝活”：只要电话铃一响，我不但能听出是哪部电话在响，而且能听出电话来自哪个变电站，一说一个准，保管错不了。直到现在几十年过去了，有的老工人见到我，还会笑着对我说，当年他们在野外作业，或是在变电站值班，都习惯地问一句：今天调度室是谁值班？如果听到是徐海山时，大家都放心了。每每听到这些，我心里都是美滋滋的。

1969年初，我结了婚成了家。妻子邱碧英在韶关发电厂工作，到了年底，大儿子在电厂出生，如此，我算是真正在韶关扎下了根。妻子是检修工，什么开关检修、搭棚、值班的工作都做过。随着女儿和小儿子出世，妻子也在1977年调到韶关市区来工作，与我同一个单位，家庭气氛越来越浓厚。

20世纪70年代以后，韶关电力调度继续向前发展。1970年，成立继电保护班。1975年，调度室升格为调度所。1978年，调度所成立远动班。同年8月，我被任命为调度所副所长。在这个位置上，我做了五年，主要是协助所长抓好安全经济调度、通信和调度自动化工作，先是推动使用远动装置采集遥测遥信量，后是开始有计划地淘汰原电子管型载波设备，更换成晶体管型的新型机，为调度指挥提供可靠性较高的通信手段。

改革开放以后，国门打开，旅居海外的华侨纷纷回乡探亲。前面说到，在我很小的时候去了南洋的父亲，一直以打工为生。以往每年春节前后虽然都有书信来往，但从未见过面。父亲在我脑海里只是一个概念，没有什么印象。直到1981年，我才与阔别三十六年第一次回国返乡的父亲见了一面。当我面对年近古稀的父亲，却觉得是如此的陌生，虽有血缘却无亲情感，毕竟自小分离，没有一起生活过。不久，父亲重回南洋。两年后，父亲在南洋去世了。

1983年6月，韶关地区供电局与韶关市供电局合并为韶关供电局。同年11月，组织上对我委以重任，让我担任韶关供电局副局长，主要负责电力基建工作。1984年10月，局长刘晨光调去深圳以后，由我任代理局长。到了1985年4月，我由“代”转“正”，被任命为韶关供电局局长，跟党委书记陈琳镇搭班子，当时的班子成员还有伍铿、梁振义、郑江英等。

上任时，我面对的是这样一种景况：珠三角迅速崛起，相比之下，昔日的粤北重镇日渐暗淡。曾有一段时间，韶关供电局人事部门竟收到上百份调动申请，有门路的都想离开。我认为，从某种意义上说，一把手的状态，决定着一个班子的面貌；而一个班子的面貌，又往往决定着一方的兴衰荣辱。既然组织上把我放到局长这个位置上，那我就必须在这个位置上尽心尽力地干出一番事业来。我吃的是韶关饭，喝的是韶关水，不为韶关做点事，能心安吗？

当时韶关供电局管辖的35千伏及以上变电站有24座，大都远离城镇，条件比较差。我是从基层一步步走上领导岗位的，我深知一线员工的苦。为此，我每年都会抽空带领有关部门的负责人到各个变电站了解情况，现场办公。记得有一次到了110千伏顿岗变电站，员工反映值班睡觉的床板已损坏变形，棉被残旧，不能保暖。我立即安排人员给他们送去新床板、新棉被，并给他们发放电热毯。此外，我还要求局里给每个变电站都配备厨具和文娱用品，控制室和值班休息室都装上空调。为解决在附近城镇工作的职工家属的住宿问题，还筹资建起了家属楼。后来，有员工对我说："领导这么关心我们，我们还有什么理由不好好工作呢？"

1988年春发生了一件事，让我终生难忘。当时，全局员工正铆足劲儿创安全生产100天，但仅仅剩下最后三天时，发生了一起安全事故——110千伏东郊变电站主变着火烧毁。虽然当时调查得知变压器烧毁为雷击引起，但是该站工作人员责任心不强，没有及时发现和处理设备老化的问题也是重要原因，最后将事故定性为人为责任事故，翻了牌。那一刻，我好像挨了电击一样，难受至极。痛定思痛，我亲自到各个变电站去调查、去了解问题原因。很快，我发现问题所在：除设备老化隐藏着一些不安全因素外，最主要的是职工安全观念较差，管理松懈，对安全规定、安全制度执行不到位。问题的症结找到了，我便开始对症下药，制定了"四个一"的制度，即每年的第一号文件是有关安全生产的内容，每月的第一个星期一是安全生产分析会，每周的星期一是讨论安全

1993年，徐海山（右）在韶关供电局调度室检查工作

生产的调度会，每天一早抓生产的中层领导都要去调度室了解安全生产、系统运行情况。此外，还制定了详细的安全责任制与奖罚制度，并严格执行。这几板斧“砍”下来，终于见到了成效：到1993年5月，韶关供电局实现连续安全生产408天（跨年度），并连续九年杜绝了人身死亡、重伤及大面积停电事故。

1993年8月，组织上又赋予我一项重任——党委书记，开始党政一肩挑。接过重担后，我主抓了两项工作：一是开展安全文明生产双达标活动，1994年3月，我局以744的高分通过省电力局的考核验收，同年6月被电力部授予“达标企业”称号。二是开展劳动、人事、工资三项制度改革，初步改变了机构臃肿，劳动组织不合理，干部能上不能下，论资排辈，在分配制度上“大锅饭”平均主义严重的问题。1995年2月，我局综合评价总成绩超过了900分，当年被评为省电力局“三改”先进单位。同年5月，我个人也被评为全国劳动模范，并获邀赴京参加表彰大会，受到了中央领导的亲切接见。这是我至今认为自己一生中最为荣光的一件事情。

其间，韶关市发生了一次严重的洪涝灾害。那次抗洪抢险的情景，我至今仍然记忆犹新，难以忘怀。

1994年6月16日，韶关普降暴雨，洪水横流，最高峰时市区水位高达57.21

米。市区很多配电变压器和台架随时都有被洪水淹没的可能，必须赶在洪峰到来之前切断电源，否则后果不堪设想。6月17日一大早，我带着几个管理人员，实地巡视市区水位并分析灾情，当场定下对策：凡被水浸不能正常供电的设备必须停电，要确保人身和设备的安全；根据水位高低情况分步实施停电。记得当时我们来到浈江桥头这边，洪水泛滥，走不过去，刚好旁边有条小船，我们问船主能否载我们过去，对方要价100块，我说行，顺手就掏了钱给他。那条船很窄，人靠着人，没地方坐。到配电所去检查时，那里仓库已被水淹，有腰那么深，过不去。我就叫人借来一张梯子，从窗口爬了进去。还有，我巡查到陷入断电状态的市中医院时，院长像见到救星似的，一把拉着我的手说："停电会影响病人的安危，你帮个忙。"我查看后发现那里遭洪水袭击，电表已不能用了，我当即决定：不过电表，直接送电。宁愿我们吃点亏，也要保护好病人。

在那次抢险过程中，还发生了许多令我感动的事情。员工江俊浩和谢美娟夫妻俩把生病的儿子送到医院去住院，说是实在抽不出时间来照料儿子，这样好全身心地投入抗洪抢险中。此外，员工江汉亮冒着生命危险涉水切断电源，钟新耀全力帮助同事家属脱险，雷钦辉年近退休仍在抗洪一线忘我工作，李伟丹带伤连续顶班，方旭家里被水淹却自掏腰包坐船上班……说实在的，我一直为企业有这样的员工而感到骄傲。

抗洪抢险刚过去没两年，1996年春节前后，韶关又遭遇了北方强大寒潮袭击。农历除夕的前一天，气温在冷雨中急剧下降15摄氏度，最低气温达到零下2摄氏度，给电网造成严重损失。当时，从连州称架山到天井山的一条110千伏高压输电线路结冰严重。年初二，我立即派出一支融冰队前往称架山丰门凹211融冰点，采取短路融冰方法进行融冰。第二天一早，我带队赶往天井山变电站检查和指挥那里的融冰工作。车开出后不久，我看见山路边一棵被冰压倒的树距离结冰的导线太近，便立即下车，径直走到树前伸手推了一把。随行的人吓了一跳，大声地提醒我："注意！冰滑，下面是深沟。"当同事纷纷过来相助时，我已经把树推下山谷了。就这样，我们一路走一路沿途察看线路的结冰情况，直到下午4点半才到达目的地吃午饭。那段日子，我过得提心吊胆，寝食不安。还好，由于应急抢修处置得当，电网没有发生什么事故，安然无恙，春节期间，输电量还比往年同期增多了100多万千瓦时呢。

1995年，徐海山（左二）在线路抗冰改造现场检查工作

20世纪90年代末，我和我的班子全力推动500千伏韶关—北郊输变电工程建设。说起这件事，还挺曲折的。当时，上级很多人不同意在韶关建这个项目，认为作用不大，现有的设备已能够满足需要。我就发动党委一班人到处去游说，软磨硬泡，说韶关经济发展比不上珠三角地区，但它是老工业城市，要引领其后续爆发力，必须电力先行。接着，又带省市领导、专家深入英德、曲江、翁源等县去调查研究，寻找合适的建设点。记得有一次，我又准备用三寸不烂之舌跟领导“摆事实、讲道理”，一位领导连连摆手说：“好了好了，不用再说了，我算服你了。我们会考虑的。”最后，我们的努力获得了回报，工程终于得以立项，落户曲江县乌石镇竹园村，远景规划为2台75万千伏安主变压器，500千伏出线4回，2回至广州北郊，2回至湖南，220千伏出线10回。1999年10月动工兴建，2000年12月顺利竣工投产，极大改善了粤北电网结构，提高了北部电力向粤中输送能力。

那些年，我是名副其实的党政一把手，既做局长，又兼党委书记，负责电力生产、建设、管理和党群的全面工作。这样一来，很多人都来找我，希望我给行个方便办点事。我深知自己的职责与其中的利害关系，合规合法应该办的我义不容辞，否则坚决拒绝。我在家里定了一条规矩：谁也不许收他人的钱物，不管他是来表示感谢的，还是出于其他目的的，一概谢绝。多年来，有不少人就吃了闭门羹，甚至说我徐海山是不食“人间烟火”呢。在这方面，我得好好赞一下我的妻子，帮我挡掉了许多牵涉亲情、人情的事。有人曾开玩笑地对她说：“你要多吹吹枕头风呀！”妻子笑答：“他是山，我怎么吹得动他？”

一晃眼间，我退休已经十几年了。记得2001年刚退时，我就给自己立下承诺：“怀揣一颗平常心，快乐过好每一天。”现在，我每天都喜欢看些报纸杂志，看些微博微信，除了国内外经济社会发展新闻动态外，更喜欢看些韶关电力方面的消息。单位组织的退休老同志的各种活动，我都积极参加，大家坐在一起，说说过去的故事，聊聊曾经的岁月，还时常与一些摄影爱好者外出拍照，出去溜达溜达。在家里，我和老伴俩人经常一起逛街、买菜、散步，生活既简单也幸福。如今，两个儿子一个女儿都已成家立业，日子过得顺心安康，看着儿女们一步一步成长，我心里有说不出的高兴。

（徐海山口述/冯春华整理）

# 理想与荣光

**朱志忠**，男，1941年出生，广东惠州人，原惠州电力工业局副总工程师、党委委员。1965年毕业于华南工学院，先后在贵阳供电局、惠阳发电厂、大亚湾供电局、惠州电力工业局等单位工作，主要负责电力生产技术与管理。2001年退休。

惠州素有“岭南名郡”“半城山色半城湖”之誉，美丽的西子湖、泗洲塔就坐落在城市的西头。1941年11月29日，我就出生在山水之城——广东惠阳专区惠阳县鹅岭镇（现惠州市区）。

然而在抗日战争爆发后，这座城市却饱受日寇的蹂躏和摧残。听老一辈人说，日寇曾4次发兵攻占了惠州，进行疯狂的奸淫掳掠、杀人放火，无恶不作，犯下了滔天罪行。

在那个兵荒马乱、民不聊生的年代，社会哪有什么安稳可言？老百姓生活极其贫困。我家的条件也不太好，父亲就和叔叔合伙开个杂货店，专门卖一些生活用品之类的东西，做的是街坊邻里的生意，小本买卖，以维持生计。

解放后，惠州迎来了难得的和平时期。父亲是一个崇尚知识之人，知道读书对一个人的重要性，在我七岁时，便把我送到惠州镇第一小学读书。说起这所小学，那可是东江流域唯一一间有百年历史的学校，是清末惠州知府沈传仪于1903年所建，原校址就设在惠州府署右侧，离我家不是很远，走路5分多钟就到了。原中山大学校长黄焕秋、国民党爱国将领黄植楠、香港旭日集团董事长杨钊与杨勋，还有现在的TCL集团总裁李东生都毕业于这所名校。

1954年，我小学毕业后，考上了惠州中学。那时候，父亲那间杂货店早已关张，他开始在油印社工作。我家里的经济条件虽有所改善，但仍然好不到哪去，父亲对我要继续读书的想法仍旧非常支持。这一点，我十分感谢父亲，因为在那个物质匮乏的年代，我身边的很多小伙伴都是因为家里经济拮据而不得不放弃学业，早早出来工作以帮补家用。

就这样，我在惠州中学从初中念到了高中。老实说，我学习十分用功，自始至终没有辜负父亲的期望。

依稀记得高中时，老师布置了一篇作文——我的理想。我在那篇文章中写道：“祖国需要崛起，就必须建设强大的工业基础，就是要实现全国电气化，也就必须有更多像钱学森一样的科学工作者，所以我的理想是成为一名电气工程师。”因此，高中毕业时，我与班上的两名同学相约报考了华中工学院与电气相关的专业。很幸运，我如愿被录取了。

华中工学院坐落在湖北省武汉市喻家山麓、东湖之畔，被誉为“森林大学”，是个读书的好地方。1960年9月，我离开故乡东江来到长江重镇武汉华中工学院求学。大学五年，我学的是发配电专业，有些城里来的学生觉得学这个专业太辛苦，不够体面，不像核工程等新兴专业那样可以冲在建设的第一线，但我认为“七十二行，行行出状元”，每个专业学好了都会有前途。加上我对发配电又很感兴趣，因而我学得特别投入，门门课程成绩都很不错。其间，我与同班女同学李涛之相识相爱了，度过了一段美好的校园时光。

临近毕业，我因专业学习成绩优异，被推荐到湖北省电力局中心调度所实习。这是一段令人难忘的日子，因为调度所里人才济济，而且始终洋溢着一种奋发向上、干事创业的精神，受其熏陶感染，我刻苦钻研电力系统运行方面的知识。其间，我参加了电力部系统室何丰仁主持的湖北电力系统低周减载对电网频率及电压的系统试验，根据系统试验分析结果，撰写出《青山电厂青洛回路解列事故分析》的毕业论文，受到了指导教授的好评。

1965年秋，也就是“文化大革命”开始的前一年，我大学毕业了（学制五年）。当时，国家倡导“知识分子工农再教育”，要下乡实习一年，到大西北、大西南去支持“三线”建设。我被分配到贵阳供电局变压器检修班短暂实习，随后分配到贵州毕节专区清水浦区段家公社镇江大队与水城特区青杠林阿家克村参加“四清”活动，担任过工作组秘书，我的女友李涛之则先是分配到云南电力工业局属下的阳宗海电厂搞“四清”，接着被安排在开元电业局个旧供电所负责电气试验方面工作。

1966年2月，我被分配到刚成立不久的贵阳供电局修试场安装班任技术员，接着参与了“011工程”等国防建设，主要负责审查图纸、编制材料、组织施工、验收投运及绘制竣工图等工作。

从1966年4月开始，我先后被派往参与“011工程”“083工程”“901工程”和“061工程”等国防工程建设（组织关系仍属贵阳供电局），开始与国防建设结缘，当时我觉得这离建设祖国的理想更近了。我与这些国防工程的结缘最初是从“011工程”开始的，该工程分布在贵州中西部喀斯特山洞区域的安顺地区，是军用飞机的制造工业。“061工程”分布在遵义地区崇山峻岭中，主要研制火箭系统。

这些国防工程因安全和保密的需要，全部都是建在崇山峻岭的山洞中。例如，1968年6月我参与建设的空军“901工程”——磊庄机场（曾是贵州唯一的航空站），为躲避敌机侦察和有可能发生的袭击，保证飞机的安全和隐蔽性，空军总后勤部在磊庄机场旁开辟一个山头，把山体挖空放置军用飞机，因而我们这个连队被大家称为“洞库连”。建设工程期间，不仅工作环境十分恶劣，生活条件也非常艰苦，我们全班人员都住在一间沿山洞用石头砌的仅几平方米的工棚里，棚顶都是岩石板的。既是工棚，又是起居室，山洞里阴暗潮湿，窗儿简陋，棚顶上的石板因为风化，经常剥落掉下来。由于不透气，加上空间实在太小，十几个人呼吸的水汽在石板上凝结成水，与石板沙砾一起落在被子上，每天早上，你都会发现被子总是被露水打湿了。这种地方人住久了很容易得风湿病。最难熬的是冬天，实在太冷了，大伙儿只好盖上三层被子，上面一层挡露水和沙砾，挤在一起睡觉取暖。虽是如此，我们仍然情绪高昂，干劲十足。在那个“革命理想高于天”的年代，这是一个普遍现象，也是我们这一代人的历史印记。

那个时候，电力设计水平不高，拿到设计图纸后，你会发现，有很多地方都与现场不相符，比如设计的二次接线与制造厂生产的接线对不上号，二次端子也或多或少有不相符等，因而施工前要查线，画出电缆连接图及二次接线图，并做施工修改设计。工人施工完工后，进行核对、查验。竣工后，还要出竣工图，这样才能做到一次投运成功，十分麻烦。

说来也是一种缘分，久而久之，电气二次绘图倒成了我的一项特长，我画的图纸大家都说好，图画得很工整，很清晰。可是我想告诉年轻人的是，所谓的缘分也好，特长也罢，那都是“勤奋”二字的结晶，在技术的道路上是没有捷径可走的。

军工工程告一段落后，为了配合贵阳扎佐广播电台的业务需求，配合白马洞761U矿、开阳磷矿等矿产开采需要，我接到新的任务，被派往参加贵阳110

1969年，朱志忠与妻子李涛之在云南个旧结婚时合影

千伏久长变电站扩建。

1969年，我和女友李涛之结束了爱情长跑，正式结婚了。1971年，我的女儿出生了，但我在贵阳供电局，妻子则在云南个旧供电局，两地分居。组织考虑到我的家庭需要，就把我和妻子都调到了贵阳息烽供电所工作。此后这几年，我的工作从原来的输变电安装，转去做10千伏线路检修、运行维护，甚至还包括低压配电与营业抄表收费等工作。工作岗位变来变去的好处，就是让我对电力的设计安装、运行维护、用电营业等有了更全面的了解。

时光荏苒，1975年，中央要求“知识分子归队”，组织把我调回贵阳供电局变电工区，我先是担任技术员，后是担任副主任。到了1981年，正式担任主任一职，主管变电工区全面工作。

在工作期间，我总结出贵阳电力系统运行的“四大问题”，分别是设备容量、设备发热、污闪及接地故障。要测量设备发热与否，可没有现在的红外线测温仪这些先进设备，那么应该怎么测温呢？利用蜡烛熔点低的特点（石蜡是非晶体，无固定熔点，我们用的蜡烛在65摄氏度左右），将蜡烛绑在10千伏绝缘棒上，戴着绝缘手套，蜡烛靠近设备，如果超过65摄氏度蜡烛就会熔化，借此判断设备温度。

1989年，朱志忠赴法国为500千伏贵阳变电站选购设备时留影

针对污闪对电力系统的严重危害，尤其是贵阳，在冬末春初时节，整天毛毛细雨下个不停，变电站现场可以听到瓷瓶发出吱吱的放电声。唯一的解决办法就是清扫，可是不同的地方有不同的方法。我考察上海时，发现当地是用高压水带电冲洗，还有一些地方是风吹木屑带电清扫，更多地方是停电人工清扫。经过对比考察，我最终决定采用停电人工清扫的方式。大清扫后，设备健康水平迅速提升，大大降低了设备故障概率。这就好比中医治病要治本，不能头疼就治头疼，要有系统长期运行的概念，将风险管控关口提前。

到了1988年8月，我担任贵阳供电局总工程师，开始全面负责技术工作。在担任总工程师期间，有一件事最令我难忘，那就是建设贵阳500千伏变电站，这事我得具体说说。

20世纪80年代末，为配合天生桥水电站建设与实现贵州向华南送电的战略部署，贵州省电力工业局计划建设500千伏贵阳变电站，站址选在贵阳市北郊白云区沙文乡干田村，距贵阳20公里，占地135亩。那时候，贵州还没有这方面的经验，就派我去武汉，到全国第一个500千伏变电站——凤凰山站交流学习。回来后，我向上级提交了500千伏贵阳变电站整套设计方案，这也是最初的设计蓝本。

在建设过程中，我也花费了不少心力。1989年2月，为了选购优质开关设备，贵阳供电局特意选派我与西南设计院的孙煦和设计组长陈水清到法国考察以及签订技术协议，参与设备材料选用工作。我根据武汉凤凰山开关运行的情况，提出了一些改进意见。比如开关的熔断器，我提出：应该选用我国通用圆柱形陶瓷熔断器，而不应该使用法国专用的酒瓶型熔断器。因为一旦采用了法国专用熔断器，设备更换就必须选用法国产品，长此以往，法国可能就会抬高价钱，造成贵阳供电局的经费压力。在工程建设后期，我又制定了多个启动试验方案，如接地电阻测量地电位分布、零压启动等。就这样，我前前后后忙了几年的时间，头发都白了不少。1992年12月17日，这座具有里程碑意义的500千伏贵阳变电站终于建成投运。只可惜，我那时已经调回故乡工作，未能参加其竣工仪式，十分遗憾。

不知不觉间，我已在贵阳工作生活了二十多年。在这期间，我几乎跑遍了那里的山山水水，在我心底里，早已把贵州当作自己的第二故乡。我常对自己的晚辈说："今生能有机会在贵州工作，与当地的二友相遇，我感到很幸运，这是我的缘分和福气。"但由于长期忙于工作，很少回家去看望父母和兄弟姐妹。特别是父母逝世时，我都没能陪在他们的身边，这令我十分内疚。兄弟姐妹也劝我说："你的小孩也快工作了，还是回来吧，我们兄弟姐妹间也有个照应。"

左思右想之下，我便向组织提出回惠州工作的愿望。刚开始，贵州省电力局代局长何爱国说："你是局的总工程师，是生产技术的顶梁柱，大家都舍不得你走啊。"说要专门开会讨论和向上级汇报才能做决定。最后，还真是连续开了好几个会才做出决定，同意我回惠州工作。

1992年5月，我回到了阔别已久的家乡惠州，那一年我已年过半百。"少小离家老大回，乡音无改鬓毛衰。"我觉得这一句诗好像是为我而写的，很符合我当时重回故土的心境。

刚到惠州的时候，我和妻子在惠阳发电厂短暂工作了一段时间。1993年8月，组织安排我到惠州大亚湾供电局工作。同年12月，调任惠州供电局副总工程师，一直工作到退休。

刚调回来一段时间，由于电力部工资各地有不同标准，我的工资水平是有下降的。可是，我自认为自己是一个爱钻研技术的人，用现在年轻人的话讲，是一个“爱折腾的技术控”。再者，我见惠州供电局由于历史原因，设备运维水平跟先进局还是有差距的，我就成天想办法来提高惠州供电局的设备运维水平。在刚上任的那几年，有这么几件事我觉得是做得不错的。

第一件事是大力推进开关“无油化”技术改造。

20世纪90年代以前，惠州各个变电站使用的开关一直与“油”相伴，最早的老式多油开关，又大又笨重，仅里面的油就有几桶，“晴天一身油，雨天一身泥”就是当年电气检修工的真实写照。后来的少油开关，即10千伏SN10-10存在燃烧爆炸的危险，事故跳闸五六次就要安排停电检修。而且，负荷重或者打雷下雨时，常有成片放电现象发生，远看就像是“火烧连城”。这个问题在位于工业区的南郊变电站、中星变电站和沿海的平海变电站特别严重，动不动就要停电处理，对居民正常用电影响很大。

上任伊始，我便力推开关“无油化”改造，要求局里的建、生技部门做好计划，用五至八年的时间，将全部少油开关更换为六氟化硫开关，以尽快解决上述问题，增加设备安全运行的可靠性，减少日常检修、维护的工作量。

更换开关是一项非常复杂的工作，尤其是运行的开关，不仅需要拆除开关机构，还要拆除钢筋水泥基底。更复杂的是，各站的二次图纸因为时间久远，或与运行状况不符，有的甚至找不到图纸，只好重画二次端子图及二次电缆连接图。为了保证开关顺利更换，凭着自己对二次图纸的熟悉，我经常亲自到变电站现场核查，然后用铅笔一笔一画画出开关更换施工接线图，为供电局节省了不少设计经费。

当时，全局有几百台10千伏开关需要更换，工作过程中遇到的技术问题五花八门，有的是共性的，有的却是个性的，总之都要专门一一研究解决。因此，我经常蹲在变电站里，与工作人员一起研究对策，有时一蹲就是好几天。妻子经常“批评”我，说我“只顾大家忘了小家”。

第二件事是认真把好输变电工程建设质量关。

安全是电力工作的头等大事，特别是工程施工，稍有不慎，就会出事。我是副总工程师，当然不敢掉以轻心。说到这里，我想起了一个人，就是司机班的小强，他对吊车作业十分熟悉，是我这方面的“安全顾问”。有吊车作业时，我会请小强随我到施工现场，他根据施工要求，马上就能判定出吊车吊臂施工是否在合格范围内，并结合现场的地形地貌和吊车吊杆长度，给出详细的吊装步骤，包括吊车摆放位置、施工顺序等，无一遗漏。特别是220千伏CT更换，设备间间隔很窄，施工稍有失误，就会碰到旁边的带电设备，造成事故。这个时候，我总是找小强一同商议，然后亲自到现场勘查，制订好方案才停电。说来有点惭愧的是，我和他虽然“搭档”了十年，平时就“小强、小强”这么叫着，却没留意过他的全名，现在时间久了，更是记不起他叫什么了。

1996年，朱志忠（中）到沈阳开关站调研开关漏气问题

验收是工程竣工的最后一道关卡，是今后安全运行的基本，也马虎不得。记得1995年底，号称粤东第一站的500千伏惠州变电站即将投入运行，因我在贵阳时做过这方面的工作，局里便要我主抓验收工作。送变电公司工程负责人王经理跟我讲：“朱总，我们工程进展遇到困难，这样下去，按期完工恐怕不行，您经验多，请您想想办法吧！”于是我建议边验收，边施工，边消缺，为此，我特地成立了一次设备验收组、二次设备验收组、通信远动

专业验收组进行验收。（这是惠州供电局第一次要求一次设备按设备结构及施工技术规范、二次设备进行设备传动及保护定值复查验收、高压专业审查设备试验报告进行启动。）每组每天验收后，汇集缺陷报表，由我综合后，再交予施工方处理。那段日子里，我忙得像个陀螺一样转个不停，有时连续几天都待在工地上，直至11月28日惠州变电站投产才缓过劲来。

2001年12月，我正式从工作岗位上退下来。干了足足三十六年，算是把大半辈子的心力都用在电力事业上了，也该歇歇了。不过，我现在仍然保持每天看专业书、看图画图的习惯，许多变电站的名字和运行方式我还记得一清二楚。

如今的我，和妻子在家过着含饴弄孙的日子。有时候偶然路过惠州市一中或原供电办公大楼时，回忆起在贵州与工人朋友一起奋战在建设国家一线的情景，不禁回想起读书时立志当一名电气工程师的理想，回想起从贵阳到惠州这一路的摸爬滚打，心中有许多感慨：选择了一条路就选择了一种人生，投身电力等于投身于忙碌，投身于平凡，很多人可能看到了电力人光鲜的一面，并不了解其背后的艰辛。令人欣慰的是：当年的理想，如今已逐步实现，所走过的路，如今已成为自己人生旅程的一种荣光。

（朱志忠口述/黄文辉整理）

# 东南西北舞大旗

**余福敏**，男，1942年出生，浙江鄞县人，原广东省电力工业局副局长、广东省电力集团公司副总经理。1964年毕业于贵州工学院，一直在广东省电力工业局从事电力基建管理工作。2001年起任超康投资有限公司董事。2002年退休。

1942年，我出生于还在日军铁蹄践踏下的黄浦江边。对于沦陷时期上海滩的悲惨景况，因为年纪还小，在我的脑海中并没有留下多少记忆，但听老一辈人说过不少。

刚刚解放那些年，上海到处洋溢着翻身做主人的喜悦，这种气氛深深地影响着我。1958年，我刚读完高中一年级，就响应党关于支援边疆的号召，千里迢迢地来到贵州，入读贵州工学院的预科。两年之后，我考进这所大学，读的是发配电专业，从此与电力结下不解之缘。

1964年，我大学毕业，被分配到广东电业管理局基建处。随后，我还到华南重工业基地韶关市的六大工程之一——韶关发电厂实习了一年。1968年，我和马若慈登记结婚，成为夫妻。不久，我们生了个男孩，取名余晓峰。

1969年，广东省电力工业公司与梅县政府投资兴建梅西电厂，组建指挥部。我作为一名技术员，担任副指挥。

那个时候，从广州去梅县，交通十分不便。我早上5点钟在广州的越秀南汽车站上车，晚上7点钟才到梅县。全是山路，一路颠簸。

梅西电厂位于梅县到平远路上的上官塘，是为了响应毛主席关于“要迅速改变北煤南运”的号召，及时向煤矿提供电力而兴建的。我们仅用7个月的

1964年，余福敏在学校开展毕业设计时留影

时间，就建成梅西电厂一期工程。安装的第一台汽轮发电机组是1号3 000千瓦的，我们费了九牛二虎之力，才用大卡车运过去。1971年，这台机组投产。第二年，梅西电厂2号1.2万千瓦汽轮发电机组完成试运行，因无负荷而停机保养。

梅西发电厂的初创阶段十分艰苦。工人宿舍是我带人建造的干打垒，也就是用晾干的泥砖垒起来的；摆放机组的厂房也是我带人建造的，却不是钢筋混凝土结构，也不是砖瓦房，全部是用石头砌成的。厂房高25米，墙身均采用50号水泥砂浆砌块石（非规格石）结构，墙外勾缝，前后墙厚度下层36厘米，上层28厘米；山墙厚度下层43厘米，上层28厘米。每6米有一条钢筋混凝土护墙柱，每4.5米高有一条防风梁（山墙）和托墙梁（前后墙）。

说起这座石头厂房，还有两个老革命吵架的故事——

这两个老革命，一个是我们广东省电力工业局的副局长师兆祥，一个是梅县行署的专员黄凤章，都是艰苦奋斗的模范。副局长说，盖厂房不能用钢筋水泥，至少也得用红砖。专员说，梅县是山区，到处是石头，就地取材岂不更好？副局长说，那么高的厂房，用不规则的石头来建太危险。专员说，我们可以采取保险措施嘛！……他俩吵了大半天，我这个“小兵疙瘩”只好坐在旁边听。他俩吵累了，都躺在沙发上休息。最后，还是副局长向专员让步。我们的副局长可是个大好人，他到哪里检查工作，都不让我这随从人员帮他打饭，非得自己跟工人一起排队打饭不可。

参加完梅西发电厂建设后，因为工作需要，我又奔赴韶关。

1975年，为了在发电厂推广使用广东出产的煤矸石，韶关发电厂开始建设130吨/时烧煤矸石的沸腾炉。这在当时可是件破天荒的大事，是国家计委、省计委确定的工业性试验工程。我是作为广东省电力工业局的技术员到韶关发电厂开展协调工作的。这台沸腾炉由上海锅炉厂制造，土建工程由广东水电一局负责，设备安装由广东火电安装公司负责，协调各方关系，对我来说是家常便饭。1976年8月，这台沸腾炉建成试运转，一共试烧82次。经不断改进，试运行最长时间为10小时10分，带负荷75—105吨/时。由于出渣系统易堵等原因，

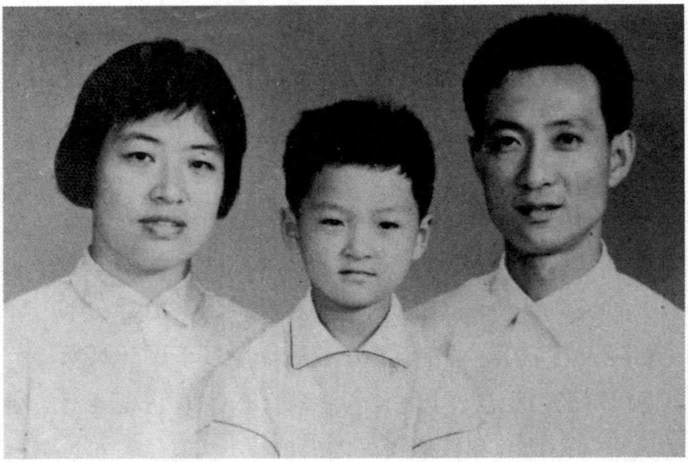

1972年，余福敏和妻子、儿子合影

这台沸腾炉于1981年停止试烧，1988年拆迁搬到阳山发电厂，部分设备由制造厂改进更换。

1982年，我担任广东省电力工业局基建处综合科科长，兼任沙角A电厂筹建处的副总工程师。沙角A电厂在电力的舞台上，是唱大戏的。它有沙角B电厂、沙角C电厂两个“兄弟”，合称沙角发电厂。沙角发电厂坐落在东莞市虎门镇附近的沙角海滩边，处于广东用电负荷最集中的3座特大城市广州市、深圳市和东莞市之间，具有电网支撑作用。沙角发电厂是国家“七五”“八五”计划兴建的重点项目。深圳被划为经济特区之后，广东特别是深圳的经济高速发展，电力紧缺问题更加严重。为了打破这一电力瓶颈，广东省政府和深圳市政府各自兴建沙角A电厂与沙角B电厂。沙角A电厂共有5台发电机组，总装机容量123万千瓦，总投资为31.9亿元，计划分两期建成。接受这一任务，我感到光荣，更加感到责任重大。

由于资金不足，沙角A电厂拖到1984年10月才动工兴建。而这一年，我担任基建处处长，又投身于韶关发电厂第四期工程的建设。韶关电厂第四期工程的重头戏是新建8号机组。我多次跟随局长到韶关发电厂去。每次去，都住在简陋的招待所，自己带着面条去煮。8号机组拥有几个“第一”：它是广东第一台20万千瓦超高压机组，主机轴承振动小于3丝，发电机漏氢量1.1立方米/日，是当时国内同类型机组中唯一小于3立方米/日的机组；其送风机选用上海风机厂引进德国技术的轴流风机，该型风机在中国是首次运用于电厂；江边水泵房的建设，设计与施工紧密结合，在全国首次采用地下连续墙新工艺。8号机组安装之后，遇到调速器不稳定的问题。调速器是机组的关键部件，弄得不好就会“飞车”，造成人身事故。我与工人们没日没夜地进行调试，还从北京请电力专家到现场进行指导。我往返于广州与韶关两地，常常在夜里坐火车。我们用了3个多月的时间，才完成调试任务。8号机组于1985年7月31日投产。这时，我才如释重负，换来一身轻松。

1985年，跟韶关发电厂的扩建一样，沙角A电厂的建设也如火如荼地展开。

沙角A电厂由广东省政府全资拥有，一期安装3台20万千瓦国产发电机组。沙角B电厂是中国首个采用“建设—经营—转让”（BOT）方式建设的工程项目，由深圳市政府控股，香港合和实业有限公司参股，深圳方面只负责提供土地和运营的燃料，电厂的建设资金则由港方负责筹集。沙角B电厂实行英国式的管理制度，采用日本企业提供的技术和装备，并由日本的企业负责监造，也是1985年动工兴建的。这样一来，沙角A电厂与沙角B电厂的建设就展开了无形的竞争。

一般来说，电厂是先完成土建，才进行安装的。在那个特殊时期，为了加快建设速度，我们是一边设计，一边土建，一边安装。跟在韶关发电厂一样，沙角A电厂的土建工程仍由广东水电一局负责，设备安装仍由广东火电安装公司负责。这两家单位常常为了谁先进入工作面而争执不下。例如，是先挖电缆沟，还是先运进设备，等等。有时，这两家单位的工人争得面红耳赤，甚至互相拦路。这时，我已经担任广东省电力工业局副局长。尽管事务性工作多了，我还是经常到沙角A电厂进行现场协调。每周，我都召集现场调度会议，让大家畅所欲言，集思广益。会后遇到具体矛盾，我先是实地考察，权衡轻重，然后跟这两家单位的领导商量。这两家单位的领导说，我们都是电力局的仔，当然听“老窦”（父亲）的。有时，说服了领导，而工人

1994年，余福敏参加广东大亚湾核电站1号机组投产仪式

仍不情愿，还是顶牛，我就直接去跟班组长商谈。工人总是通情达理的。通过商谈，往往能够找到两全其美的方法。

沙角A电厂的设备全部是国产的，大都由上海制造。设备到货不及时，有的设备质量不过关，也是我遇到的一大困难。为此，我一方面加强对设备制造厂家与安装方之间关系的协调，一方面指令广东火电安装公司特派一个工作组常驻上海，催促工厂保证供货进度。我还组织技术人员，对设备反复进行测试，以保证质量。在那些日子里，我协调平衡方方面面的关系，简直像个走平衡木的体操运动员。

1987年4月21日，沙角A电厂实现首台机组投产发电。而沙角B电厂的1号机组也在同年4月22日投产发电。沙角A电厂与沙角B电厂几乎同时投产。这一来，沙角A电厂与沙角B电厂的竞争呈现白热化。沙角A电厂一期工程，犹如长跑选手一样进入冲刺阶段。我更是经常上工地办公，甚至几天几夜地泡在工地，跟工人同吃同住同劳动。就这样坚持了一年多，2号、3号机组分别于1988年7月、1989年8月建成投产。由于长期高强度工作，沙角A电厂一期工程全部投产之后，我肝病发作，住进了医院。前前后后住院三四个月，我的身体才得以康复。

沙角A电厂一期工程完成后，紧接着开展二期工程，安装2台30万千瓦国产机组。其中，4号机组装机容量30万千瓦，1993年4月投产发电；5号机组装机容量30万千瓦，同年6月投产发电。

沙角A电厂大功告成，我还没有尽情享受胜利的喜悦，又投入珠海发电厂的建设之中。

珠海发电厂是中外合作兴建的大型火力发电厂，1992年11月11日由国家计委批准立项，是国家“九五”计划的重点项目之一。珠海发电厂首期总投资99.8亿元，建设两台700万千瓦燃煤机组，主要设备全部进口，其中锅炉、汽机为日本三菱重工设备，发电机为美国西屋公司设备。珠海发电厂工程采用国际先进设计、供货和建设总承包的方式，由日本三菱商社和三菱重工业株式会社组成的三菱集团总承包。这是我国第一次采用国外信贷形式进行建设。

这个项目的融资、建设与经营，由粤港两方组成的广东省珠海发电厂有限公司负责，其中粤方为广东省电力工业局和珠海市电力（集团）开发公司组成的珠海经济特区广珠发电有限公司，占55%的股份；港方为李嘉诚的港珠海电厂投资有限公司，占45%的股份。我代表省电力局主持对外谈判工作。单是律师行，我就请了5家，分别代表中日双方的银行、三菱集团、李嘉诚和我方。律师与谈判对象济济一堂，我平生第一次见到这么大的阵势。虽然有日本人在场，但是谈判之时大家使用的都是英语。我上大学时学的是俄语，英语水平很差劲，就专门请了一个翻译坐在我的身旁。

跟日本人谈判结束之后，还要跟香港方面谈判。我带人到香港去与李嘉诚商谈。上午谈不完，我就叫人到茶餐厅去买快餐，拿到谈判现场来当午餐。同事笑着说，以为到了香港可以开开洋荤，想不到照样要吃盒饭。我说，到了香港，花的钱是外汇，不省着点不行。也许是香港的大老板看见我这当副局长的也在中午吃盒饭，知道我们的外汇确实紧张，就放松了口风。谈判结果，比预期节省不少外汇。

我知道，一个投资上百亿元的大项目若想成功建成，首先必须由投资各方正确决策，审时度势，客观评估，最大限度地降低项目的风险。我们非常重视策划工作和风险管理。每个具体项目动工之前，都会进行充分评估，切实安

1996年，余福敏（左）与李泽楷出席珠海发电厂开工启动仪式

排。在策划分析的时候，不只依靠公司经营者、管理层的力量，还利用公司员工乃至社会优秀智力资源共同策划。我们通过专业化的策划和风险评估，使项目的每个环节都能够稳健推进。珠海发电厂的投资模型的设计分析，于1995年顺利完成。

1996年11月1日，珠海发电厂正式开工建设。我又全副身心地投到工程建设中去，勘察、设计、施工、安装、调试，没一样是省心的事，忙得不可开交。经过几年的努力，珠海发电厂的1号机组于2000年4月3日投入商业运行，2号机组于2001年2月5日投入商业运行，成为广东第二大火力发电厂，在省内作用重大，主要是向珠海、中山、佛山、江门、澳门等地提供电力。

2001年8月8日，广东省粤电集团有限公司成立，我担任广东省粤电集团有限公司董事、副总经理、党委委员兼任珠海发电厂的总经理。

作为一个合资企业的管理者，我的责任是为这个项目当好管家。我秉承“稳健、低调、科学、务实、理性、奋进”的管理理念，带领大家落实国家的环保要求和粤电集团公司的“蓝天工程”计划，开展1、2号机组的脱硫工程。2003年，珠海发电厂成为全省电力生产供应系统中第二个取得“三标（质量、环境和职业健康安全管理）一体化”管理体系国际认证的企业，被评为2003年全国工业重点行业（火力发电）效益十佳企业，可谓双喜临门。

与珠海发电厂的建设同步进行的，还有西电东送工程。我也为之出了力。

国家能源部、国家能源投资公司和广东、广西、云南、贵州四省（区）签订联合办电协议，广东参与西南电源和输变电工程投资和建设。我作为西电东送工程领导小组成员，多次与南方电力联营公司、西南各省（区）的电力局长进行协调。

为了减少损耗，提高输送能力，西电东送工程领导小组决定引进西门子设备，建造一条500千伏的从天生桥至广州北郊的直流线路（简称天广直流线路）。我成为对外谈判小组的成员，像筹建珠海发电厂期间那样，又坐到谈判桌边。只是，这一回谈的不是资金，而是技术。

500千伏天广直流线路，于2000年12月建成单极送电，于2001年6月建成双极送电，输送电力增加180万千瓦。至此，通过4条500千伏交直流线路，西电东送广东能力达370万千瓦。

500千伏天广直流线路的建造，促成了南方电网电力科学院的诞生，也催生了南网的第一个中国工程院院士李立昱。而今，南网的直流输电技术已经运到国际先进水平。

1998年，余福敏与妻子、儿子参观珠海航展时合影

到了2002年，也就是我退休的那一年，西电东送广东电量达159.69亿千瓦时，占全省发电量的9.9%，比1994年购电28.93亿千瓦时增长4.5倍。广东与西南三省（区）的联网，为广东送来大量电力，增强南方四省（区）间的电力资源优化配置能力，形成东部经济优势与西部资源优势相结合，促进东西部经济共同发展。

我已经退休十二年了，仍然担任广东省电机学会的副理事长。记得梁灵光当省长时，广东的电力投资一年不到1亿元。我们去向省建行贷款5 000万元，建行不肯贷，说他们一年的贷款额度总共才5 000万元。而今呢，听说广东电网现在一年的电力投资就高达几百亿元，当真是鸟枪换炮、今非昔比了。

（余福敏口述/覃桂平整理）

# 光明记忆

**王学全**，男，1943年出生，广东汕头人，原潮阳市电力工业局副局长。1966年毕业于华东水利学院，先后在揭西龙颈水电站、潮阳县水利电力局、潮阳市电力工业局等单位工作，主要负责电力规划、建设、调度和技术管理。2003年退休。

我的老家在现在的汕头市潮南区陇田（原属潮阳县），父母亲都是以耕田为生的农民，生有六个儿女，我排行第二。1943年8月我出生那年，恰逢饥荒，父母亲收入微薄，经常是有了上顿没下顿，日子过得紧巴巴的。

解放后，家里的生活有所改善。1950年，我开始读书，小学、初中、高中都是在老家乡下念的。从小贫苦的生活，让我认定读书才是改变命运的唯一出路，因此学习上非常努力，成绩在学校一直名列前茅。1961年，辛勤的努力没有白费，我考上了华东水利学院。穷乡僻壤出一个大学生，这在当时可是一条特大的新闻，轰动乡里。在亲朋好友、左邻右里投来的羡慕的目光中，我和家人都感到特别自豪与骄傲。

经过大学五年的寒窗苦读，1966年，我毕业后被分配到了揭西山区龙颈水电站工作。第二年，我结婚了。当时我二十四岁，以现在的观念来看，可能是早了点，不过在那个时候，我身边很多没读上书的儿时玩伴，早已经成孩子他爹他娘了，一般都有一两个孩子了。相比之下，我还算晚的呢。妻子王楚贤是一位乡村教师，我跟她是同乡，青梅竹马，对彼此的家境和性格脾性都十分了解。结婚后，家仍安在潮南乡下，因为我工作在外，一年也回不了几次家，孝敬父母、养育孩子、操持家务等里里外外的事就她一个人忙活。

1968年，王学全（后排右三）与家人在潮阳合影

当时，汕头地区跟现在汕头市的概念不一样，除了现在汕头的范围外，还包括揭阳、潮州、汕尾三市。20世纪60年代，汕头地区电力基础设施薄弱，与省电网还没有联网，电力供应主要依靠小水电站和小火电厂。我所在的龙颈水电站就是当时的骨干工程，电站分上库和下库两级。我毕业进站工作那时候，下库水电站3台3 000千瓦机组已建成投产，上库水电站3 200千瓦机组刚筹建完毕。我正好赶上了上库水电站的动工兴建，并有幸参与了整个建设过程。

上库水电站为隧洞引水式地下厂房，也就是说，厂房是建在山洞里面的，平日洞口一关，便与外界隔绝。工人们就在不见天日的洞内施工，环境之艰苦可想而知。记得1970年6月第二台机组组装调试期间，为抢时间早发电，我和工友们在山洞里忙活了两天两夜，一步都未踏出过洞口。等到机组顺利运转发电时，我们才从里面走出来，个个蓬头垢面，一身油渍一身汗臭。

龙颈水电站地处山区，环境十分恶劣，周围蚊子成团，毒蛇出没；当时我们每月只领几十元的工资，还不足以养家糊口，而且粮、油、肉等物资都是限量供应的，生活过得非常艰苦。有人写了一首潮汕话打油诗，来形容当时的场景：

终日冬瓜汤，青菜熬到黄。
油勝唔知落，饿到脖长长。

不过，当时的人没有现在的人那么复杂，比较单纯，一心扑在工作上，没有太多的私心杂念。所以，虽然设备缺，生活苦，待遇低，但却过得充实，甚至无怨无悔。

在建设过程中，我还带领工人们一起搞技术革新。记得当时1970年2月买不到桥式吊车，我就参照有关资料，设计了一辆30吨的桥式吊车，和工人师傅一起制作、安装，最后投入使用，解决了机组吊装生产的难题。

经过几年奋战，至1976年元旦，上库水电站3台发电机组全部建成投产。

龙颈水电站是潮汕电网之母，自然而然地成了当地北山、南告、汤溪等水电站的员工培训基地，同时还为邯郸东武仕水电站、怀集泽联水电站的运行人员进行培训。我受汕头农学院龙颈水电学校之邀请，定期为学员们授课。讲课当然是义务的，没有一分钱报酬，但我乐在其中，因为这样既是教别人也是锻炼自己，可以好好地对自己的工作进行梳理、归纳和总结。不瞒你说，我讲课既有理论，又有实践，很受学员欢迎。

1980年，家乡潮阳县电业起步，急需工程技术人员，我被当地政府“挖”回潮阳，担任水电局电力股长，负责发供电规划、建设、调度和技术管理方面的工作。

当时，摆在我面前的潮阳电力是这么一个状况：电源，只有几座县办水电站，合计装机容量为7 750千瓦；电网，只有3座35千伏变电站，合计主变容量为8 600千伏安。供电线路更为落后，35千伏线路多用瓷横担，台风一到，经常折断；10千伏线路线径小，线路长，沙陇35千伏站的10千伏沙峡线，采用LGJ-50线，途经五个镇到峡山，全长50多公里，末端电压低，供电“卡脖子”；用电呢，轮供压电成了“家常便饭”。对于停电，群众经常调侃说：“两天一定无，一天无一定。”全县无电村占了44.8%，人年均用电量仅15.1千瓦时。那时候，县里或是村里建个小型水电站，就会成为潮阳的一件大事，县长是会亲自去剪彩的，好不热闹。

电力管理也十分糟糕。当时电力股（包括电力调度员）才16人，人少任务多。行政办公与电力调度“同处一室”，面积仅有18平方米，全部办公设施是一张值班床、一张办公桌、一台电话机。为解决调度通信通畅的问题，我向汕头电力调度要来一台报废载波机，维修后使用。另外，我还购买一台船用电台作应急通信。

如何破解上述困境？那段时间，我脑子里整天想着这个问题，与几个同事几乎天天一起调查数据，勘探地形，制订规划，还撰写发表了《棉城电力改造规划》《潮阳电力形势初探》《县电力形势探讨及对策》等专题论文，积极向县委、县政府提出供电可行性措施及建议。我们的努力渐渐地得到了上级领导的重视和支持，随后几年，县财政开始挤出越来越多的资金支持我们办电。20

世纪80年代中期，步伐开始加快，到了“七五”计划末，如果我没记错，一共有12座水电站26台机组、7座35千伏变电站建成投产。潮阳电网状况和供电质量大为改观。

这一段艰辛的历程，只有经历过的人才能体会其中的辛酸苦辣。每一段线路的敷设、架线和维护，我们都到现场指挥、监督，并参与劳动，在建设过程中很多人身兼数职。例如建设资金不足时，我就和同事主动请缨，自行设计，自行安装。如峡山35千伏变电站，就是由电力股的人员自行设计、安装，仅仅花了67万元。还有五沟电站、下金溪电站也是我们自己做的。我们借来解放牌大卡车，载着机组设备，翻山越岭，一直送到水电站。然后，又是自行卸货，自行安装，自行调试，顺利完成全部工程，为项目节约了大量资金。那时候，大家除一点伙食补贴和出差费用外，所有的劳动几乎都是义务的，即使是这样，大家仍然不计报酬地忘我工作。1983年10月，抢修那段跨练江的线路，面对41米高的钢管杆，我们一大早就和安全员、医护人员到达现场。高空作业人员爬上去架线、装瓷瓶、测试，在高高的钢管上作业，一蹲就是几个钟头。我们在地面做好全过程的指挥、监护，不敢有一丝一毫的疏忽。一趟下来，每个人都是汗流浃背，衣衫湿透。午餐，如有个白米饭加一小盘鹅肉，大家就会欢呼雀跃，仿佛所有的辛苦与疲劳都随之消去了。

艰苦的岁月，培养和锻炼了一批技术骨干和管理干部。像原电力股的姚建生和陈文龙，现在一个做了潮阳供电局局长，一个做了潮南供电局党委书记。还有郑安辉、肖思德、丘益龙、曾昭鸿、林述学、林德光等，也都是从原电力股出来的，现在也都成为技术业务部门的主要负责人。

1988年9月，水利和电力分开管理，潮阳县供电局成立了（1989年改称潮阳县电力工业局）。刚成立那阵子，供电局还没有办公楼，只得向水利局暂借几间办公室作为行政办公场所，暂借一间值班室作为会议室。局里向基层公司筹借几千元作为启动资金，购买办公用具用品，办公条件和工作环境十分简陋。这种情况一直延续到1994年潮阳电力局办公大楼建成后，办公环境才得到根本的改善，管理才逐步走上了正轨。

那时候，我担任供电局副局长，分管输变电工程、电力调度、生产技术等业务。因为机构刚成立，工作千头万绪，一切几乎是重新开始。我一方面和生产、工程技术人员一道，经常到基层、到现场、到一线去调研、去办公，面对面地听取变电运行、线路勘探等意见和建议，实打实地解决问题。另一方面，积极争取上级的重视和资金的支持。为此，我曾多次向县人大提交提案，要求增加资金投入，加快电力基础设施建设。

推进电网建设，会经常碰到征地、清赔、拆迁等方面的问题，有时还会碰到一些民事纠纷事件。这个时候，我一般会依靠地方党政部门，尽可能地将矛盾及时化解掉。记得1991年的夏天，有一村民雷雨天在田间作业时，触及被雷击断的高压线，当场身亡。所谓人命关天，这一事件立即引起一场轩然大波。死者家属带了几十名村民到局里大哭大号，还声言把尸体送到电力局来。一时间，电力局被死者家属、村民和看热闹的群众围得水泄不通。这一突发事件把我打了个措手不及，但我没有逃避，而是一方面先安抚死者亲属，让同事冲红糖水给他们喝，耐心地给他们解释事故原因是天灾而非人祸，待他们情绪稍微稳定，我自掏腰包表示慰问，周围的同事也纷纷捐助，并帮他们出主意解决善后问题；另一方面请当地的乡镇领导出面协助，向死者家属解释有关法律政策。最后，出于人道主义，我们又决定由企业拨出慰问金6 000元，委托民政部门交给死者亲属，一场一触即发的冲突就这样平息下来了。

经过几年的努力，潮汕电网不断得到发展，先后建成投产了110千伏铜盂、司马浦、沙陇、海门等输变电工程。到1995年，随着220千伏潮阳变电站建成投产，一个以220千伏为中心、以110千伏为骨干的水火并济的潮阳电网初步形成。

正当我想继续挑战生产建设的各种困难之时，1999年，因过度劳累，我感觉身体不太舒服，便到医院去检查一下。不料却得到这样的一个诊断书：鼻咽癌第二期。

这一消息犹如晴天霹雳，一下子把我打愣了，半天回不过神来。说实话，我压根想不到自己这么好的身体也会患上这样的病。我冷静之后，接受医生的建议，到广州肿瘤医院接受治疗。记得去广州时是1999年9月，亲戚同事好友都来送行，很多人真情流露，泪流满面。看着那么多人都在关心我，当时我感动万分，觉得自己应该勇敢面对死神的挑战，怎能说死就死呢？！一定要好好配合治疗，调整心态，坚强活下去，早日重返岗位！

接下来的两个月，是我一生中最难熬的日子。医院采用的是钴60放射性疗法，没多久，我的颈部被烧焦纤维化，表皮糜烂，而且牙齿全脱落，鼻咽不通，耳朵受损。每次放射后，喉咙十分干焦，食物难咽，我就尽量吃像面汤、鸡蛋汤类的一些流质东西。出院后，我在家服药、休整两个月后就回到单位上班了。领导和同事劝我继续在家休养，但我觉得，工作能使人忘掉病痛，与工友在一起拼搏，这才是我要的生活！

2001年7月6日，强台风“尤特”正面袭击粤东沿海，汕头狂风大作，暴雨倾盆，全市大部分线路受损。当时正是莘莘学子参加高考前夕，保电任务很重，全社会都在关注。台风期间，我一整天坚持在调度室指挥抗灾。第二天，等台风一过，我又马上带领职工到沙陇供电所南中围抢修线路。沙陇供电所辖区内的南中围线是一条跨成田、田心、井都、胪岗、和平几个镇的重要线路，该线路工业、养殖业用户较多，且线路路径多在塭田、水洼地，给电力抢修工作带来一定的难度。我和大伙儿挽起裤筒，涉水而过，谁知道越走水越深，水淹过膝盖，漫过腰部，最深的水位居然涨到胸部。“小心、注意！” 大家相互提醒，相互照应，心中只有一个念头：抢修线路，恢复供电！两天的紧急抢险，换来了当年高考的正常供电，我和同事们内心充满了一种难以形容的满足感。

进入新世纪，由于全县各镇的工业发展不平衡，用电负荷猛增，部分地区电网“卡脖子”问题再次突显出来，缺电严重。特别是贵屿镇，电力缺口达三分之一，严重制约了工农业生产。怎么去解决这个问题呢？如果建正规变电站，既缺资金，程序时间又长，很显然是“远水救不了近火”。唯一的方法是打破常规思维，特事特办，规划上因地制宜，设计上因陋就简。也就是说，先建一个简易变电站以解燃眉之急。于是，在汕头供电分公司的支持下，2002

2003年，王学全与妻子王楚贤在桂林旅游时合影

年，我们利用退出运行的普铜110千伏线路，在龙港学校围墙内的空地建变电站，用铜盂110千伏线为进线，调一台主变和电屏，做好其他用电设施，仅用了两个月时间，花了200万元左右，便建成了一个110千伏贵屿简易变电站，并于当年7月迅速投产通电。此举为当地一年多供电5.5亿千瓦时，有效地缓解了紧张的供需矛盾。这个变电站直到2004年仙马变电站建成投产后，才完成其历史使命退出运行。

2003年9月，我刚退休，局领导又找到我，说希望我发挥发挥余热，牵头编纂一本反映潮阳电力百年发展历史的志书，我觉得盛世修志，前有所稽，后有所鉴，有益当代，惠及子孙，便欣然接受。为此，我组织了一个编辑小组，我和张维任主编，副主编是方丹挺，还有编辑16人。我们查阅档案，核实资料，校对数据，走访有关电力人，做了大量调研工作，每日笔耕不止。经过五年的努力，一本记录潮阳电力百年发展历程，25万字的专业志书《潮阳电力志》终于印刷出版了。我觉得，这是我退休后为企业做的最有意义的一件事。

俗话说："自古忠孝难双全。"以前工作的时候我很少关注家庭，对家人关心不够。现在我退休有时间了，觉得自己应该在这方面做出一些补偿，于是我回到乡下潮南陇田陪伴双亲。2005年，年迈的老母亲患脑偏瘫住院两个月，我日夜陪伴在旁。出院后，母亲依然半身不遂，口不能言，大小便失禁，需要全天候护理。我们家族兄弟姐妹全动员，轮班值班。因为我夫妻俩均已退休在家，所以大半时间护理工作由我夫妻承担，至今不间断。2011年，老父亲又不幸摔断了股骨，我这做儿子的又是日夜在医院护理，出院后，服药、买菜，食住行面面要关照到。乡民都说：你这个快七十岁的癌症病人，还那么尽心尽力地伺候着两个九十多岁的老人，确是少有，真是孝顺。我说，没有父母哪有我，如父母能再活几十年，我一样会侍奉在旁。

关于家乡，我还有一件事想提一下。我家所在的陇田镇华瑶社区是个革命老区、文化之乡、潮乐之乡。前些年，村里有不少青少年迷恋上网吧玩游戏，他们的父母都十分担心。我看在眼里，急在心里，觉得我应该做点什么，就与乡里的几个老“弦友”一合计，便拿出退休金购置乐器，成立了一个少年民乐队。然后，我又把编写《潮阳电力志》所得的12 000元稿费捐出来作为启动资金。几年下来，华瑶少年民乐队由几个人发展到一百多人，村里氛围好了许多。后来，这些小年轻还拿了不少奖项呢。这让我们这些老家伙备感欣慰。

常言道：人生七十古来稀，不觉间，我已步入古稀之年。回首往事，自然

2004年，王学全在家编纂《潮阳电力志》

2007年，王学全与妻子王楚贤结婚四十周年在家乡潮阳合影

有许多感慨。除工作上的良师益友之外，在生活中我觉得最应该感谢的是我的妻子王楚贤，自结婚至今，我们一同携手走过了近半个世纪的风风雨雨。如今回过头来仔细地想一想，一路上能与她相伴，真的是我今生最大的幸福，感恩上苍。现在，我已有四代同堂，阖家和睦，自己的身子骨也还不错。我膝下有三个儿女，两个在企业工作，一个是公务员，三个孙子女都是在校学生，我们一家经常聚在一起吃饭、谈天，共享天伦之乐。在我家的客厅上，挂着一幅书法，上面写着："情寄先行几十秋，为播光明白了头。"这是我对自己几十年电力生涯的总结，也算是留给儿孙和后来者一句勉励吧。

（王学全口述/杜祝珩整理）

# 从苦难中走来

**叶炳荣**，男，1944年出生，广东湛江人，原湛江供电局总工程师。年少时，因家境贫寒而发愤读书。1968年毕业于广东工学院，先后在湛江新村发电厂、湛江市供电公司、湛江供电局等单位工作。2004年退休。

我于1944年出生在湛江市东海岛东简圩的一户贫困人家，家里共有四口人，父亲、母亲、姐姐和我，姐姐大我十几岁。其实在我之前，父母还曾育有几个哥哥，都是因为染上了鼠疫而相继夭折。好不容易有了我这个男孩接续叶家香火，父母便把所有的爱和希望都倾注在了我身上。

解放初期，父亲因病瘫痪在床，姐姐又早已出嫁，母亲便成了家里唯一的顶梁柱。那时候母亲总是早出晚归，弓着背在田间地头忙个不停，很少跟我们在一起。

记忆中，我童年的生活是比较单调无趣的，没有像一般小男孩过得那样快乐而简单。五六岁的时候，我就跟着母亲下地干农活了，当然是干一些跑腿的相对轻松点的活，比如拔草、牵牛、帮母亲拿锄头之类的。那时母亲在生产队里负责大队饭堂的一些杂活，饭堂的阿姨知道我家穷，经常把队里剩下的地瓜偷偷地塞给我母亲带回家。就算是剩下的地瓜母亲也舍不得吃，宁愿自己饿着，尽量留给我吃，希望我能长得结实些。每每想起这些，我总觉得有股热流要夺眶而出。母亲为我们所吃的苦，我一辈子也忘不了。

1951年，我刚满七岁，母亲坚持要送我上学。那时候，生活比较贫困的家庭，父母一般都不让孩子去读书的。他们认为，送孩子上学还不如让他们多帮家里种些地来得实在。而母亲认为，读书是我走出小岛改变命运的唯一途径。那时的学费大概是几块钱，母亲卖了几只养来下蛋的母鸡，但仍未凑够学费，后来好心的邻居知道了，资助了我家一些零钱。就这样，我带着一大叠一分一角的毛票上了小学。那时我年纪虽小，但也深知这几块钱学费来之不易，深知只有好好读书才对得起为我操碎了心的母亲，深知只有考上外面的学校才能不饿肚子，才会有出息。于是我发愤读书，学习成绩一直在学校里名列前茅。

十三岁那年，我顺利地考上了中学。那时湛江一共只有4所含有初中和高中的中学，其中一所就在东海岛，算是离我家最近的，不过也有十几里路程，我和大多数同学一样选择了住校。每周回家一次，换洗衣服和带口粮，步行来回差不多6小时，每个礼拜天我都要扛上一包番薯上路。到了学校，每天早上和中午，就拿出这些番薯，加些米或其他杂粮，放在饭盘里，添上水后拿到食堂去，工人师傅集中放到大蒸笼里蒸，下课后到饭堂取回自己的饭盒。因为怕搞错，每个人的饭盒都刻有特殊标记。我们每天的饭餐，就是吃这些蒸的钵仔番薯饭，偶尔拌上些酱油，便能吃得津津有味。

1957年，学校接通了电，用上了电灯，大黑夜也能照得亮堂堂的，这在当时人们的眼里，可是个稀罕的物件。学习累了的时候，我常抬头望望电灯，心想：如果家里也能换下那昏黄的煤油灯，用上这神奇的电灯，母亲晚上为家里缝缝补补就不用那么累眼睛了。可那个时候，整个东海岛也只有学校和机关单位能用上电灯。

家里的贫困并没有因我读书而立刻改变。村里有人笑我母亲傻，说：读书能当饭吃吗？家里放着一个十来岁的劳力不用，多可惜。但是母亲不为所动，依旧咬紧牙关继续供我读书，学费都是从她牙缝里一分一毫省出来的。母亲为我的辛勤付出，我看在眼里，记在心上，更加勤奋地读书。放假的时候，我就下地干活，放牛，插秧，挖地瓜，捡柴火，尽可能地帮家里分担些事。

20世纪60年代初期，“大跃进”刚折腾完毕，又碰上了三年自然灾害，粮食短缺，到处闹饥荒，饿死了不少人。那几年，我们家里总有一段难熬的日子，吃了上顿没下顿，经常饿得饥肠辘辘。那时候提倡“忆苦思甜”，政府会定期向每家每户分发些米糠，有钱人家的孩子直呼难吃，难以下咽，而我却吃得滋滋有味，因为米糠比起木瓜树干树皮要好吃多了！为什么这样说呢？因为每次家中断粮时，母亲就会将木瓜树砍成小块，熬软了当饭吃。我年纪轻轻正是长身体的年龄，你说吃这木瓜树哪有什么营养？那时候我整个身体水肿，四肢乏力，看着屋顶都觉得在打转。时至今日，我听见“木瓜”二字就反胃，看到木瓜树就想绕道走。

这样的日子，终于在1964年结束了。我收到了广东工学院的录取通知书！我成为村里有史以来的第一个大学生，全家人都觉得特别自豪。那天晚饭，母亲破天荒地杀了家里仅剩的一只大母鸡。煤油灯下，母亲的眼睛从来没有那么亮过。

1966年，叶炳荣（右一）
在南京串联时和同伴合影

我大学选的是发配电及电气工程专业，也不知道为什么，当看到专业列表时，我就不由自主地在这个专业上打了钩。没想到这个钩，却钩出了我日后几十年的人生轨迹。当时我只是觉得“电”这东西很新奇，国家实现工业化和现代化最需要的就是电，我也急切地希望家里能尽早用上电。

上大学后，我申请了助学金，每个月有15块钱，除了伙食费12块以外，还剩3块可以添补点牙膏之类的日用品，我再也不用天天为吃饭发愁了。

那时候的人比较看重理工科，认为“学好数理化，走遍天下都不怕”。我尤其喜欢数学，在大学期间经常琢磨一些数学竞赛试题，还获过省级、国家级的竞赛奖励呢。其实当时的想法很简单，就是觉得要把基础科学学好，把理论基础打牢。每次学校放寒暑假，我也不敢回家，因为回家的车费要8块钱，一般我都留在广州，或是去农科院帮忙插秧种地，或是去档案局帮忙抄抄写写，赚几块零用钱。我的一手好字也是在那个时候抄练出来的。当时我有一个老乡也在广州上学，他有个跑货运的亲戚，赶巧碰上了，我就坐在他亲戚的货车后厢里跟着回趟家，虽说货厢环境不咋的，却一下能省8块钱，心里还是美滋滋的。

1968年，大学毕业后，我选择回湛江工作，一来想为家乡的电力建设做点事，二来也想就近照顾照顾家庭。当时湛江新村发电厂接收了我。厂里加上我总共才有3名大学生，因此我被领导委以重任，接手继保工作，除了要负责整个湛江电网的继电保护定值计算和整定工作外，平时还要到基层班组从事设备、仪表的调试以及设备预试等工作，工作任务还是挺重的。

1966年，叶炳荣在上海外滩留影

那时湛江地辖茂名、阳江等地，茂名、阳江的电网设备自然也归湛江统一管理。地域面积大，加上当时通信和交通不便，出门核一趟参数，往往就得耗上一个星期，因此一个月也没有几天能够待在家里。当时也没有什么计算机、复印机之类的辅助工具，电气图只能一笔一画地画出来，参数也只能靠计算器一个一个地算出来，从早忙到晚，时间真是不够用，我经常工作到深夜一两点。但是无论多苦多累，我的心中就像有一团火，越烧越旺，忙碌并快乐着。

新村发电厂老一辈的电力人都纯朴稳重，那时带我的师傅金学书，也就是现在湛江供电局党委书记金诚敢的父亲，无论是在工作还是生活上，都给予了我很大的支持和帮助。他时常教导我："对待单位的工作就要像对待自己的家业一样打理，必须全身心地投入。师傅引进门，收成看自己。只有专注工作，才能对得住自己，对得起家人，对得起国家。"这些话影响了我的整个人生，让我一直受用。

20世纪70年代初，叶炳荣（左二）与同事在湛江合影

在金学书师傅的悉心指导下，与大家在一起工作和学习，我很快便完成了工作经验的积累，加上之前在大学打下的理论基础，很多工作都逐渐能够独当一面了。

我还清晰地记得领第一份工资时的那种兴奋，虽然只有58块，但也足够养活一家人。试想，如果当时不是母亲咬紧牙关坚持供我读书，让我走出小岛，迈进大学，我或许只能在农村耕作一辈子，过着“面朝黄土背靠天，一身力气百身汗”的生活，既照顾不了家里，更改变不了我和家人的命运。所以我愈加勤奋地工作、孝敬父母，想给家人更好的生活。

然而，上天却没有给我太多的时间去报答我的父母。父亲在我参加工作的第二年，由于风湿病加重而离世。而母亲在1977年，我女儿刚出生不久也离我们而去。父母含辛茹苦地把我拉扯大，供我读书上大学，好不容易等到我找到了工作，生活有所好转，却还没来得及享受儿子的孝敬便离开了我，每每想起这些，心中尽是遗憾与愧疚。到如今，我每次回乡下都会到父母的坟墓前转转，清理清理杂草；逢年过节或吃点好的东西都会叫孩子们祭拜一下。父母为了养我长大，供我读书，吃的苦实在太多了。父母之所以早逝，就是因为节衣缩食，积劳成疾，舍不得花钱买药治病造成的，希望他们来世能过上好日子。

母亲离世后的相当长一段时间，我一直沉浸在悲伤中。

1980年，国家电力体制改革，湛江新村发电厂被拆分成湛江新村发电厂和湛江市供电公司，一部分员工被分流到新成立的供电公司。原本我是铁了心要继续留在新村发电厂工作的，毕竟有些东西熟悉了，就舍不得丢弃。但原来带我的师傅金学书跟我说，市供电公司刚成立，很多工作由于缺人而无法开展，希望我能够过去出些力，做点事，帮个忙。就这样，到了第二年我把手头上的工作都交接完之后，便正式调至市供电公司，继续从事继电保护定值计算和整定工作。

四年后，也就是1984年，我走上了管理岗位，担任修试分场的主任，从此肩上背负了更多的责任。

湛江地区盛产甘蔗，20世纪80年代有一大批糖厂相继投产。糖厂一般会装有发电机组，但他们的技术力量有限，一有什么问题或发生什么事故，都会找我们请求帮忙。有一次，城月糖厂新买的一台发电机，启动时碰到了难题：机器怎么也无法投入使用。时任遂溪县委书记李铮对此事十分重视，希望我们迅速派人前往协助处理。我临危受命，星夜赶往城月。

到了城月糖厂，糖厂的技术人员正在对发电机组进行调试，他们将发电机组的励磁电流加到了额定值，但是发现高压侧的电压不足4 500伏，远远达不到6000伏的技术要求。于是，他们不断地加大励磁电流。这时，我听到发电机组的铁芯已经发出非常沉闷的轰鸣声，而且声音越来越沉重，整个发电机组就像快要压垮了一样。我当即意识到不妙，连忙制止了技术人员的升流行为，并对发电机组进行了一次全面检查。结果发现，原来是发电机的电压指示表出了问题，导致电压显示不准确，其实当时发电机组高压侧的电压已经接近9 000多伏，远远超过了额定值。后来大家都说，幸好我制止及时，否则价值5 000多万元的发电机组很可能会被烧毁报废。

对于电力人来说，平日里这些工作中的问题还不算难事，最难的莫过于抗灾复电了。1996年，台风“莉莎”突袭湛江，陆地风力15级，阵风达17级，风力之大前所未有，就连湛江港几十吨重的龙门吊也被掀翻到海里。巨

2000年，叶炳荣（右）参与220千伏坡头变电站扩建工程时与同事合影

网也遭受灭顶之灾，从220千伏到220伏，高低压线路、配变台架无一幸免，现场惨不忍睹。

面对被破坏得几近肢解的电网，湛江供电局决定利用新村发电厂的柴油发电机向变压器充电，实行黑启动。当时我守在赤坎变电站，负责黑启动操作。我带一班技术人员和一线员工，凭着高度的责任心和扎实的基本功，在台风后的12个小时，从新村发电厂发电，经过赤坎变电站实现了单机发电并网成功，第一时间恢复了市三防指挥部、电力调度中心、中心医院、赤坎水厂等重要用户的供电，为全市抗灾复产立了大功。

1996年12月，局里提拔我做了总工程师，我正好赶上了电网发展的好时机。我先后负责了220千伏赤坎变电站扩建、220千伏霞山站扩建、220千伏坡头变电站扩建、110千伏平乐站筹建等，我已经记不清究竟参与过多少个工程了。

在这么多工程中，留下印象比较深的是，2000年的220千伏坡头站至220千伏茂名泥桥站、220千伏坡头站至220千伏天泰变电站输变电工程建设施工。湛江当时还没有500千伏线路，这四条线路便成了湛江电网联结茂名电网、湛江电厂120万千瓦装机容量所发出的电力向外区输送的主通道，这项工程是当年湛江市政府和省电力局的重点工程。我从土建、一次设备、二次设备安装和调试，到电力设备的接火投产，都全程跟踪和参与。之所以说印

2005年，叶炳荣（左二）与业内专家赴梅州等地开展安全性评价工作时合影

象深刻，除了这项工程的重要性以外，还有一个原因就是在220千伏坡天线一次设备安装期间，施工单位错将开关地刀装设在靠母线侧（应该装设在开关侧），幸好被我及时发现，避免了操作故障的发生。

2004年，我到了法定退休年龄。退休之后，局里希望我到第三产业雷能公司多干几年。我知道自己也闲不住，便欣然应承了局里的建议，决定退休不退岗，继续发挥余热，再工作十年。

2005年，广东电网公司抽调各个地市局的专家组成专家小组，奔赴各个市、县局开展安全性评价工作。很荣幸，我也成为专家组的一员，先后到梅州、东莞、阳江、河源、云浮、江门、肇庆等地查评，提了不少意见和建议。其间也感受到了广东电网的生机勃勃，能够在这样的氛围里工作，我感觉自己还是一样的年轻，还有很多憧憬。

在雷能公司工作的日子里，我依然尽心尽力，认真负责。2007年，110千伏滨海站和110千伏平乐站之间要建立起一条110千伏的联络线。按照施工方提出的方案，需要将110千伏滨海站停电三天。但是滨海站承担着霞山区很多客户的供电任务，要停电三天，市民三天没电用，谁也没有这个胆量敢签这个字。我仔细地看了施工队提供的施工方案，凭借自己的工作经验，重新修订施工方案，最后将施工的时间缩短到一天。施工的那个早上，我和施工队一起从凌晨4点一直忙到晚上12点，一百多号人在施工现场忙碌着，联络线终于成功送电，湛江电网的结构从此变得更加完善。

今年我就七十岁了，按照当初的约定，我也该彻底退休了。再继续干，估计老伴、孩子们也不会同意了。说句心里话，这么些年来，我之所以能够全身心地投入工作，全赖家中有一位贤内助——我的妻子邱雪莲，大小家务、两个孩子的教养基本都是妻子一手包办。工作了三十几年，我从来没有带她们出远门玩过，我欠家人的债实在是太多了。

接下来，我得好好规划一下，趁着腿脚还算灵便，带上老伴出去走走，感受一下大好河山，一来开开眼界，同时也算是弥补一下这么多年对家人的亏欠吧。虽然我人退出了“江湖”，但对电力的关注仍然一如既往，因为电网是我的归宿，我永远也放不下这份情。

（叶炳荣口述/李俊、林晓波整理）

# 有付出，才会有收获

**张渭鼎**，男，1945年出生，广东饶平人，原饶平县电力工业局生产设计股股长。1968年毕业于武汉水利电力学院，先后在浙江省浙东供电局、广东省饶平县汤溪水库管理处、饶平县电力工业局等单位工作。2005年退休。

时间过得真是快呀，就这么一晃眼间，我已经年近七旬，到了含饴弄孙的年纪了。俗话说“一分耕耘，一分收获”，想想这几十年，我觉得：付出与收获，是因与果的关系，奋争是付出，成功是收获；艰辛是付出，喜悦是收获；痛苦是付出，幸福是收获。要想收获，必须付出。

1945年，也就是抗战胜利那一年，我出生在潮州市饶平县新丰镇的一个普通家庭。

我是六岁开始上小学的，打小我读书就很认真，很受老师的喜爱，中考时以优异的成绩升入县里的重点高中——饶平第一中学。高中时期，我的学习成绩出类拔萃，尤其是化学、物理。当时正赶上国家火力发电起步之时，社会急需电力建设人才，许多学生也都对电力产生了浓厚的兴趣，我也不例外。也因为这个缘故，1963年在高考填报志愿的时候，我毅然报考了离家千里之遥的武汉水利电力学院，也就是现在的武汉大学。

一切都很顺利，我如愿被该校的电力系电厂化学专业录取。

读大学本科那五年，是我美好的青春时光。火电厂发电原理、热力学、流体力学、水能发电……一门门与电力相关的专业课程，也许在别人看来有些枯燥，有些晦涩，在我眼里却十分生动有趣。在那几年里，我把自己整颗心都扑在学习上，可以用“如饥似渴”来形容，专业课学得十分扎实，这为我以后参加工作奠定了基础。

1968年大学毕业后，我被分配到浙江省浙东供电局（当时浙江省分杭州、嘉兴、浙东、浙西四个供电局，浙东供电局后改为浙江绍兴电力局）工作。我十分珍惜这份工作，毕竟是专业对口，自己也喜欢，所以工作总是充满干劲。那时，我主要参与油处理、仪表计量、变电站、小水电并网等工作，把自己在课堂上、书本里学到的知识与这里具体的实际相结合，业务能力特别是实际操作技能很快有了大幅度的提升。

我在浙东供电局工作了十几年，虽说工作起劲，但也有一些苦闷。主要是由于离老家太远，我的父母、妻儿都留在潮州饶平，一家子离多聚少。这种思乡之苦、思亲之苦，总是在节假日或夜深人静时扰人心绪。1976年，家里年迈的父亲因病卧床不起，作为家中独子的我却无法守在父亲病榻前尽孝，心中备感惭愧和自责。出于责任感的驱使和家人的召唤，我考虑再三，便向单位提出了申请，要求调回家乡工作。我的请求得到单位的理解和支持，不久便接到了工作调令，上级同意我以工人的身份调回饶平县汤溪水库管理处工作，1984年才恢复干部编制。

家乡潮州饶平，电力起步较晚，我回去的那会儿，水力、火力等发电站都没几个。我所在的汤溪水电站2台3 200千瓦机组，是全县仅有的发电机组。这2台发电机组能否安全运行，直接关系着整个饶平县城黄冈镇的居民照明和工厂正常运作。我来到汤溪水电站检修车间工作，第一个任务，就是守护这两台“宝贝疙瘩”，确保不出什么事故，其任务的重要性和艰巨性也不言而喻。

当时检修车间主任是张广兴，他很信任我，认为我原来在浙东供电局待了十几年，理论功底扎实，实践经验也比较丰富，就将大部分工作交给我来做。于此，我能经常接触到发电机组，对机组的结构有了更详细的了解，为检修工作打通了门路，一年后我便成为该站的技术骨干。根据工作经验，我把电站的安全运行重点放在两个方面：一方面抓好平时的运行管理，要求各运行班组认真做好交接班及运行中设备的巡视检查，认真按规程进行操作，把事故隐患消灭于萌芽状态；另一方面做好临修、年修及大修工作，坚持高标准的检修工作，决不让设备带病运行。

而在设备的检修过程中，我也尽量选择简单有效的检修方法，减少检修成本。记得有一次对设备进行大修时，我们发现，2号机组大修后测量机组的摆度超过规定值。当时有班组成员建议，在联轴器的法兰面一侧垫描图纸即可解决摆度问题，不过这对技术要求很高。经过仔细思考，我认为没有必要这么麻烦，因为摆度不合要求主要是在卸联轴螺丝时拉毛了法兰面，只要把突出部分打磨平就能解决。最后经过小组讨论，大家也同意了我的建议。而按照我的方法重新处理后，摆度果然符合要求。在汤溪水电站那三年，机组一直都安全运行，从未发生任何事故。我想，这里面除了有些许运气外，更多的是我们努力付出的结果。

1979年，上级抽调我到饶平县坪溪水电站筹建指挥部工作。在那里，我主要承担电气组的主设计工作。刚才讲了，我原来学的专业是电厂化学专业，参加工作后也很少接触电气工程设计这方面的东西。因此，这次工作的调整，对我来说挑战还是挺大的。但我这个人就是这样，压力越大，斗志越强，越是困难越向前。再说，上级把这任务交给我，说明人家信任我，我有什么理由打退堂鼓？必须克服困难，想方设法干好它。决心一下，我就一头扎进书堆里，认真钻研起电气工程理论来。说实在的，当时还真看了不少水电站设计方面的书，如《电气工程电力设计手册》《小型水电站机电设计手册》等，并实地考察了潮州地区凤凰、龙领、北山等水电站，总结这些水电站在设计、施工、运行管理方面的经验，做好前期的资料筹集整理工作，为开始设计打下铺垫。

在全新的设计领域摸索无疑是一个痛苦的过程，但我乐在其中。记得有一次，指挥部里的领导朱舜火和赖民丰，要去阿城继电器厂订购控制保护屏，要求我在一星期内交出订货所需的二次原理图、屏面图、端子图，真可谓是时间紧，任务重。我一刻也不敢耽搁，全身心投入进去。那一个星期，我吃住全在办公地点，每天只休息3个小时，其余时间不是在制图就是在想设计方案。我设计好图纸，其他人就帮忙描图、晒图。你要知道，那时候图纸都是纯手工制作的，不像现在有电脑绘图，有打印机打印图纸那么便捷，用的全是三角板、墨笔、铅笔、橡皮这些工具，自然又苦又累。大家一条心，连续熬了七个昼夜，攻克了一个又一个难关，终于在规定时间内完成了任务。当看到摆在眼前的一张张亲手绘制出来的图纸，我霎时就有一种从来没有过的成就感涌上心头，觉得再辛苦也值了。

搞完设计，我又立即带队转入坪溪水电站的施工安装工作。1980年6月，这座装机2×2 160千瓦、饶平第二大水电站的第一台机组顺利发电。

在此后的十多年间，凭借着自己的努力和领导的信任，我从一名业务骨干，一步步成长为管理处副主任兼电站站长。我又先后参与了三饶胜利二级、三级水电站，35千伏汤三线和35千伏三百门、所城、浮山、三饶西门埔变电站的设计工作，参与了坪溪水电站，胜利一、二、三级水电站的安装工作，参与了35千伏上林变电站2×6 300千瓦主变扩容工程，并亲自为县电网的继电保护提供整定值，保证继电保护装置的准确动作。此外，我还参与了饶平县小水电网的规划、设计、运行管理等一系列工作。对此，我一直感到十分荣幸，因为我亲身参与和见证了改革开放之初家乡水电和35千伏独立电网的建设与发展。

讲到这里，我想给你说说我的妻子。为了支持我的工作，妻子扛起了所有的家务。记得年轻的时候，我的工资很少，而家里人口又多，经济比较拮据。为了贴补家用，妻子在小儿子四五个月时就去隔壁镇瓷厂做工。大儿子去上学了，就把小儿子用大毛毯绑在身后背着，把能够独立行走的女儿也带到车间去。因为怕女儿到处乱跑走丢了，妻子就把她的手绑在车间的柱子上，一边干活，一边照看两个孩子。遇上要外出又不能带上俩孩子的时候，就把他们锁在家里清扫干净的猪圈儿里，他们肚子饿了就自己去找些冷饭剩菜来吃。所以，直到现在，每次想起这些事情，我就觉得特别心酸，也特别愧疚。我想，对企业来讲，我可能是一个好职工，而对家庭来讲，我绝对不是个称职的丈夫、父亲。

话再说回来。1987年7月，我被局领导调派到饶平110千伏输变电工程筹建指挥部工作，主要协助处理饶平与省、市的联网工作。我深知这项工作的重要

1982年，张渭鼎（左一）与同事在饶平县三饶水利所合影

1985年，张渭鼎在饶平县汤溪水库办公大楼留影

性，它将彻底改变饶平电网“孤岛”的状态，迎来一个崭新的发展局面，这对全县的各行各业、千家万户都是一等一的大好事。在筹建指挥部里，我的日常工作主要是负责负荷预测、站址选择、施工监理和配套工程设计。那段时间，我饶北、饶中、饶南一个镇一个镇地走访，用双脚几乎把整个饶平县走了一遍，看看原来的供电线路如何架设，收集当地供用电数据等，寻找负荷中心，为即将新建的110千伏变电站选址。最后，我们将站址定在国道324线主干线上的龙眼城。当时那里还是一片空地，地势较高，且容易规划，可避免水淹、雷击之类的危险。

勘探选址等前期工作一结束，工程就进入施工环节。这时候，我又做起了工程的监理工作。其间，我一直守在施工现场，几乎是寸步不离。有一次夜里三四点钟，我在巡视时发现有一支电线杆因天平塔松动，地板不实，出现了杆梁下垂、流浆渗水现象。第二天7点钟，我马上要求施工人员重新返工，补浆加固，确保工程质量安全牢固。经过一年半的努力，110千伏龙眼城变电站于1989年春节建成投产，饶平县与省、市顺利联网。

顺便说一下，在前面的勘探走访中，我摸清并掌握了饶平县20多个乡镇的电力负荷情况。根据对数据的分析，我认为，供电主体多是小水电站，发电量少，不可控因素多，严重

1987年，张渭鼎（右）在110千伏黄冈变电站与工友合影

影响到地方经济发展。据此，我拟定了一份可行性报告，向上级建议在黄冈、新丰、浮山、汫洲、所城等地建设变电站。这些建议，在日后陆续被上级采纳实施，这让我感到十分自豪与欣慰。

也许是因为我的业务能力强，既有理论功底，又有实操经验，1987年至1989年期间，我还负责县电力培训中心的组织工作和教学任务，并多次受邀担任县电工培训班主讲，培训学员超过千人。说起我这个老师，学员都很有印象，说我“不近人情”，因为我不论是上课，还是考试，都十分严肃。记得有一次在考试前，有一个学员因平时学习不用心怕考试不及格，就拎了一大袋苹果去找我，希望我能通融通融，结果被我毫不客气地连人带苹果给“请”出了门外。我觉得，跟“电”打交道是一个很危险的职业，不好好学点东西，学点技能，就想蒙混过关，那是拿自己的生命开玩笑。

在我几十年的电力职业生涯中，还有一件事值得一提，那就是协助饶平县电网实现直抄到户。1999年10月，根据全省农电“两改一同价”的工作部署，县里要求我们电力局，在一个月内完成接管乡镇供电所、直抄至农户的体制改革工作。那时候，饶平县农电管理体制十分混乱，乡镇供电工作由隶属乡镇政府的乡镇电管站（水利、供电所）管理，村以下以变压器台为单位由私人承包管理，农村电网十分残旧，许多变压器无低压主线，变压器上挂满表箱，用户出线如同蜘蛛网一般，电能质量差、安全隐患多不说，电价更是高得惊人，每千瓦时大都在1.5元以上，个别地方甚至高达2元多。当时，我是局生产设计股股长，主要负责农网改造设计这一块任务。我带领部门十来名工作人员，分成四个设计工作组，走村串巷，风餐露宿，寻找合适的台区点及线路走廊。记得那一年冬至，天气非常冷，我和一班同事到黄冈镇进行勘察设计，大家通宵没睡，伏在桌前忙了整整一夜，编写出饶平县10千伏及以下配电网第二期改造计划。

2005年，我在单位退休。但身退人未退，此后三年，还干了不少电力的活。2006年，广东京能电力建设有限公司聘请我为技术顾问，我参与编写了饶平县“十一五”中低压配电网规划书。2007年底至2008年初，应局里的邀请，我又协助完成了110千伏浮山荔琳变电站及35千伏上善变电站的投产前各项准备工作。

最后说说我的三个子女。以前我工作忙，很少管过他们。现在他们都已成家立业了。其中有两个也在供电局工作，算是“子承父业”吧。大儿子张小和还干起了跟我当时一样的专业，是个电力工程师。电力工作上的那些事，成了我们共同的话题。闲暇之余，我们父子时常在饭后一起喝茶，聊工作，聊学习，聊生活。我对他们的期许是，干一行爱一行，不要过多地考虑个人的利益得失，相信有付出迟早都会有回报、有收获的。至于我，通过喝茶聊天，也可以从他们年轻人身上多了解一些电力的情况，多学一点现代的东西。呵呵，活到老学到老嘛！

（张渭鼎口述/唐晓芬、李铿整理）

# 老骥不悔雪白头

**李金法**，男，1946年出生，广东佛山人，原佛山供电局输电部主任。1960年小学毕业后，因家境贫寒而辍学出来打工，挑过泥巴，摆过地摊，当过碎石工、搬运工。1964年起，一直在佛山供电局从事输电工作。2006年退休。

1946年10月10日，我出生于广东佛山一个并不富裕的普通家庭。1960年我小学毕业，考入了佛山四中，可是没多久就辍学了，原因很简单：家里穷得叮当响，交不起那两块钱的学费。为此，我在家里哭了好几天。

不过，哭归哭，我自己心里还是知道家里是什么状况的，知道再怎么哭也改变不了什么。没办法，只好出来打工，“穷人的孩子早当家”嘛。那一年我才十四岁，年纪小，也没什么手艺，只得找一些体力活、杂碎活来干。我给陶瓷厂挑过泥巴、当过碎石工、当过搬运工。哦，对了，我还摆过地摊呢，就是将石湾的碗、碟、茶杯等日用陶瓷挑到平洲去卖，赚点钱来贴补家用。

20世纪60年代初，物资奇缺，几乎所有的东西都要凭票供应，摆地摊在那个时候属于“投机倒把”行为。说到“投机倒把”这个词，现在的年轻人可能很少听说过，当时商品流通渠道狭窄，但不允许商品倒买倒卖。这在当时给抓到了，东西是要没收的，还会示众呢。所以，我挑着货物不敢从佛山火车站上车，怕被人查到，只得每天凌晨2点起床，挑着上百斤重的陶瓷制品，前往佛山站前面的一个叫横滘的小站上车。要多走4个小时，到达的时候正好能赶上早上6点的首班车。难以想象吧？但当时确实是穷怕了，迫不得已，维持生计嘛。

就这样东奔西跑、起早摸黑地干了四年，也没干点什么名堂来，生活依然艰难。到1964年，机会来了，可以说是“天上掉下个大馅饼”，通过佛山祖庙劳动力服务站的介绍，我得到了人生的第一份正式工作，到佛山供电公司当了一名线路工人，学徒的月工资是15块钱。

进单位后，我才发觉当个线路工并不轻松，爬山越岭、日晒雨淋不说，还得干体力活，很是辛苦。那时候电网施工器材、运输设备都比较缺乏，绝大多数的工作，像运电线杆、架电线杆什么的，基本都是靠人力来完成的。几百斤的东西，全是工人们用肩扛背驮的方法去搬去运，也没有什么安全保护设施，干起来是比较危险的。连周边的农民都觉得线路工的工作比种地耕田还累，称我们为电线杆上的“农民”。但无论如何，这是份正式工作，比起以前打零工要好上许多，所以我对这份工作十分珍惜，也十分卖力。

开始时，我的工作主要是负责佛山到小塘的小佛线工程，现在看起来这段路距离不远，也就14公里的路程，可那时候我们却把这个任务看作是“出差”。因为那个时候，工程建设都主要依靠人力，没有什么车辆，这样的距离，晚上也不能回来，怕来回路上倒腾耽误时间，所以要一直待到活干完才能回家，我们一去就是两三个月。还记得那个时候，我一出门，我的妻子就准备了两个背包，一个是给我“出差”用的，一个是妻子自己打好背包带着孩子回娘家。“出差”的时候晚上过夜有时候有床铺，有时候没有，没有床铺的话就找工地附近的人家拿几捆禾秆，叠在一起，往上一躺，将就着睡了，大多数晚上都是如此。即便这样，我还是干得挺开心的。当时的想法很简单，就是觉得老百姓都要过日子，过日子就要用电，要用电就需要我们这些线路工。既然老百姓需要我们，我们就要义不容辞地把它做好。

前面讲过，小时候因为家里穷没有读过什么书，在外头打零工的时候不觉得有什么不足，但到供电局工作后，问题就来了，好多东西都看不懂，搞不清，这才明白做线路工作也是一门技术活。工作根本插不上手，不用说心里很着急！于是一有时间我就查阅相关资料和书籍，靠自学提升自己，弄不明白的就问师傅。平时还将书本的知识反复实践，直到找出最优的一种方法，并在工作中用上。

印象最深的是1965年，我们在西樵隆庆进行的35千伏佛官线特高跨河单杆的组立过程，至今记忆犹新。这个单杆高42米，当时号称是中南五省（区）第一高单杆，这可是十几层楼高的电线杆子啊，那时候没有起重机之类的东西，靠的是纯人力。怎么弄？这背后就有很多我们技术上的创新。比如说，以往立杆大都采用“木抱杆”技术，这对于高度较低的单杆还可以，但对于组立这种“庞然大物”却行不通，因为我们连续做了几次试验都失败了。怎么办呢？当时我们凭着对设备的熟悉和把握，工程师谢鑫培想到了把“木抱杆”改为“铁抱杆”的办法。行不行呢？我们立即去做试验，一次、两次、三次，不断地更换改进绑扎点，将之调到最恰当位置，加强抱杆强度……经过一番努力，这个号称“中南五省（区）第一”的42米特高跨河单杆终于立起来了，轰动一时。

这件事给了我很大的鼓舞，对我日后的工作也影响很大。我渐渐明白：无论做什么事情，从书本到实际是有一段距离的，先行方能后知，“没有干过就没

20世纪70年代，李金法（前右一）在佛山供电局输电工区的工作照

有发言权”。实践出真知，而且还要敢于创新。正是基于以上认识，我变得喜欢琢磨起来，一有时间，就喜欢去琢磨各种理论知识，去琢磨各种施工设备，去琢磨各种数据，目的就是想让自己多掌握一些基础原理、设备的性能用途和使用方法。这种琢磨让我获益良多，尤其在过去机械化程度不高的情况下，很多作业方法和经验，都是我们利用仅有的简单工具在实践中摸索出来的。或许是我用心用脑工作的缘故吧，进供电局后，连续九年我都被评为先进。1974年，我还代表广东省到北京去参加了全国带电作业演示会，那情景现在我还清晰记得。

1975年，我担任了茂广线工程第四回标段（那吉段）线路的施工现场指挥，使用的施工方法在这里我基本都得到了实践，这使我的施工技术得到升华，自己在技术上得以成熟也就是在这段时间。在施工组织上的成熟是参与韶关南水到乐昌（南乐线）的施工组织，我统筹组织人员安排，与当地的施工队伍配合协作，在全省十几支施工队伍中率先完成工程建设。电力理论上的成熟则是我在电力学校念函授班期间，当时没有时间脱产去学习，都是利用晚上和休息日到学校上课。课程中学习的力学、电气学、发配电及其自动化等方面的知识与我干的实际工作联系密切，我学起来也十分受用。举个例子，在没有系统学习防雷理论前，自己总觉得防雷知识很空泛，抓不着边际，上了课，有了电学、电云方面的知识，在具体的实际操作中就熟练多了。理论知识充盈了，我再干起活来心里也更有底气了。

到了1976年左右，线路施工的工具开始有了明显的改进，同时交通更方便了，我们也有了汽车可以用。各地的电力建设需求不断增长，我要经常出差。这时候出差也不仅仅是到张槎这么近的地方了，要到广东各地支援电力建设，比如到恩平、韶关等地。可以说，那是一个"电力大会战"的年代。说实话，这种工作状态，是会影响到家庭生活节奏的。那时候，一出差就要几个月甚至半年时间，过年过节也经常不能回家。有一次出差很长时间才回来，到家门口了，我居然连在自己旁边玩耍的女儿也没有认出来。现在想起来，我感到十分愧疚。幸好家里人还是很体谅和支持我的工作的，两个儿女也很懂事，他们也知道我的工作如此。

1977年8月，我入了党，是蔡焕基同志做我的入党介绍人。第二年，我担任输电班的班长，虽说是兵头将尾，但工作还是多了不少，更加忙碌了。那时候的线路工，不像现在只负责线路运行维护，还要负责立杆、架线等工程施工。所以，佛山电网于20世纪六七十年代建设的110千伏锦开线、潭东线、石翠线和220千伏茂江线、佛江线、小佛线等所有的线路工程建设，我几乎都参

1977年，李金法（前排左四）获佛山供电系统1977年度"工业学大庆标兵"时与同事留影

与过，这是让我感到挺自豪的一件事情。现在想想，没有这段工作经历就没有现在的我，那个时候学到的知识对我而言受用终生。

就这样，我在输电这个工作岗位上又摸爬滚打了十几年，一步一步地走了过来，感觉职位越来越高，担子也越来越重。1984年，我当上输电部主任，负责全面管理佛山输电工作。当线路工人的时候，我自己管自己，当主任就得管70多号人，而且实际操作、安排生产还是离不了身，样样工作都亲力亲为，当时带电作业也是亲自上阵，常常一轮操作下来，绝缘鞋里都能倒出一碗“汗”来。除此之外，压力也是挺大的，因为各方面的工作都要会，不了解不实践哪有什么发言权。再说，我手下有很多大学生、工程师，他们的知识水平高，作为部门的头，我总不能拖后腿嘛，只有不断地学习才能跟得上他们。到了1993年，我已经学完了从初中到本科的电力相关课程，还发表过不少电力论文，同事们都说我“高产”。

参加工作几十年，工作忙不说，还落下一个“毛病”，就是每到夏天刮风下雨的时候，我都会情不自禁地心里发怵，睡不好觉。不是因为雷声烦人，而是因为夏季是线路事故的多发季节，多雷雨台风，加之气温过高，容易出现各种电力事故。经常是凌晨两三点睡得正香的时候，突然一个电话打过来，说哪个地方的线路又被大树压断了，哪个地方的线路又跳闸了，我就得马上起床到现场去查看，并组织人力抢修。每次风雨夜都这样折腾，也连累我爱人不少，害得她也跟着受累，没个安稳觉好睡。

2006年，我办理了退休手续，本以为从此就可以在家里颐养天年了，但不久又被单位返聘回去，做起了输电线路基建和运行管理的顾问。我想也好，趁着自己身体还算可以，脑子还算好使，就多带带现在的年轻人，把自己几十年积累下来的一些知识和经验传授给他们，也算是发挥余热吧。

在我返聘回来的那段时间，碰上了一次我从未遇到的事情，这就是2008年抗冰复电战役。那年刚开春不久，一场前所未有的冰灾席卷南方，电力线路损毁严重，出现大面积停电。1月26日，佛山供电局要派出抢险分队前去增援贵州，我主动报名参战，回到家里打了个招呼就出发了。那时我已六十二岁了，是整个抢险队里年纪最大的。家里人很担心我，因为我有慢性哮喘病，慢性哮喘最害怕的是感冒。出发的时候我走得急，连药都没有带上。后来果然在路上感冒了，没有药十分辛苦。最后还要儿子将哮喘药拿到供电局去，让第二批抢险队帮我带过来。别人是儿行千里母担忧，我却是“父行千里儿担忧”。

2008年，李金法（右）在贵州抗冰救灾现场抢修

我还记得，在去贵州的途中，一度被堵在了贵新（贵州贵阳至广西新寨）公路上，道路凝冰积雪过不去，车队排了很长，足足堵了差不多13个小时。外面天寒地冻，我们100多人就在8台车子里面过夜。在息烽县，电线因雪灾被冰冻凝固，积冰直径达40—50毫米，电线塔被凝冰积压，500千伏鸭烽线6基铁塔因负重过大而导致整座塔都坍塌了，积雪很厚，走上去的时候甚至没过了脚踝。我们就在雪地里勘察、研究修复方案，采用预绞式金具进行施工，将工期缩短了4天，节省了大量线材和抢修资金。

220千伏都凯线25号塔是我们第二抢险分队所负责的另一基塔。基塔位于海拔1 000多米高的悬崖边上，风大路陡，道路结冰难行。每天我要拿上工具从山脚下前往现场检查工程施工情况，确保施工安全，有时光走上去就需要一两个小时。由于基塔位于悬崖边，作业面积很小，施工难度也非常大，每一道工序都比正常施工多下几倍的功夫。那个时候，大家都很努力，因为早一天完成修复，当地就早一天用上电，进度快一点，整个电网的压力就小一点。2月5日，这一天正好是农历除夕，晚上7点钟，都凯线抢修工作顺利完成了。都匀市亮起了消失了十几天的灯光，陪我们在离佛山千里之遥的贵州过了一个难忘新年。

都匀复电后，我们没有休息，又马不停蹄地赶往遵义、瓮安等地继续抢险。就这样，在贵州待了将近一个半月，直到整个抗冰抢修复电工作结束。在这期间，我们一共抢修了3条重要线路，修复铁塔9基，修复导线长度超过6公里。

这样的经历无疑是难忘的。前两年春节，阴冷潮湿，又让我回忆起了五年前抗冰抢修复电的一幕幕，于是写下了这首《抗冰行》：

辗转河池过贵州，百里贵新蜀道愁。
地冻车冷渡寒夜，缘结黔贵汇洪流。
银弦如柱呜咽曲，巍巍钢塔默低首。
竹片戏作溜冰趣，稚子岂知国事忧。
穷乡僻壤宣威镇，畲人赶集效马牛。
玉琢银雕锁原野，山陡唯助草绳头。
披风踏雪陈银线，笔架山上数风流。
都匀除夕同灯火，抗冰曲夺第一筹。
喝罢黔南劳军酒，又赴乌江何家沟。
遥望瓮安银线坠，福泉争淌汗水流。
但愿万家多温暖，情系南网本无求。
红军山上添志士，老骥不悔雪白头。

再过两年，我就迈入古稀之年了。现在我休闲在家，有了更多自己的时间，我就在家学书法、学国画，还抽空去学了会计。我喜欢学习，什么都想尝试一下。“文革”那会我还会拉小提琴呢，经常跟着剧团到处去演《白毛女》，我在后面伴奏，总之，我就是个闲不住的人。

（李金法口述/葛俊、李雨果整理）

# 从不轻言放弃

**谢明华**，男，1949年出生，广东汕头人，原汕头供电局调度所所长。1968年高中毕业后下乡插队务农。1971年起，先后在广东流溪河水电厂、汕头市水利电力局、汕头供电局等单位工作。2009年退休。

我是1949年新中国成立的时候出生的，与共和国同龄，今年六十五岁了。我名字里的这个“华”字，或许就与父母为了珍藏这份记忆有关。

我第一次知道“电”这个东西，是1958年读小学三年级的时候，我在科普书里读到“电子的运行速度一分钟能绕地球七圈半”，觉得很神奇，便对“电”产生了兴趣。刚好在我家附近，有一家无线电维修店，平日里我有事没事都往里钻，喜欢到那里看师傅们维修电器，不时地问这问那的。师傅们见我灵巧可爱，也乐于指点一二。过了一年，我利用空闲的时间，用天线、地线以及基本调谐回路，用矿石做检波器，自己学着组装成了一台矿石收音机，不懂的向师傅们请教，在他们的帮助下，还真的做成了！这种矿石收音机是没有放大电路的无源收音机，它是最简单的无线电接收装置，主要用于中波公众无线电广播的接收。这事一传开，同学们非常羡慕，个个围着我问个不停。

中考时，我的成绩不错，考上了汕头金山中学。但由于金山中学的校区远在潮州，离家有几十公里远，到那里读书寄宿需要买一套生活用品。那时候家里经济十分困难，负担不起，便将我转到了附近的汕头一中就读。1964年，我加入了共青团，并开始在学校里负责一些团务工作和团的活动，其中一项就是组织对电感兴趣的同学一起，搞一些家庭生活电器的维修，算是渐渐和电沾上

1968年，谢明华（后排左三）在汕头一中读高中时留影

1971年，谢明华（后排左二）上山下乡时在海丰梅陇镇留影

了边。

1968年高中毕业后，我下到海丰县梅陇镇农村插队，成为一名知青。那时候，被工厂招工，离开农村当工人，吃公粮，是知青最大的愿望和出路。1971年6月，省里某机械厂前来招工，很多人都说是一份美差，争着报名，而我却一点都不感兴趣。到了9月，广东省水电厅流溪河水电厂前来招工，接到消息后我知道机会来了，赶紧报名。经过多方考核，我如愿入选。

流溪河水电厂是广东第一座中型水力发电站，位于从化县境内。大坝采用隧洞导流，厂房建在山洞里，安装有4台1.05万千瓦水轮发电机组，总容量4.2万千瓦，技术先进，设备齐全。刚入职那阵子，面对当时只有在书本中才能看到的电气设备，面对轰隆隆的水轮发电机组，面对宽敞明亮的厂房，我十分激动，觉得这才是我喜欢的工作，这才是我想要的生活。那时候我被安排到电气运行车间当学徒，负责电气设备的运行监盘与操作。在师傅的指点下，我很快就由生手变成了熟手，并可独当一面。虽然当时的生活条件艰苦，每月工资才20块钱，但我干劲十足，乐此不疲！

1973年，我被抽调到北京水电部电力科学研究院学习，参与流溪河电厂综合自动化工程项目的设备开发研制。当时参加项目开发的大多数是专家、

1974年，谢明华到北京学习时在天安门广场留影

学者，我这个毛头小子要跟上大家，只能靠勤学苦练了。我买了两套清华、北大的电气自动化专业教科书来学，每天早晨5点钟我就爬起床，先出去锻炼半个小时，然后学习一个小时，7点早餐后有时间再学习，8点准时到办公室忙工作。周围的同事都说我带了一个好头，纷纷效仿。老师每次布置的课题，从控制电路的设计、组装到调试，我都全心投入，认真钻研，逐一完成，不敢有丝毫的懈怠。

两年的学习时光很快就过去了。1975年，我把工程项目研制成果带回流溪河水电厂。这一年初，工程项目建设启动，设备正式进行现场安装。我负责的是主控设备的DJS-153型集成电路电子计算机的硬件维护。那段时间，工作很忙，山区的生活条件又很差，每餐的伙食只有1毛钱，5分钱的菜和5分钱的肉，常常是有菜没肉。不过，大家还是狼吞虎咽，吃个精光。上班经常是一忙就到深夜，从厂房到宿舍要走半个多钟头，一路上黑灯瞎火，树林茂密，山风阵阵，给人一种阴森森的感觉，时不时还有一两只莽撞的小动物从路边草丛中蹦出来，冷不丁地吓我们一大跳。大伙儿只能哼着歌儿壮胆。回到宿舍还得赶紧整理当天的调试记录，忙完一躺到硬板床上就能睡着，不用三两分钟呼噜声就起来了。第二天天刚放亮，我们又要赶去厂房，开始新一天的劳作了。

1978年，全部设备终于完成了安装并投入试运行。当时，看着水电厂设备在计算机系统的控制下有条不紊地自如运行，我觉得几年的辛苦没有白费，所有的付出都是值得的。

我是1976年结的婚，妻子在汕头林业局工作。那时候交通不像现在这样便利，很难得才回一次家，常年两地分居，过着“牛郎织女”的生活。1979年，组织上照顾我，把我调到汕头水电局，干的仍是老本行，在电力科当一名电气试验工。

改革开放后，企业越来越重视科技进步和人才培养，工程技术人员的职称评定也逐渐步入正轨。当时，评职称很讲究文凭，必须具备中专以上学历才行，而这恰恰是我的一个软肋。老实说，我这个人的业务技术和能力都还不错，但手上的文凭只有一张高中毕业证，连申报评个助理工程师都不够资格。1981年，我报名参加了“文革”期间大中专毕业生的理论知识考试。当时国家规定，不具备学历的人申报职称须参加专业理论统考，才能获得申报资格。

从报名到考试，只有三个月给我们复习，时间很紧。考试虽然只有两门，但都是我从来没有学过的科目：高等数学和晶体管电路专业基础理论。正当我准备恶补的时候，又遇上了烦心事：一是岳父生病住院了，需要家人护理和照

1976年，谢明华（左一）在流溪河水电厂与同事合影

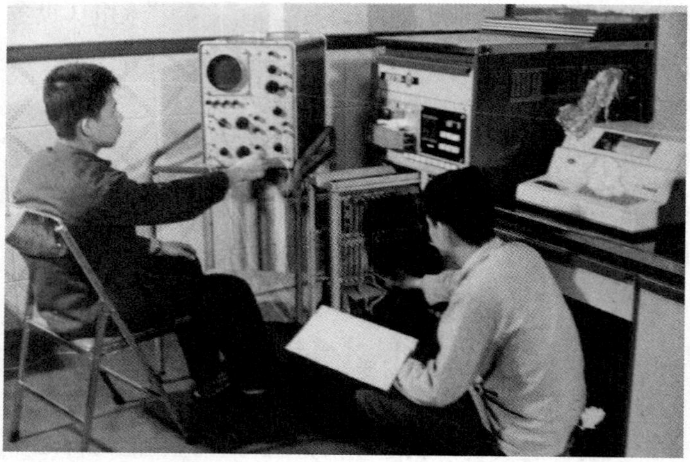

1976年，谢明华（左）在流溪河水电厂工作时留影

顾；二是220千伏梅汕线的联网工程施工进入高潮，需要经常日夜赶工。这几件事碰在一起，一下子把我搞得焦头烂额。

我是个不服输的人，越是困难越向前，从不轻言放弃。在妻子的鼓励下，我学习的劲头在那时候充分爆发。每天忙完梅汕线联网工程的各项工作后，无论走到哪里，我的身上都带着课本，只要有一点时间，就拿来看书学习。单位休息工棚、幼儿园门口（当时要接小孩）、医院走廊等，都成了我学习的地方。有时在岳父病床前，我一边照顾他，还一边狠“啃书本”。岳母是信佛的人，在旁看得心疼，那时常常揣着佛珠念叨：“佛祖保佑，阿华考试顺利通过。”

好在我那时身体不错，也年轻，浑身仿佛有使不完的劲，每天都在工作、生活和学习中来回奔忙，高强度，连轴转，却也没累倒。功夫不负有心人：我高等数学得了83分，晶体管电路专业基础理论得了64分，我的考试顺利通过！1982年，我被聘任为助理工程师。

拿下初级职称，没过多久，我的心思又活动开了，觉得自己正值青壮年，可以在技术上走得更远一些，眼睛便盯上了工程师这个职称。但申报中级职称须具备中级英语合格认证。于是，1984年，我报名参加了省电力局举办的第六期中级英语培训班，进行为期5个月的集中学习。学英语，这对于一个没有上过大学、连英文字母ABCD都忘得差不多的人来说，可不是一件简单的事。我横下一条心，几乎把所有时间用在学习上，一天到晚，不是在教室里上课、听讲、预习，就是在宿舍里背单词、读课文、做作业。同学们都说，我学英语都快“走火入魔”了，经常是兜带字典，口念单词，就连上厕所也不例外。那时候，交谊舞非常流行，一到周末，很多学员都涌向舞池去放松放松。我虽然心里痒痒的，但一次都没参加过。因为我深知自己学历低，底子薄，和其他学员根本没法比，只有加倍努力才行。一开始，老师和同学也没怎么看好我，但到最后，大家都吓了一跳：我的英语考试成绩91分，全班第二名。

不久之后，我参加了中级职称考核，天遂人愿，最终顺利通过，成为当时汕头局为数不多的工程师之一。

话再说回来，就在参加英语培训的那一年，由于有了助工这个“硬件”，加上我本来实际业务能力也不错，我当上了调度自动化班的班长。在这个岗位，我一做就是十年。其间，我带领班组成员承担起自动化系统的设备维护，更新、扩建自动化工程的设计和安装工作，干得十分起劲。每排除一个复杂的设备故障，对我来说，就像是医生救活了一个重病人，心情都是无比舒畅的。从事一次、二次设备维护的人都知道，干这一行对节假日是没有概念的。不论寒冬酷暑，不管白天黑夜，哪里出现设备故障，我们就奔赴哪里。迎着风沙，顶着酷暑，风里来雨里去。在汕头地区没有拆分以前，市区、潮州、揭阳……整个粤东的每个角落我几乎都跑遍了，加起来的路程，恐怕都要绕地球一圈了。

记得1992年，有一次我带班里的人员去潮州做设备调试，要走50多公里。天刚蒙蒙亮，我们一行人就骑着摩托车出发了，一路上尘土飞扬。那时候，大家都很困，睡眼惺忪的。摩托车刚开出一小段路，我发现坐在后面的同事竟打起呼噜来了，受他的“暗示”，我的眼皮也跟着往下坠。猛地一惊醒，我赶快把车停在马路边，转身叫醒后座的人：“你再睡，我也要跟着你打呼噜了！”说完我俩都笑了。走到半路上，天又下起了倾盆大雨，雨衣根本不管用，雨水顺着脖子流了进去，到了变电站，全部人都变成了落汤鸡。我急忙叫大家检查一下所带的调试仪器设备，还好，仪器设备没有被雨淋湿，完好无损。不然，这一趟算是白跑了。

1994年，汕头电力局进行劳动、分配、人事三项制度改革，对中层管理岗位实行双向选择。经组织考察和民意测评，我被聘为调度所副所长。从此，我走向了管理岗位。

这一段时间，最难忘的是推动和协助地方电厂进行设备技术改造。当时汕头共有11座发电厂，经过多年的运行，设备逐渐老旧，发电效率不高，跟不上电力科技发展的新要求。但由于资金问题，很多电厂不愿进行设备技术改造工作，有一种得过且过的心态。还有，他们的技术力量也不足，毕竟老设备改造有很大的技术难度，这好比做衣服，改一件旧衣服要比做一件新衣服难得多。电厂设备老旧、技术落后、效率低下的问题也严重影响了电网的安全稳定运行。为此，我带着技术人员轮番上门做工作，给电厂负责人解释、规划、建议，并针对解决资金不足的问题，提出分期实施方案，催促他们把设备改造提上重要的议事日程。接着，我们又多次到现场勘察，明晰线路，出设计方案。一旦方案敲定，我立即组织人员进行施工，连续奋战，争取早日完工。记得那次在汕头经济特区电厂进行设备改造时，我全身心地投入现场工作，几乎没有了时间概念，直到爱人打电话来，我才知道我已三天三夜没回家了。

经过几年的努力，到1997年，汕头电网11座地方电厂全部完成自动化改造。记得那次汕头经济特区燃机电厂的燃气轮机换叶片一事，厂方的设备一直是“带病”运行，但一直因资金问题耽搁此事，我们上门了解情况后，建议厂方马上对设备更换叶片，先给他们提供技术支持，并通过多种渠道帮助厂方解决资金问题。看到更换后的设备安全运行，厂长激动地握着我的手久久不放。

同一年，汕头电网调度自动化系统也通过了省局组织的实用化验收。我呢，几经磨炼，职称又上了一级，成了“远动高级工程师”。

1998年6月，老所长退休，我接任了他的位置，一干又是七年。

大家知道，电力调度，相当于电力企业的神经中枢，是电网安全运行的指挥中心，是电网发、供、配、用的平衡协调机构，对整个电力经济效益发挥着至关重要的作用。我当调度所长那会儿，正逢汕头电力快速发展期，电网框架不断扩大，变电站不断增加，这对于电力发展是好事，对于我来说就不是什么“好事”了，因为电网结构越来越复杂，意味着我的工作量越来越大，难度越来越大。为此，我两次组织修编了汕头电网调度规程，制定了各专业的工作规程，目的是使调度各专业工作更协调、默契。还有，我对调度员要求也十分严格，要求他们做到：调令准确规范，处理事故沉着冷静，规程严格执行，确保电网安全经济运行。

干我们电力这一行的，有电时没有人会想起你，没电时马上就会有人想你了——那是在骂你。2000年夏天，汕头用电负荷不断创出历史新高，电力缺口高达五分之一，社会上怨声载道。为了多供电供好电，那段时间，我和我的团队真的是绞尽脑汁啊，该用的方法都用上了，总算“化险为夷”了吧。

要想多供电，最直接的办法就是向省电力局多争取一些用电指标。当时，我经常是刚加完班就赶往广州，向上级领导陈述详情，争取支持。那时候的交通没有现在方便，路况不好，经常塞车，490多公里的路程，没大半天的时间是根本到不了的。办完事后，又急着往回赶，可谓是日夜兼程，十分辛苦。

缺电的时候，最让人头痛的莫过于对客户实施错峰用电，这是一项耗心耗神的事。有些客户对错峰用电的意见很大，反应强烈。怎么办？磨嘴皮呗，耐心地做解释工作。被骂是常有的事，不过没关系，都是为了工作嘛。其间，我会和技术人员对重点负荷进行调查，了解负荷特点，跟踪负荷曲线，上门与客户沟通，从客户的角度着想，为他们分析、建议，让他们看见和体会我们的真诚。俗话说人心最难管，愚公移山靠的是体力，我们耗的则是精力。当然，我们在管理上也是下足了功夫，加强停电时间预控，提前计划停电影响时户数，及时调整和优化停电计划，切实做到“先算后停”。

这些工作，说起来寥寥几句，做起来却不容易，我和我的团队付出了许多心血和汗水。迎峰度夏结束后，无论是政府，还是客户，或是上级领导，都表示满意。我想，这是对我们的付出最好的嘉奖！

2007年，谢明华带技术人员检查变电设备

有人说，工作是为了饭碗，与生活分开，我却认为工作是生活的一部分。在职期间，还有几件事值得一提：一是开展汕头电网调度自动化系统建设；二是建设我省首个无人值班变电站；三是首次在我省建设变电站遥视系统。这些项目，还先后获得省电力系统科技进步奖。

2009年，我从单位退休。上上老年大学，唱歌游泳，旅游摄像，吟诗作赋，上网看新闻，便成了我日常生活的主要内容，不敢说多姿多彩，但也不会单调。单位包括外面的其他公司聘请我去工作，都被我婉言谢绝了，我想应该把舞台让给有能耐的年轻人。我呢，多留一些时间，照顾好老父母，尽尽自己的一份孝心；还有就是带好小孙女，享受享受天伦之乐。

（谢明华口述/杜祝珩整理）

# 我测绘，我快乐

**李维棣**，男，1954年出生，广东梅县人，原梅县供电局计划建设部主任。1972年高中毕业后回乡参加生产队劳动。1975年起，先后在梅县水利电力局梅西水利管理所、梅县电力公司、梅县供电局等单位工作。2014年退休。

我是家里的第三个孩子，也是唯一的男孩，上有两个姐姐。1954年我的出生，着实让家里人高兴了一把。父母很重视对我的教育，希望我长大后出人头地。

农村的小孩读书比较晚，一般是八九岁才上学，而父亲在1961年我只有七岁的时候，就迫不及待地送我上了小学。读到五年级的时候，“文化大革命”就爆发了，学校里总是闹哄哄的，文化课基本中止，上的都是农业课。我们一群半大小子，经常跟着老师下乡去务农：平整土地、犁田播种、插秧收割，还有种甘蔗、种番薯、种花生等。这样零零散散地读完高中，书上的知识学得不多，农活倒干了不少。等到1977年恢复高考时，我已经离开学校好几年了。没能好好读上书，是我一生最大的遗憾。

1972年，十八岁的我回乡参加劳动了——在生产队的油坊里帮忙榨花生油。那可真是个苦力活，我们两拨人，两班倒，干八个小时休息八个小时。酷热难耐的夏天，油坊里总是通宵灯火明亮，我们在那里干足两个月，才把所有的油榨完。当时的酬劳是工分加补助，一个工作日约3毛钱，每班补8毛钱，年底记工分结算。很显然，这些收入是不够用的。后来为了贴补家用，我四处找活干，如挑泥沙、运石块、开公路、爆破石头、做土方，还有挖水井、帮邻居修房盖房等。其实那时候对我来说，干什么都无所谓，只要能挣钱就行，工作并不固定。就这样，我先后打了三年的零工，由于干的都是体力活，工作量又大，我年轻正是长身体的时候，一天吃四顿饭，每顿七两半米，还总觉得饿，营养跟不上来，一米七五的个头只有53公斤重，整个人又黑又瘦。那三年，我仿佛把一生的苦都受完了。如果对我来说还有什么意义的话，那就是它锻造了我坚毅的性格，让我在以后的人生路上面对任何困难都无所畏惧。

1975年，我迎来了人生的最大转折点。

这一年，在梅县水利电力局下属的梅西水利管理所工作的父亲六十二岁，到了退休年龄，按照当时的政策，我可以去接父亲的班。在那个年代，能有“农转非”（即由农业户口转为城镇户口）的机会，不敢说是万分之一，起码也是几千分之一吧，就像“天上掉馅饼”一般，左邻右舍、亲朋好友都特别羡慕我。从接到消息到正式去上班的几个月时间里，一想到自己很快就能“脱谷壳吃皇粮”，有一份正正经经的工作了，我就高兴得不能自已，好几天都睡不着觉。

1930年，李维棣和母亲、妻子和两个姐姐在老家合影

报到那天，母亲弄了一套干净整洁的衣服给我穿上，父亲则领着我到单位，把曾与他一起工作的同事挨个地介绍给我，并反复叮咛我要向前辈学习，好好工作。其实，不用父母亲嘱咐，我也会好好珍惜的，因为我深知这样一份“国家工”的宝贵。

我工作那会儿，梅县农村电网建设还处于起步阶段，除了城区，大部分农村也没有通电。10月份我正式报到，11月份就被抽调参加局里在梅县农业学校举办的工程测量学习班的学习，开始接触测绘知识。半个月后，也就是到1975年底，我第一次参加了实际工程规划建设工作，项目是梅县第二次河流规划。这个项目历时半年，由经验丰富的师傅带领学习班的学员一起完成。主要任务是对梅县13条河流的纵、横断面的测量、规划，并形成规划建议书上报。完成之后，我又参加了梅县雁洋瓜坪顶、扶大后塘人造平原规划建设，历时一年半。那时候我学习的劲头特别大，什么技能都想学；工作的热情特别高，什么活儿都愿意做。这或许是因为在农村生活的那三年对我的冲击太大了，我对改变生活和命运的渴望，远高于一切。

到了1977年，由于我在上述工程任务中表现出色，被留在了梅县水利电力局，负责梅县水库、电站、高压线路工程的测量、绘图等工作。家里人都特别高兴，觉得我争气有出息。当时已经病重在床的父亲更是叮嘱我要加倍努力，许多话语我至今记忆犹新。没过多久，操劳了一生的父亲去世了，永远地离开了我们。那段日子，一想到父亲为这个家的付出以及对我的养育之恩，我都忍不住掉眼泪，深感父爱如山。于是，工作成了我的精神寄托，我把所有的时间和精力都放在了测绘的钻研和学习上。

这一年11月，梅南—畲江35千伏输变电工程启动。从梅县程江镇乌石头变电站到畲江镇政府侧，线路规划设计长42公里，投资金额是42万元，这在当时算得上是个大项目了。为此，局里在梅南龙岗村老公社旧址成立了工程指挥部。我的主要任务是地形、高压线路的测量以及放样、调运材料。为方便工作，指挥部给我们几个技术人员每人发了一辆“五羊牌”自行车，我高兴坏了，比找着对象还兴奋，因为这是我人生的第一辆专属“座驾”。当时在农村，家里有自行车的很少，所以每次骑着它，心里美滋滋的，在同龄人面前，我觉得自己特别“拉风”。

不过话说回来，那次工程的测量任务非常辛苦。从指挥部到工地，距离最远的有20多公里，走的尽是些沙路、山路之类的羊肠小道。每天，我们在指挥部草草吃完早饭，就骑车往工地赶，工作结束后，午饭还得“赶场子”——施工队在哪里就到哪里吃饭，赶不上还得回指挥部吃。测量的地方多是在远离人烟的深山，草深林密，走进去，没有路就得自己拿着砍刀在荆棘中开，很容易迷失方向。山里蛇虫多，还有野猪出没，在里面作业，经常都是胆战心惊的。那时候的测量设备没有现在先进，一整套工具十分笨重，我和同事们只能肩背手扛，带着它们翻山越岭。此外，天气多变也让人头痛。记得有一次，山里突然下起瓢泼大雨，同事翁汉华因为测量一组数据没能及时撤退，导致带在身上的图纸被雨淋得一塌糊涂，我们测绘组几天的辛苦都白费了，为此他难过得哭了。

白天完成测量，晚上也没闲着，回来后我们还要整理数据、计算、绘图，挑灯夜战那是常有的事。还有，准备各种施工用材也是一件耗时费力的事，因为当时资金有限，这方面必须精打细算才行。我们每次都要花费不少时间，对几十种杆型、各种规格的横担进行反复比对，选出性价比最高的用材，才安排农民工进场施工。

1988年，李维棣在梅县新城区程江乡老家与家人合影

第一期工程建设到35千伏梅南变电站完工投产运行，已经是1979年11月了（梅南—畲江35千伏输变电工程因资金问题中止）。这一年，长沙、梅南、水车、荷泗和畲江五个乡镇全部通上了电，梅县南部各乡镇农网基本形成了。

到了1981年，桃尧镇诰上水电站开始动工兴建，这是当时梅县最大的一个圳道工程，全长7公里多，圳道过水断面16.5平方米，总造价近2 000万元。我负责圳道3个暗洞的测量、从鸡卵滩到诰上35千伏线路及诰上变电站的施工。施工环境和条件十分艰苦，住的是简易的大工棚，地面没有铺水泥沙浆，一到下雨天，地板就湿糊糊的，特别不舒服；睡的是生木头搭成的木板床，蚊帐、被褥是自备的，蚊子、蟑螂、老鼠经常光顾。那时候，梅县水利电力局的陈维基局长、陈达南副局长，以及各科室的工程师、负责人基本上都和我们一起驻扎在工地。在前不着村，后不着店的山窝窝里，没有电话，没有电视，也没有任何可供消遣的娱乐活动。因为交通不便，大家都很少回家，对家人的思念只能由邮递员传递——写信。在这仿佛与世隔绝的环境里，唯一的好处就是：欲望少了，烦恼没了。一到晚上，大家就围坐在一起开“吹牛皮大会”或者玩扑克牌，穷开心。

那些年，跟我一起学测量、参加施工的有十几个人，我们一起工作，一起生活，一起交流技术，非常开心。带我们到处做工程搞测绘的师傅是叶访奎、肖应奎、李敬生、陈森盛等几位工程师，他们技术水平很高，在当时单位里属于顶尖级人物。我跟几位师傅边学边干，边干边学。慢慢地，我养成了一个好习惯，就是无论是从课本学到的，还是师傅指导的，或者是在实践中感悟到的，我都把它仔细地记录在笔记本上，闲来无事便翻来看看，注意从记录中去分析，去归纳，去领悟，去寻找新的工作路径，做到温故而知新。这些笔记本，我现在还保留着呢。

总结自己所走过的路，我觉得搞测绘是没有什么捷径可走的，除了不怕吃苦、用心学习之外，最佳的办法就是参加工程建设，从实践中来，再到实践中去，只有通过一次一次的磨炼，才能做到熟能生巧，进而达到游刃有余。每参加完一项工程建设，工作能力都有不少的长进。上面提到的我参加的桃尧镇诰上水电站的测绘、施工，历时三年多，整个项目做下来，我的测量技术，还有线路、变电站施工的专业技能，都有了质的提升。

20世纪80年代中期，整个梅县地区都还没有专业的测量人员，多年前与我一起学习测量的人，大多数都转行了，原因是干这一行太辛苦了，日晒雨淋，忍饥挨饿，餐风露宿，的确是一份苦差事。不过，我倒觉得还好，可能是从小吃苦吃惯了，所以一直坚守着。那时候，我经常被梅县电力公司和梅县地区电力工业局借用，因而参与了许多输变电工程建设的前期测量、绘图工作。其间，测绘工作给我带来了不少乐趣，留下了许多难忘的记忆。1986年的一天，我到梅县白宫镇桃坪村测量一段高压线路，连续两天高强度地工作，整个人累得疲惫不堪。为了解乏，从不饮酒的我，拿了一瓶蛤蚧酒当水喝，不知不觉间，一斤多的酒就没滋没味进了肚。后来酒劲发作，醉倒在了村民家中，几乎是不省人事。这是我一生中唯一的一次酩酊大醉。

1988年3月，由于工作的需要，我从梅县水利电力局调到直属的梅县电力公司，专门负责基建工程的测量、设计、施工和预、结算工作。这样的调动，一般人是不会考虑的，因为工资整整降了一级，但我觉得没有什么，只要仍能从事我喜爱的测绘工作就行了。

当时梅县电力公司管理还比较粗放，下辖两站一所（梅南、松口35千伏变电站和石扇供电所），约莫百十号员工，工作没有以前那么紧张了。我抓住这个空当赶忙给自己充电，于1990年脱产到华南理工大学学了一年，进修电力系统及其自动化专业。1992年，我考取了助理工程师资格。在这期间，我有幸得到股长李旭基的栽培和指导。他是一名经验丰富、技术全面的老电力人，跟在他身边，我学到很多线路建设和工程管理方面的技术，受益匪浅。

1998年，梅县“两改一同价”（即改革农电管理体制，改造农村电网，实行同网同价）工作全面展开后，工程量大增，工作日趋繁忙。那时候身边有一些刚入职的年轻人，听说要和我一起下基层去跑线路，一开始都很积极，可是跟着我爬了没几座山，晒了没几天太阳，便纷纷打起了退堂鼓。确实，背着笨重的工具，带着有限的粮水，行走在崇山峻岭之中，对一些没有吃过苦的年轻

1988年，李维棣（右三）在110千伏松口变电站与工友合影

1990年，李维棣（前排左二）在华南理工大学门口与同学合影

人来说，是有点吃不消。记得那年夏天，我们到雁洋镇五指峰进行线路测量，天气酷热，上午10点钟左右，我们就把带的水喝完了，本以为山上有水，没想到待我们上得山来，山上的蓄水池早就干枯了。没办法，我们忍着干渴，一直干到下午2点钟才下山。路上，有的人身体严重脱水，几乎就要晕倒在地。

不过，再苦再累的工作也能从中找到一些乐子，我觉得搞测绘工作最大的好处就是可以免费游览大好山川，观赏美丽风光。比如说那次登顶五指峰，当我站在海拔1 297米的玉皇顶上时，抬头远眺梅州、潮州、汀州三州，回头望向阴那山灵光寺及脚下的7 636级石阶时，觉得那景色真的是太美了，顿时心旷神怡。我想，这大概就是干别的工作所没有的福利吧。

一分耕耘，一分收获。从1977年梅畲35千伏输变电工程开始，到2002年瓜州至白渡35千伏线路工程的竣工，我亲自参与设计、施工的35千伏线路已有185公里，参与建设的110千伏线路也有45公里，35千伏变电站5座，110千伏变电站3座。有这样经历的人，在梅县供电局乃至整个梅州供电系统，我敢说，除了我已找不到第二个人。还有，在多年的野外工作环境中，哪怕是没有太阳的糟糕天气，我也能通过树木的长势、风向、水流等，准确地辨别方向，同事反复试验，屡试不爽。这是我练就的一个小本领。

2002年6月7日，梅县电力公司由广东电网公司代管，梅县配网工程建设和改造速度加快，我被任命为梅县供电局基建股股长，继而在2007年被任命为计划建设部主任，主抓各项工程的建设管理。职务变了，角色变了，责任与压力也随之增大了——配网怎么改？从哪改起？如何配合主网？如何确保效益最大化？供电营业所建设如何开展？一大堆亟待解决的问题摆在了我的面前。还有，工程建设管理也由粗放型向精细化过渡，从资金切块到建立工程项目库，再到工程前期建设可行性审批，从建设的立项、可行审批、初步设计、施工设计、招投标、施工验收，结算、造价审核到财务决算等，都必须按照规定的流程走，在规定的时限内完成，这对我来说，着实是一个不小的挑战。

于是，年过半百的我，又开始忙碌起来，几乎每天都泡在工地现场，连轴转。后来，还学会了用电脑绘图、制表、计算数据、打印文案，经常跟小年轻们一起钻研，加班设计线路，绘制图纸。2006年，我跟着单位里的小年轻们报了个二级注册建造师考试，局里十多个人报名，到最后只有我一个人参加考试，并顺利地通过三科考试。随后，我又报名参加了国家注册安全工程师考试，结果我又通过了，一次性考取了两个证。这件事说起来，我感到挺自豪的。

功夫不负有心人，从2002年到2012年我退居二线时，梅县配网共计完成建设及改造10千伏线路1 763公里，0.4千伏线路42 205公里，改造台变891台，项目资金4.68亿多元；新建供电营业所7个，面积8 000平方米。这里面，有我和我的团队投入的心血。2011年，我被授予“广东电网公司‘十一五’电网规划建设先进个人”荣誉称号，算是对我工作的一个肯定吧。

2014年3月，我年满六十正式退休了。干了一辈子的测绘工作，真是有点舍不得。所以，当一家有资质的电力工程公司邀请我当技术管理员的时候，我毫不犹豫地答应了。虽然不愿意我特别操劳，但家人还是一如既往地支持我，特别是妻子，自1980年结婚到现在，因为工作的原因，我要经常在外奔波，妻子便主动承担起了照顾母亲和儿子的责任，让我没有了后顾之忧，我特别感谢她。年迈的老母一直跟我住在一起，虽然体弱多病，但性格乐观向上，两个姐姐、姐夫常来看望，一家和乐，我感到特别满足。

因为命运的安排，我与电力测绘结下了不解之缘，在这条路奔忙了大半辈子，有幸参与并见证了梅县电网建设和发展的全过程。看着自己所画出的一条条线、一张张图，最后都变成现实，变成纵横城乡每个角落的电力网架，内心就有一种难以言表的成就感和自豪感。回想所走过的工作历程，最大的成绩，就是在自己负责的工作岗位上，在资金管理、工程建设、安全管理上，没有出现过大的纰漏和主要责任事故。所有工作都按计划、按上级要求的时间完成了，我的职业生涯很圆满。

（李维棣口述/李丹、潘红珊整理）

# 后记 不能忘却的记忆

组织编撰这本《广东老电力人口述史（第一辑）》，源于几年前在一次活动中引发的思想冲击与感悟。

2011年在公司纪念中国共产党成立90周年前夕，我们举办了一次名为“历史永远铭记”的大型采编活动，先后采访了各时期为电力企业做出突出贡献的人物代表130余人，罗绍基、陈清秀、陈文英、麦玉坤、刘国安、李依民一大批广东电力系统的老领导、老劳模、老专家、老工人重新走进我们的视野，他们坎坷的经历、卓著的业绩和坚定的信念，深深震撼着人们的心灵。然而，就在我们采访后不久，一些老同志就先后离开了人世，他们身上那段鲜活的历史，已无可挽回地隐入尘埃。曾几何时，他们是何等地雄姿英发，不畏艰难困苦，在火热的电力建设中挥汗如雨。我们忽然意识到，如今尚健在的从新中国成立到改革开放初期的老一辈电力人，很多已步入耄耋之年，并慢慢地淡出人们的视野，社会声音渐消，只留下一个模糊的背影，稍不珍惜，这段历史的记忆将会消遁得无影无踪。

广东电力已走过百年征程，有着丰厚的文化历史沉淀。那么，究竟应该用什么来缅怀先辈、传承历史、启迪来者呢？这是我们一直思考的问题。然而，翻查各种文献、资料，我们看到的则多是一些统计数字和简要的行业、企业回顾，常常是只见物不见人，人物背后的故事、鲜活的内容，存者寥寥。因此，对仍然健在的老人进行访谈，将他们的生活轨迹、工作经历记录下来，就具有了搜寻、抢救文献的意义。2013年，由公司时任纪委书记赵枨华统筹、政工部主任赵军策划的“广东老电力人口述史”这一课题摆上了议事日程，正式立项并启动。

为此，我们以珍惜当下机会的态度倾心投入到这项老电力人口述史编撰工作中。随着访谈的深入，大家惊喜地发现：我们遇到了一座历史“金矿”。老电力人讲述的许多内容，不要说今天的年轻人闻所未闻，即使是曾经的过来人，也是眼界大开。

老一辈电力人的回忆无疑是多姿多彩的，细节真实、生动：他们大多经历了抗战时期的颠沛流离、新中国成立初期的创业艰辛、“文革”十年的曲折磨难、改革开放之后的大步迈进，一路走来，有甘有苦，有喜有悲，曲折而坎坷，编织出了一幅半个多世纪以来的南粤电力发展画卷。循着时间的轨迹，他们从出生之始，到少年时的求学上进、青年时的恋爱婚姻、中年时的事业拼搏，再到晚年时的人生之思，一步步在我们眼前铺展开来，所经历的人生风雨，令人感慨万千。其中不少历史细微处，他们不说出来，可能就永远地湮没无存了。而对企业历史研究者来说，其文献的宝贵价值正在于此。

当然，我们最为珍视的，同时感觉收益最大的，莫过于真切地触摸到了这些老电力人心中的那份家国情怀和拼搏精神。他们真诚善良，他们认真开朗，他们吃苦耐劳，他们积极向上，当年支撑他们安身立命、干事创业的优良品质，依然体现在举止言谈中。令人感动的是，他们虽然一生经过苦难、曲折、委屈，乃至不平的待遇，却心胸豁达，对自己随时代大潮起落沉浮的命运无怨无悔，对我们国家自1978年开启的改革开放事业高度认同，对所从事的电力工作有发自内心的自豪感与荣誉感。通过口述过程的耳闻目睹，我们自觉备受教育，亦更加敬重他们。

老电力人口述史这个课题，从立项到最后完成，前后历经两年的光景。在去年调查摸底、征稿筛选的基础上，今年4月中旬，我们在公司教育培训评价中心召开改稿会，湛江局李俊、佛山局葛俊、肇庆局刘志文、汕头局陈旭平参加封闭式改稿工作。接着，由政工部副主任覃桂平和王德鸿、丁帆等人与撰稿者进一步沟通，梳理了时间脉络，增补了薄弱环节，调整了行文风格和结构。最后，由覃桂平负责对全书进行最终审定，逐一对每篇文章的标题、措辞、故事细节等进行修改润色，增补细节描述、心理刻画和故事情节，对全书的架构做修补和调整，对封面和内文设计风格进行审核，使文章更具艺术性和可读性，历时半年，至11月25日，该书定稿，交付南方日报出版社排版、审校。

在策划编撰出版的全过程，我们还得到了公司领导的重视和关心，得到了直属各单位政工部和广大作者、采写人物的大力支持和配合，得到了南方日报出版社的鼎力相助。在此，谨向所有为本书出版付出辛勤劳动的单位、部门和个人表示衷心感谢。

此外，再次感谢那些为我们口述过往电力历史的老前辈们，他们对此书的编辑出版给予了极大的关注，一致认为做这件事很有意义，记下老一辈电力人的人生轨迹和为企业所做的点点滴滴，就是对他们最好的纪念和安慰。他们不厌其烦地解答我们提出的疑问，向我们提供所需的资料，修正文中的谬误。特别是陈清秀、张福堂、王学全、余福敏等老人，还不时地来电询问进展情况。没有他们的支持，眼下的成果根本无从谈起。在此，衷心祝愿诸位老人家康乐长寿，希望我们这本书不会让他们失望。

《广东老电力人口述史（第一辑）》是我们继出版《这十年·我的故事》之后，精心策划、编撰的又一本企业文化精品图书。全书共选录文章36篇，选用照片173幅，约30万字。这里需要说明的是，老一辈电力人的身世和阅历各具精彩，在此，我们采用最简便的方式：按采写人物年龄大小为序排列。

在编写过程中，尽管我们做了很大的努力，但由于时间仓促，加之能力有限，本书可能存在错误和疏漏，请读者不吝赐教。

广东电网有限责任公司政治工作部

2014年12月

**图书在版编目（CIP）数据**

广东老电力人口述史（第一辑） / 广东电网有限责任公司编. — 广州：南方日报出版社，2014.12
ISBN 978-7-5491-1194-7

Ⅰ. ①广… Ⅱ. ①广… Ⅲ. ①电力工业－工业史－史料－广东省 Ⅳ. ①F426.61

中国版本图书馆 CIP 数据核字(2014)第 261929 号

**广东老电力人口述史（第一辑）**

编　　者：广东电网有限责任公司
出版发行：南方日报出版社
地　　址：广州市广州大道中 289 号
电　　话：（020）87373998-8502
经　　销：全国新华书店
印　　刷：广州市岭美彩印有限公司
开　　本：889mm×1194mm　1/16
印　　张：22.5　彩插：0.25
字　　数：300 千字
版　　次：2014 年 12 月第 1 版
印　　次：2015 年 2 月第 2 次印刷
定　　价：38.00 元

投稿热线：（020）87373998-8503　读者热线：（020）87373998-8502

网址：http://www.nanfangdaily.com.cn/press　http://www.southcn.com/ebook

发现印装质量问题，影响阅读，请与承印厂联系调换。